행복한 결혼 생활을 위해
꼭 알아야 할
37가지

행복한 결혼 생활을 위해 꼭 알아야 할 37가지

초 판 1쇄   2019년 01월 22일

지은이 김희진
펴낸이 류종렬

펴낸곳 미다스북스
총   괄 명상완
에디터 이다경

등록 2001년 3월 21일 제2001-000040호
주소 서울시 마포구 양화로 133 서교타워 711호
전화 02) 322-7802~3
팩스 02) 6007-1845
블로그 http://blog.naver.com/midasbooks
전자주소 midasbooks@hanmail.net
페이스북 https://www.facebook.com/midasbooks425

ⓒ 김희진, 미다스북스 2019, *Printed in Korea.*

ISBN 978-89-6637-637-7 13590

값 15,000원

※ 파본은 본사나 구입하신 서점에서 교환해드립니다.
※ 이 책에 실린 모든 콘텐츠는 미다스북스가 저작권자와의 계약에 따라 발행한 것이므로 인용하시거나 참고하실 경우 반드시 본사의 허락을 받으셔야 합니다.

미다스북스는 다음세대에게 필요한 지혜와 교양을 생각합니다.

행복한 결혼 생활을 위해 꼭 알아야 할 37가지

김희진 지음

미다스북스

프롤로그

나를 지키며 행복하게 결혼 생활하세요

"인생에서 가장 잘한 일은 무엇입니까?"라는 설문을 본 적이 있다. 사람들은 대부분 가족과 함께한 것을 인생에서 가장 잘한 일이라고 답했다. 나도 동의한다. 가족은 소중하다. 나도 새로운 가족이 생겼다. 결혼을 하고 아이들 둘을 낳았다. 벌써 7년차 주부다. 결혼 생활을 하다 보니 그동안 내가 행복했던 것은 부모님의 희생이 있었기 때문이라는 것을 느꼈다.

결혼과 출산은 인생의 대전환점이다. 결혼을 하면 주어지는 책임과 의무가 많다. 갑작스럽고 당황스러운 일들이 생긴다. 하지만 결혼했어도 내 인생이다. 결혼했어도 행복하게 살고 싶다.

에코 세대는 가부장적 유교적 전통이 낯설다

나는 에코 세대1979년~1992년이다. 베이비붐 세대1955년~1963년의 자녀 세대이다. 에코 세대는 베이비붐 세대에 비해 경제적으로 풍족한 환경에서 성장했다. 교육 수준이 높다. 전문직에 종사하는 비율도 높다. 이런 환경에서 자란 우리 세대는 어릴 적부터 평등 교육을 받았다. 자신의 능력을 키우기 위해 노력했다. 자기계발을 했다. 그런데 결혼을 하고 출산을 하니 무엇인가 이상하다. 그동안 교육받았고 당연하다고 여겼던 평등주의가 깨졌다. 갑자기 조선시대 유교적 전통이 등장한다.

"남자는 이래야 한다. 여자는 저래야 한다. 아이는 몇 명 낳아야지. 아들과 딸이 다 있어야 해. 아이는 이렇게 키워야 해."

결혼을 해서 겪어보니 아직도 우리나라는 전통적인 결혼관이 강했다. 이제는 인식이 개선되어야 한다. 누구의 아내, 누구의 엄마, 누구의 며느리가 아닌 한 인간으로 존중받고 싶다. 결혼했다는 이유만으로 전통적인 결혼관을 내세우는 것은 바람직하지 않다.

에코 세대는 가족도 중요하지만 '자기 자신'도 중요하다. 아이를 키우면서도 자신의 삶을 위해 노력한다. 자신을 잃어버리지 않기 위해 노력한다. 자신만의 일을 하고 싶다. 좀 더 나은 엄마로 살기 위해 자기계발을 한다. 자기를 표현하고 싶은 의지가 높아졌다.

우리는 행복하기 위해 결혼했다. 누구도 행복하지 않기 위해 결혼한 사람은 없다. 성역할을 하려고 결혼하지 않았다. 전통적인 결혼에서는 오롯이 남편과 아이에게 집중하는 것이 최선이었다. 하지만 우리 세대는 무조건 희생만 하는 삶은 살고 싶지 않다. 남편과 함께 마음을 나누고 성장하기를 원한다. 그러므로 결혼 생활에서 자신만의 방식으로 삶을 사는 것이 필요하다.

그럼에도 불구하고 결혼은 행복한 성장이다

언젠가부터 우리는 "결혼은 선택이다. 결혼을 하지 않겠다." 등의 이야기를 많이 했다. 결혼에 대한 편견과 부정적 견해도 많다. 우리는 이 시점에서 '전통적 결혼제도가 싫은 것인지', '가족과 함께 사는 것이 싫은 것인지' 생각해볼 필요가 있다. 결혼해서 나를 지키는 것은 힘들다. 생각지도 못한 편견과 차별을 겪을 수도 있다. 하지만 우리 인생을 모두 가족을 돌보는 일에 쓸 수는 없다. 가족도 중요하고 우리 자신도 중요하다. 결혼 생활이 힘들더라도 그 안에서 자신을 지키는 당당함을 가져야 한다.

실제로 결혼을 해보니 많은 점이 달라졌다. 몸도 달라졌다. 세상을 보는 시선이 달라졌다. 결혼의 현실은 생각했던 것과는 다르다. 하지만 결혼은 생각보다 괜찮다. 후에 오는 감동이 있다. 진짜 어른이 된 것 같다. 결혼을 함으로써 새로운 사람들을 알게 되었다. 육아를 하며 새로운 연결고리로 새로운 인연을 알게 되었다. 서로의 아이들이 함께 성장하는 모습을 지켜봤다. 다른 엄마들과 이야기를 하면서 내가 생각했던 부분을 다르게 생각하는 경우도 많았다. 그러므로 결혼은 행복한 성장이다. 아이의 출생은 사람들의 많은 관심을 받게 된다. 타인의 아이에게도 관심을 가지게 된다. 미래의 아이들이 살아야 할 환경과 교육에도 관심이 간다. 책으로만 봤던 결혼이나 출산에 관한 이야기도 할 수 있다. 전 세대에 걸쳐서 자연스럽게 이야기를 나눌 수 있다. 직접 겪어보았기에 누구와 대화해도 공감대를 찾을 수 있다. 문제의 해결책을 말해주거나 공감할 수 있다.

결혼은 해도 후회, 하지 않아도 후회라는 말이 있다. 결혼은 선택이다. 하지만 결혼을 하지 않는다면 이 모든 것들을 느껴볼 수가 없다. 결혼이야말로 참 성장이다. 아이를 낳고 육아를 하다 보면 깨달음이 온다. 전통적인 결혼제도에 대한 인식은 바꾸도록 노력을 계속해야 한다. 우리는 결혼을 하거나 하지 않아서가 아니라 인간 그 자체로 행복해야 한다.

2019년 올해는 기해년己亥年이다. 황금 돼지띠의 해다. 나는 83년생 돼지띠다. 나의 띠의 해다. 나의 띠인 돼지 해에 책이 나와서 기쁘다. 벌써 결혼 7년차다. 결혼하고 살다 보니 어느 덧 30대 중반이 되었다. 나는 결혼했어도 무엇인가 계속 도전하고 있다. 앞으로도 도전하며 살 것이다. 결혼했어도 나의 삶을 살고 싶다. 나는 결혼했어도 더 행복하고 싶다.

목 차

프롤로그 나를 지키며 행복하게 결혼 생활하세요 ·················· 4

1장 누구를 위한 결혼인가?

1_ 결혼생활, '다 그렇게' 살지는 않는다 ·················· 15
2_ 너와 내가 다른 것은 당연하다 ························· 23
3_ 결혼은 '사랑해서' 하는 선택이다 ······················ 31
4_ 누구나 행복하기 위해서 결혼한다 ····················· 38
5_ 결혼 후 따라야 할 전통을 버려라······················· 46
6_ 일상이 늘 행복할 수만은 없다 ························· 55
7_ 결혼했어도 어쨌든 '나는 나'다 ························· 63

2장 실망도 원망도 하지 않는 마음 기술

1_ 드라마에 나오는 이상적 배우자는 없다 ················· 75
2_ 떠올려라, 나는 왜 그에게 끌렸는가? ·················· 83
3_ 역시 결혼하면 변할 수밖에 없다 ····················· 91
4_ 완벽보다 행복한 결혼생활을 꿈꿔라 ·················· 99
5_ 결혼하고 싶은 사람은 따로 있다 ···················· 107
6_ 결혼에도 기준이 필요하다················· 115
7_ 연애와 결혼은 완전히 다르다 ····················· 123
8_ 연애는 이상주의, 결혼은 현실주의다 ················ 130

3장 행복을 가져다주는 심리 대화법

1_ 부부에게도 말하는 기술이 필요하다 ················· 141
2_ 말하는 것보다 중요한 것은 경청이다 ················ 149
3_ 상대의 잘못이 아닌 해결책에 집중하라 ··············· 157
4_ 상대가 존중받는 느낌이 들게 하라 ················· 165
5_ 감정은 표현을 통해서 전달된다 ················· 173

6_ 상대의 진심을 알아주는 대화를 하라 …………… 180
7_ 부부 사이에 이심전심은 통하지 않는다 …………… 188

4장 상처뿐인 관계를 회복하는 소통 원칙

1_ 결혼 자존감을 높여라 ………………………………… 199
2_ 감정은 내세우지 말고 싸워라 ……………………… 207
3_ 말하지 않아도 될 거라는 착각을 버려라 ………… 215
4_ 무관심은 상대를 벼랑으로 이끈다 ………………… 223
5_ 자신의 말버릇에 문제가 없는지 돌아보라 ……… 231
6_ 배우자만 보지 말고 나를 위해 살아라 …………… 240
7_ 표현하지 않는 사랑은 사랑이 아니다 …………… 248
8_ 결혼 생활에도 노력이 필요하다 …………………… 256

5장 그럼에도 불구하고, 사랑하고 또 사랑하라

1_ 너와 나는 삶을 함께하는 동반자다 ················· 267
2_ 결혼을 통해 또 다른 나를 발견하라················· 275
3_ 감정적 이혼은 절대 금물이다 ····················· 283
4_ 기억하라, 행복하려고 한 결혼이다················· 291
5_ 나는 네가 곁에 있어서 더 행복하다················· 299
6_ 결혼은 '따로 또 같이' 살아가는 것이다 ············· 307
7_ 함께 참 인간으로 성장하라 ······················· 315

에필로그 행복한 부부가 행복한 가정을 만듭니다 ·········· 324

1장

누구를 위한 결혼인가?

1
결혼생활, '다 그렇게' 살지는 않는다

> 모든 국민은 법 앞에 평등하다.
> 누구든지 성별 · 종교 또는 사회적 신분에 의하여
> 정치적 · 경제적 · 사회적 · 문화적 생활의 모든 영역에 있어서
> 차별을 받지 아니한다.
> – 대한민국 헌법 11조 1항

결혼했어도 '나를 잃어버리지 않는 것'은 중요하다

2012년 2월에 나는 결혼했다. 2011년 7월부터 신랑과 나는 결혼을 준비했다. 2019년인 지금 나는 7년차 주부다. 딸 하나, 아들 하나 낳고 살고 있는 평범한 주부이다. 정말 평범한 주부인지는 모르겠다. 결혼 후 7년이 지난 지금 아가씨에서 아내가 되었다. 아가씨에서 두 아이의 엄마가 되었다. 나밖에 모르고 철없고 세상 물정 모르던 나였다. 결혼 후 점점 일상과 투쟁을 하면서 산다. 나만의 시간을 확보하기 위해 산다. 일상 속에서 나를 찾기 위해 산다. 내 이름을 잃지 않기 위해 산다.

나는 일주일에 한 번 학교 강의를 한다. 육아가 힘들지만 학교 강의는 포기하지 않았다. 첫째를 임신하고 출산했다. 출산 후에도 광주에서 부

산을 당일치기로 오가며 박사 과정을 수료했다. 임신을 해서도 일주일에 한 번은 꼭 강의를 했다. 임신을 하면 혹시 일어날지도 모르는 불안한 문제들이 생긴다. 하지만 이런 문제들은 일어나지 않았다. 임신과 출산 기간을 무사히 마칠 수 있었다. 강의는 어쩌면 내 마지막 자존심이었을지도 모른다.

강의를 하고 있으면 주부의 일상에서 잠시 벗어난다. 나의 경험과 지식을 학생들에게 가르쳐준다. 뿌듯함과 보람을 느낀다. 변화하는 학생들을 보며 행복을 느낀다.

나는 결혼이 자신 있었다. 결혼하기로 해서 행복했다. 내가 선택한 결혼이었다. 결혼하기로 한 그때부터 결혼 준비 아니 '결혼식 준비'를 시작했다. 신랑은 나에게 프러포즈를 했다. '당신을 행복으로 이끌어도 되겠습니까?' 신랑이 손수 썼다는 플랜카드는 아직도 안방에 붙어 있다. 그렇게 로맨틱하게 결혼 생활을 시작했다.

결혼식을 준비하면서 웨딩박람회도 함께 갔다. 웨딩플래너도 정했다. 그녀가 추천하는 과정들을 하나하나씩 수행했다. 완벽주의적 성격 때문에 가격 비교도 많이 했다. 남들이 쉽게 넘어가는 결혼 준비를 하나하나 생각하며 어렵게 했다. 지금 아니면 이렇게 예쁜 드레스를 언제 입어보겠냐며 10벌 넘게 드레스도 입어봤다. 청첩장 샘플을 모았다. 각종 예쁜 청첩장 샘플을 다 신청했다. 웨딩포토를 찍으면서 필요한 소품까지 하나

하나 준비했다. 결혼식을 위한 준비가 끝나니 예단을 보내야 하고 혼수를 준비해야 했다. 어릴 적부터 꿈꾸던 로맨틱한 결혼식 준비는 힘들기도 했지만 재밌었다.

측근 중에 결혼을 해본 사람도 없었다. 친언니도 없었다. 결혼이라는 것이 어떤 식으로 진행되는 건지 몰랐다. 하나하나가 불안했다. 한 번밖에 없는 결혼식인데 실수하기 싫었다. 결혼 준비를 하면 할수록 넘어야 할 장애물이 많았다. 결혼 준비가 행복했지만 불안이 함께 왔다. '내가 잘할 수 있을까? 잘 살 수 있을까?'라는 불안이 많았다. 이런 강박 때문에 결혼 준비를 하는 데 집중해버렸는지도 모르겠다. 실제로 결혼 준비를 하던 당시 내가 쓴 글을 읽어보면 그렇다. 다음은 2011년 11월에 내가 결혼 준비를 하면서 쓴 글이다.

'결혼을 생각하면 화려한 드레스와 예쁜 웨딩홀만 생각했어요. 오늘 신혼집을 알아봤어요. 집을 알아보니 이제 친정하고는 정말 멀어진다는 생각이 들면서 갑자기 울음이 나오는 거예요. 운전 중이었는데 라디오에선 〈애인 있어요〉 같은 슬픈 음악이 나왔어요. 갑자기 엄마 생각하니깐 눈물이 나서 그런 걸로 처음 울었어요. 결혼 준비를 하다 보니 마음도 싱숭생숭해요. 역시 결혼이라는 건 좋으면서도 한편으론 마음 시리는 것 같습니다.'

실제로 결혼 후에 자다가 갑자기 일어나서 크게 운 적이 있다.

"내가 잘 할 수 있을까? 잘 할 수 있겠지? 갑자기 변해버린 일상이 무서워. 결혼하고 보니 어떤 일이 일어날지 두렵네."

신랑은 모두 잘할 수 있을 거라며 위로를 해줬다. 결혼 생활의 행복과 불안을 느끼며 신혼 생활의 1막이 시작되고 있었다.

결혼 준비를 하면서 지역의 결혼 준비를 하는 온라인 카페에 가입을 했다. 연계된 업체를 직접 방문했다. 후기를 쓰면 각종 사은품을 줬다. 사은품을 받으면서 정리되는 느낌을 받았다. 결혼 준비에 관한 질문도 올리면 답을 해줬다. 결혼 준비를 할수록 온라인 카페에 중독되었다. 결혼 준비를 하면서 글을 올리고 후기를 공유했다. 최고등급 사은품까지 받을 수 있었다. 결혼을 한 후에는 에어컨을 산다고 딱 한 번 들어갔다. 결혼 준비를 하는 카페에 가입했다가 결혼을 하니 허무했다. 결혼을 하니 준비를 했던 모든 과정이 끝났다. 명예등급이 되었는데 더 이상 카페에 들어올 이유가 없었다.

최근에 카페를 다시 들어갔는데 7년 정도가 지났지만 '결혼식 준비 과정'의 절차는 변함이 없는 것 같다. 여전히 신혼 여행지는 어디로 가면 좋은지 물건은 어느 업체가 좋은지 고민하는 글들이 많다.

결혼하기로 한 당신, 무엇부터 시작할 것인가? 여전히 가이드에 관한 답이 없다. 연계된 업체가 광고를 한다. 박람회에서는 결혼식 준비에 관련된 모든 것을 소비하게 한다. 낭만과 로망으로 가득 찬 예비 신혼부부들은 쉽게 지갑을 연다.

부부의 미래 계획을 이야기하는 곳은 없다. 부부가 함께 이뤄가야 할 미래 계획이나 꿈에 관해 생각해보면 얼마나 좋을까? 마치 행복한 결혼식 준비를 하면 행복한 결혼이 되는 것처럼 기획되어 있다.

성평등은 헌법이 보장한다

우리는 결혼을 할 때 행복한 결혼 생활만 생각한다. 하지만 행복하지 않은 결혼 생활도 생각해봐야 한다. 싸우거나 힘들거나 슬플 때도 생각해야 한다. 결혼 생활 준비가 아닌 결혼식 준비만 하다가 실제의 현실과 부딪히면 많은 문제가 발생한다. 문제가 심해지면 이혼으로 이어진다. 미리 결혼 생활에 대해 생각해보자. 미리 대비하면 실제로 문제가 발생하더라도 당황하지 않게 된다.

북미와 유럽의 여러 나라에서는 결혼 전 교육과 상담에 많은 노력을 기울인다. 결혼 준비 평가를 통해 결혼 시 발생할 수 있는 요소를 사전에 미리 알아본다. 결혼 전 부부들이 미래의 결혼 생활에 대해 깊이 생각해본다. 결혼 전의 관계를 강화시키면 이혼을 예방하는 데 효과가 있다는 연구 결과도 있다.

가트맨Gottman은 1991년 연구에서 결혼 전 커플 관계 유형을 분석하여 행복한 결혼을 예견할 수 있었다. 그는 커플들의 5분 동안 상호 작용을 비디오로 촬영하여 정밀분석을 했다. 이 연구는 그들의 이혼 여부를 90%까지 예견하는 결과를 얻었다. 데이브 얼리치David Ulrich도 결혼 3~4개월 전 커플들을 조사하고 결혼 후 3~4년 후 추적 조사했다. 3~4년 후 행복한 결혼 생활을 하는 커플들은 결혼 전 평가에서 높은 점수를 받았다. 이런 연구들은 결혼을 하기 전 준비가 얼마나 중요한지 알려준다. 문제가 있기 전에 미리 생각해본다면 스스로 문제를 생각해볼 수 있다.

결혼식을 준비할 때는 웨딩박람회에서 제안하는 과정이 결혼식 준비의 모든 것인 줄 알았다. 신혼살림을 살 때 좀 더 싸게 사고 예쁜 것을 고르는 것이 결혼 생활을 행복하게 하는 줄 알았다. 결혼식이라는 낭만에 젖어 결혼 생활이라는 현실을 전혀 생각하지 못했다. 집안일은 누가 하며 변기통 청소는 누가 할 것인지 생각해본 적이 없다. 결혼을 하면 곧 현실을 알게 된다. 결혼을 하면 2019년에서 1970년대로 돌아가는 것 같다. 우리 세대는 결혼 전에 양성평등을 교육받았다. 하지만 결혼을 하니 유교적 전통을 따르라고 한다. 유교적 전통은 여성의 희생을 많이 강요한다. 맞벌이를 하면서 집안일까지 아내에게 하라는 시대는 지나갔다.

헌법 제11조 1항에는 "모든 국민은 법 앞에 평등하다. 누구든지 성별·

종교 또는 사회적 신분에 의하여 정치적·경제적·사회적·문화적 생활의 모든 영역에 있어서 차별을 받지 아니한다."고 되어 있다. 이렇듯 '성평등'은 헌법이 보장한다. 법은 성별을 이유로 차별 대우를 하지 못한다.

누군가의 아내이기 전에 남편이기 전에 인간은 인간 그 자체로 행복해야 한다. 성역할을 하려고 결혼을 한 사람은 아무도 없다. 서로 존중하고 행복하기 위해 결혼했다. 여자의 희생만 강요하는 인식은 변해야 한다. 아내라서 엄마라서 며느리라서 무조건 전통을 따르라는 인식은 변해야 한다.

최근에는 결혼에 대한 인식이 조금씩 변화하고 있다. 남편들이 집안일과 요리를 잘하는 집도 많다. 남편의 육아 참여도 늘고 있다. 하지만 현실적으로는 아직도 유교적 전통을 많이 강요한다. 전통을 강요하는 인식을 바꾸자. 결혼 생활을 함께한다고 생각한다면 행복한 결혼 생활을 할 수 있을 것이다.

부부가 서로 해주는 행복의 한마디

아내 : "내가 잘 할 수 있을까? 잘 할 수 있겠지?

남편 : "모두 잘 할 수 있을 거야."

　결혼을 하고 얼마 후, 나는 결혼 생활을 잘 할 수 있을지 불안감을 느꼈다. 신랑은 모두 잘 할 수 있을 거라며 위로를 해줬다.

2
너와 내가 다른 것은 당연하다

> 결혼은 로또 복권이다. 1등을 꿈꾸지만 안 맞아도 너무 안 맞는다.
> – 미상

결혼은 낭만과 현실이 만나는 것이다

어릴 적에 나는 공주를 좋아했다. 동화책을 보다가 "왕자님과 공주님이 행복하게 살았습니다."라는 구절이 나오면 왠지 모르게 기뻤다. 사랑이라는 건 아이들도 느낌으로 아는 것 같다. 내 아이도 공주와 왕자가 서로 안고 있는 모습을 보면 좋아한다.

왕자님은 항상 곤경에 처한 공주를 구하러 온다. 백설 공주는 독 사과를 먹고 누워 있어도 백마 탄 왕자님의 키스 한 번에 깨어난다. 우리가 알고 있는 동화의 실제 이야기를 보면 잔혹하다. 후에 '해피엔딩 스토리는 아이들을 위해 만들어졌다.'는 사실을 알았다. 아이들에게 꿈과 희망을 심어주기 위해 동화로 만들고 각색한 것이다.

어릴 적부터 듣고 보았던 동화는 대부분 해피엔딩이었다. 우리는 '결혼이 사랑의 완성이다.', '결혼하면 행복해질 것이다.'라는 막연한 상상으로 결혼을 한다. 낭만적 사랑이 현실적 결혼을 만난다. 이 둘이 만나는 순간 우리는 당황한다. 낭만적인 사랑이 영원히 이어질 것 같았다. 하지만 실제로 결혼 생활을 해보면 현실을 깨닫는다. '이건 내가 생각했던 결혼이 아닌데.'라는 생각이 든다.

아이의 스튜디오 촬영 날이다. "11시까지 꼭 와주세요. 늦으면 안 돼요." 11시까지 가려면 10시 반에는 출발해야 한다. 아침부터 분주하게 준비했다. 스튜디오 촬영 때 입을 옷과 소품들도 준비했다. 아이를 다 준비시키고 나니 나도 준비해야 했다. 신랑은 준비를 마쳤다. 내가 거의 준비가 끝나갈 무렵이었다. 10시 20분이 됐다. 신랑이 말했다. "나 물 좀 사고 올게." 이제 나가야 하는데 굳이 물을 사러 간다고 한다. 약간 꺼려지긴 했지만 '금방 갔다 오겠지.'라고 생각했다. 10시 반이 되었다. 신랑이 안 온다. 전화를 해봤더니 곧 온다고 한다. 10시 40분이 되었다. 화가 치밀어 올랐다. 10시 반에는 나가야 약속 시간을 맞출 수 있는데 차가 막혔고 결국 늦었다.

나는 약속에 늦는 것을 싫어한다. 그렇다고 너무 빨리 나가지도 않는다. 그러나 약속에 늦지 않으려면 약간 빨리 가야 한다. 신랑은 준비를 할 때 느릿하게 한다. 보통 여자들이 느릿하게 하고 남자들이 빨리 한다고 하는데 우리집은 반대다. 어른들과 약속할 때도 이런 식이다. 당황했다. 사돈들끼리의 모임이었다. 어른들이 빨리 오신다. 우리가 늦었다. 우리가 늦으면 결국 젊은 애들이 미리미리 와 있어야 한다고 핀잔을 듣는다. '약속이 11시라면 신랑에게는 10시 반이라고 말할까?'라고 생각한 적도 있었다. 하지만 현실에선 그렇게 하는 게 쉽지 않았다.

두 아이들과 여행을 가려고 했다. 모든 준비를 마치고 떠나려고 했다. 신랑이 갑자기 집에 가야겠다고 했다.

"왜?"

"집에 가서 똥 싸고 가야겠어."

생리적인 건 어쩔 수 없다. 하지만 이제 막 출발하려고 하는데 김이 빠진다. 신랑이 집에 갔다 올 때까지 아이들과 기다렸다. 지인들에게 이 사례를 말했다. 지인들은 웃고 말 줄 알았는데 말도 말라고 한다. 다들 이런 경험이 있는 것이다. '그 놈의 똥이 뭐기에.' 새삼 놀랐다. '다른 집들도 다 이렇게 사는구나.'라고 생각했다.

부부들은 다른 점이 많다

젊은 부부든 노년의 부부든 공통적으로 안 맞는 것이 있다. 온도이다.

부부의 차이라기보다는 인간과 인간의 차이이기도 하다. 강연장에 가면 에어컨 온도 때문에 민감하다. 한쪽은 춥다고 하고 한쪽은 덥다고 한다. 부부들 역시 안 맞다. 신랑은 열이 많아서 에어컨을 켜고 자려고 한다. 나는 덥더라도 에어컨을 끈다. 부모님 세대에서도 온도는 서로 안 맞는 것 같다. 시아버님 칠순 때 가족끼리 돈을 모아 돌 침대를 사드렸다. 시어머님은 열이 많으시다. 시아버님은 추워하신다. 그래서 돌 침대의 한쪽은 따뜻하게 한쪽은 차게 해서 주무셨다고 한다. 우리 부모님도 다른 점이 있다. 아빠께서는 창문을 잠그기를 좋아하신다. 엄마께서는 창문 열기를 좋아하신다.

결혼을 하니 생각보다 할 일이 너무 많다. 엄마 집에서 당연히 있는 줄 알았던 밥은 해야만 있었다. 청소, 빨래, 설거지, 음식, 정리정돈 어느 하나 손이 안 가는 것이 없다.

"우유 먹었으면 냉장고에 넣어야지!"

신랑은 우유를 먹고 또 그대로 뒀다. 다른 건 그대로 둬서 나중에 치워도 괜찮은데 우유는 실온에 오래 두면 상한다. 바로 냉장고에 넣어야 한다. 아무리 말해도 또 그런다. 무엇인가를 먹고 바로 쓰레기통에 버려주면 얼마나 좋을까? 꼭 내 손을 거쳐야 한다. 뭔가를 먹고 그 자리에 두면 내가 한 번 더 그걸 쓰레기통에 버린다. '아, 정말 이러려고 결혼한 건 아닌데.' 하는 생각이 든다.

　연애시절엔 여행을 어디로 갈지 같이 정했다. 처녀시절 친구들과 직접 계획하고 가는 걸 좋아했다. 결혼 초까지만 해도 이런 계획을 같이 세웠다. 하지만 점점 어디 한번 가려면 내가 준비하는 게 많아진다. 물론 나중엔 같이 알아보긴 하지만 점점 내가 준비하는 게 더 많아지는 것 같다. 나는 미리 계획을 짜서 여행을 가는 걸 더 좋아하고 신랑은 즉흥적으로 떠나는 여행을 좋아하는 것이다.

　타고 나게 다른 것도 있다. 바로 입맛이다. 시댁 쪽은 매운 것을 좋아한다. 나는 매운 것을 못 먹는다. 이 점은 신랑이 나에게 맞추어준다. 각각 따로 음식 주문할 때는 신랑은 매운 것, 나는 안 매운 것을 먹는다. 아이를 낳고 안 사실인데 이것은 유전자의 힘인 것 같다. 어릴 적에 나는 김치도 매워서 바로 못 먹고 물에 씻어서 먹었다. 둘째는 3살인데도 매운 것을 좋아한다. 매운 김치나 닭볶음탕 같은 것도 먹는다. 눈물을 흘리면서도 안 맵다고 한다. 이런 것을 보면 '유전적으로 다르구나!' 하는 생각이 든다.

　주차를 하고 나는 항상 어디에 주차했는지 잊어버린다. 사진을 찍어두거나 주차된 곳 주변을 서성이며 겨우 찾는다. 그런데 신랑은 한번 보면 금방 위치를 기억한다. 그래서 신랑이 있을 때는 주차한 곳 찾는 것을 신경 쓰지 않아도 된다. 주차할 때도 그렇다. 결혼 전부터 계속 운전을 했어도 여전히 주차하는 것은 어렵다. 나는 몇 번에 걸쳐서 하는 주차를 척척 해내는 것을 보면 신기하다.

TV 취향도 다르다. 신랑은 스포츠 중계를 하루 종일 틀어놓는다. 나도 스포츠를 아예 좋아하지 않은 건 아니지만 하루 종일 틀어놓는 것은 좀 힘들다. 나는 TV 자체를 잘 안 보거나 본다면 예능이나 뉴스 위주로 본다. 이럴 때는 상황에 맞춰서 보거나 끈다. 물론 아이들이 태어난 후로는 아이들 프로를 보느라 그럴 수도 없다.

이상하게 부부들은 맞는 게 없다. 이상하다. 연애시절에는 그렇게 맞는 게 많았는데 말이다. 연애시절 자신과 다른 부분을 보고 매력적으로 느꼈던 것은 아닐까? 애인의 다른 점을 보면서 신기하다고 생각하거나 '나의 부족한 점을 채워줄 수 있을 것 같다.'라는 생각이 들었을 것이다. 이것이 바로 콩깍지이다. 콩깍지는 곧 벗겨진다. 연애 때는 서로가 하고 싶은 것을 조금 참고 상대방에게 맞춰줬을 것이다.

나는 결혼하기 전까지 부모님과 함께 살았다. 결혼하고 난 후 신혼집으로 바로 이사를 했다. 자취를 했다고 해도 아주 잠깐 경험 삼아서 했다. 생각해보면 학교에서 국가고시 준비한다고 기숙사 들어갔을 때도 단체 생활이 힘들었다. 혼자만 방을 쓰다가 함께 생활하니 불편한 점이 많았다. 친구와의 동거도 힘들어하던 내가 성별 다른 남자와 결혼을 했다.

서로 다른 환경에서 자라왔고 가치관도 다른 남녀가 안 맞는 것은 당연하다. 왜 결혼이라는 것은 무조건 행복하다고 생각했던 걸까? 우리 부부의 이런 정도는 어느 부부에게나 있는 이야기이다. 이 정도는 안 맞는 것도 아닐 것이다. 서로 달라도 너무 다르지만 맞춰가면서 사는 것이 또 부부이다.

'결혼은 로또 복권이다.'라는 말이 있다. 로또 복권을 사며 1등을 꿈꾸지만 안 맞아도 너무 안 맞는다. 내가 찍은 번호는 당첨 번호 사이로 피해 간다. 어쩌다 4, 5등이 된다. 하지만 5등의 번호 3개 맞추기도 너무 힘들다. 그렇지만 1등을 꿈꾸며 또 로또 복권을 산다. 안 맞지만 다음에는 맞을 수 있을 거라는 희망을 안고 산다.

결혼 7년차쯤 되니 어느 정도 맞추는 법을 배우는 것 같다. 서로 양보할 것은 양보하고, 포기하지 못한다고 하면 들어준다. 소통을 자주 하고 서로 다른 점을 인정해주려고 노력한다. 물론 안 맞는 점에서 싸우거나 화를 낼 때도 있다. 하지만 서로의 입장을 생각하고 배려한다면 행복한 결혼 생활을 할 수 있을 것이다.

부부가 서로 해주는 행복의 한마디

아내 : "11시까지 준비해야 해." 10시 반에 준비를 하고 나가야 함

남편 : "실제 11시에 준비 다 했어." 11시에 준비를 끝냄

나는 약속에 늦는 것을 싫어한다. 약속 시간을 잘 지키려면 미리 준비해서 가야 한다. 신랑은 항상 준비를 늦게 했다. '약속이 11시라면 신랑에게는 10시 반이라고 말할까?'라고 생각한 적도 있었다. 하지만 현실에선 그렇게 하는 게 쉽지 않았다. 달라도 너무 다르다.

3
결혼은 '사랑해서' 하는 선택이다

> 인류의 안정된 행복이란 축복 속에 결혼한 삶에 있다.
> 즉, 남자와 여자의 육체적, 정신적 친밀감을 말한다.
> – D.H. 로렌스

행복한 나의 결혼식 날이다

2011년 여름, 혜화동에서 치과기공학회가 있었다. 신랑과 함께 기차를 타고 서울로 갔다. 혜화동의 별다방미스리에 가서 '추억의 도시락'을 함께 먹었다. 양은 도시락을 함께 먹으니 행복했다. 혜화동에서 각종 공연들을 보고 연극도 봤다. 모든 것이 예뻐 보이고 즐거웠다. 교수님께도 신랑을 소개했다. 그렇게 우리는 연애를 했다. 사랑을 했다. 순간순간이 행복했다. 그리고 결혼을 했다.

행복한 날이다. 어릴 적에 생각했던 성대하고 화려한 결혼식 날이다. 소중한 친구들과 친척들이 하객으로 참여했다. 어릴 적 상상했던 결혼을 하니 감회가 새롭다. 결혼식은 11시 첫 타임이다. 11시 첫 타임에 맞추기 위해서 새벽 6시부터 메이크업을 준비했다. 제일 친한 친구 두 명이 결혼식을 준비하는 데 함께했다. '실수하면 안 되는데.'라는 생각이 들었다. 결혼식을 실수 없이 완벽하게 하고 싶었다.

결혼식을 위해 많이 준비했다. 완벽한 결혼식 준비가 행복한 결혼 생활을 하는 정답인 것처럼 말이다. 엄마와 나는 결혼식장에 미리 가보았다. 엄마도 딸의 결혼식이 처음이셨기 때문에 긴장과 설렘이 있으셨다. 결혼식장의 군데군데를 살펴봤다. 식당은 어디에 있고 폐백실은 어디에 있는지 봤다. 결혼식장을 살펴보고 관계자에게 무엇을 준비해야 하는지 꼼꼼히 물어봤다. 다른 사람들의 결혼도 구경했다.

엄마께서는 결혼을 꼭 해야 한다고 하셨다. 자신의 성공도 중요하지만 가정을 이루고 아이를 낳고 사는 것도 중요하다고 하셨다. 나도 결혼을 안 할 생각은 없었다. 결혼을 하면 무조건 행복해질 거라고 생각했다.

결혼식장은 새로 오픈한 곳이었다. 신부대기실도 화려했다. 결혼식 하기 전에 결혼식장에서는 바이올린과 피아노의 3중주가 울려 퍼졌다. 단독 홀이었다. 하객은 600명쯤 초대했다. 대부분 아빠 손님이었다.

나는 결혼이 자신 있었다. 결혼이 무엇인지는 모르지만 행복할 것 같았다. "신랑 입장!" 신랑이 입장하는데 입술을 떨었다. "뭘 그렇게 긴장해. 편하게 해." 신랑이 떨자 내가 다독여줬다. 결혼식 날 신랑이나 신부가 우는 결혼식도 봤다. 하지만 나는 정말 행복했기 때문에 즐거운 마음으로 신부 입장을 했다. 주례는 시아버님의 지인이 해주셨다. 생각보다 주례가 길어졌다. 즉흥적으로 양가 아버지께서 덕담을 하기도 하셨다. '웨딩 케이크 자르기와 와인 샤워'가 준비되어 있었지만 길어진 주례사로 하지 못했다. 그렇게 행복하고 담담하게 화려한 나의 결혼식은 끝났다.

결혼식이 끝나고 집에 오니 무슨 긴장을 그렇게 했는지 피곤하다. 집에 와서 한숨 돌리고 바로 신혼여행 갈 준비를 한다. 그렇게 준비하고 상상했던 결혼식인데 막상 하고 나니 좀 허무하다. 그렇게 행복하기 위한 결혼식이 끝났다.

내가 결혼할 때도 주례 없는 결혼식이 있었다. 신랑신부 동시입장 등 새로운 형태의 결혼식이 있었다. 지인은 배에서 결혼식을 하기도 했다. 만약 어른들을 고려하지 않고 결혼식을 했다면 다르게 결혼식을 했을 것 같다. 하지만 결혼은 둘뿐 아니라 집안끼리의 행사이기 때문에 전통적으로 무난하게 했다.

푸켓 신혼여행에서 원숭이가 나타났다

결혼식이 끝나고 신혼여행을 가기 위해 비행기로 광주에서 인천으로 이동했다. 웨딩박람회에서 예약한 '신혼여행패키지'로 비싼 신혼여행을 갔다. 신혼여행지는 푸켓이다. 지금 생각해보면 좀 더 신혼여행지에 대한 고민을 해볼 걸 하는 후회가 든다. 제일 많이 가는 곳이라고 추천을 해서 푸켓으로 갔다. 무리해서라도 유럽 같은 곳을 가볼 걸 그랬다.

우리는 수영장이 있고 바다가 보이는 풀 빌라에서 하루 종일 놀았다. 풀 빌라가 숲처럼 생겼다. 카트를 타고 풀 빌라를 둘러봤다. 풀 빌라 안을 하루 종일 투어해도 끝나지 않을 정도로 넓었다. 풀 빌라 곳곳에서 화보를 찍듯이 사진을 찍으며 놀았다. 풀 빌라 앞에는 작은 수영장이 배치되어 있었다.

준비된 과일을 먹고 수영복을 입고 사진을 찍으려는데 우리 앞에 원숭이가 나타났다. 갑작스러운 원숭이의 등장에 당황스러웠다. 우리는 원숭이에게 과일을 던졌다. 과일을 던지면 갈 줄 알았는데 안 갔다. 무서웠다. 신랑이 삼각대를 가지고 있었다.

"삼각대로 때려버릴까?" "그러다가 혹시 우리가 물리면 어떡해. 그냥 과일 하나 던지고 도망가자." 이빨을 드러내는 원숭이가 점점 무서웠다. 얼른 과일을 하나 던지고 수영복을 입은 채 숙소로 도망쳤다.

숙소 관리인에게 원숭이가 왔다고 설명하는데 알아듣지 못한다. 신랑은 종이에 'MONKEY'라고 적어서 보여주었다. 그제야 그들은 알았다면서 우리와 함께 원숭이를 쫓으러 갔다. 숙소 관리인과 함께 원숭이에게 갔는데 아직도 원숭이가 있었다. 원숭이는 놀랍게도 숙소 관리인이 오자 빠르게 도망쳤다. 전에도 잡힌 기억이 있었는지 도망갔다. '원숭이가 사람 무시하는 건가?' 싶었다. 암튼 그렇게 원숭이 사건이 일단락되는 듯했다. 그런데 맙소사! 신랑의 휴대폰 배터리를 원숭이가 가져갔다. 배터리에 물이 약간 들어가 햇빛에 말리려고 내놓았다. 베란다의 배터리를 원숭이가 가져간 것이다. 보상이 있냐고 물었더니 그런 건 없단다. 원숭이가 여권을 안 가져간 걸 다행으로 생각했다. 원숭이 사건은 신혼여행 중에 하나의 추억이 되었다. 그 원숭이는 아직도 푸켓에서 잘 살고 있을까? 모르겠다.

사람들은 신혼여행을 선택할 때 휴양을 선택할 것인지 관광을 선택할 것인지에 대해 고민한다. 나는 휴양과 관광을 반반으로 선택했다. 아이를 미리 가진 부부들은 휴양을 많이 선택한다고 했다. 나는 신혼여행에서 스킨스쿠버 체험을 했다. 산소통을 매고 들어가서 바다 속을 봤는데 너무나 아름다웠다. 신랑은 스킨스쿠버 체험을 힘들어했다. 나는 신랑을 다독였다. 앞으로 기회가 있다면 다시 해보고 싶다. 같은 패키지를 선택한 다른 부부들과 함께 이동하며 관광을 했다. 파인애플 볶음밥 등 현지음식을 먹어보기도 하고 관광을 하기도 했다. 호텔 조식 후 자유식사가 있었다. 가이드는 레스토랑에 가서 메뉴를 시켜도 된다고 했다. 주의사항을 알려줬다. 물도 돈을 내야 한다고 했다. 우리는 식사를 시키고 우아하게 밥을 먹었다. 그런데 먹다 보니 목이 말랐다. 가이드의 조언 때문인지 우리는 무엇을 시키는 것을 몹시 신중하게 했다. 서빙 직원이 와서 물을 준다고 했는데 돈을 내야 하니 괜찮다고 했다. 보다 못한 가이드가

"It's free."라며 물을 줘서 마셨다. 그냥 여러 가지 음식을 시키고 나중에 계산하면 됐다. 아무튼 그 일도 하나의 추억이 되었다.

나와 신랑은 푸켓 현지 음식을 좋아했다. 그런데 다른 커플들은 향신료 냄새가 강하다며 싫어했다. 우리는 현지 음식을 맛있게 먹었다. 신혼여행 마지막 날 가이드가 특별히 삼겹살을 준비했다. 푸켓 삼겹살은 좀 특이했다. 우리나라 삼겹살과는 달리 대패 삼겹살처럼 얇았다. 소주는 한 병에 만 원이나 했다. 특별한 삼겹살을 먹었다. 그것도 기억에 남는다. 푸켓에서 관광하며 지인들에게 줄 선물을 샀다. 신혼여행 중에 지인 선물을 사는 것도 많이 생각해야 하는 일이었다.

우리는 사랑해서 결혼했다. 그런데 결혼하면 현실을 깨닫게 된다. 변한다. 왜 변하는 걸까? 우리는 왜 서로에게 불만이 쌓이는 걸까? 왜 행복하지 않은 걸까? 현실에서나 미디어에서는 '결혼'에 대해 부정적으로 인식하는 태도를 보이고 있다. 결혼해서 좋은 점과 행복한 점은 말을 하지 않는다. 부정적인 점에 공감하는 사람이 많기 때문일 것이다. 하지만 결혼에 대해 부정적인 태도를 보이는 것을 지양해야 한다. 미디어에서는 결혼을 해서 좋은 점과 장점도 부각시켜야 한다. 또한 결혼을 시작하는 부부에게는 행복하게 잘살 거라고 진심으로 응원해줘야 한다. 새로 시작하는 신혼부부에게 "왜 결혼했니?", "혼자 사는 게 편하지.", "결혼은 무덤이야." 이런 편견들을 심어줘서는 안 된다.

결혼을 하기 싫어하는 세대에게도 "최대한 늦게 결혼해.", "결혼하지 마.", "혼자 살아." 이런 말은 하지 않는 게 좋다. 결혼을 무조건 강요해서도 안 된다. 결혼은 선택이다. 단점도 있지만 장점도 있다는 것을 알려주어야 한다.

결혼에 대한 부정적인 인식이 변화되면 좋겠다. 인식을 바꾸려면 전통적 사고방식을 강요하지 말아야 한다. 유교적 전통을 강요하지 않는다면 행복한 결혼 생활을 할 수 있을 것이다.

부부가 서로 해주는 행복의 한마디

남편 : "결혼식을 하려니 떨리네."
아내 : "뭘 그렇게 긴장해. 편하게 해."

결혼식 날이다. 신랑이 입장하는데 입술을 떨었다. 신랑이 떨자 내가 다독여줬다. 결혼식 날 신랑이나 신부가 우는 결혼식도 봤다. 하지만 나는 정말 행복했기 때문에 즐거운 마음으로 신부 입장을 했다. 나는 결혼이 자신 있었다. 결혼이 무엇인지는 모르지만 행복할 것 같았다.

4
누구나 행복하기 위해서 결혼한다

> 결혼만큼 본질적으로 자기 자신의 행복이 걸려 있는 것은 없다.
> – 괴테

어릴 적 화목했던 가정은 행복한 결혼 생활을 하는 기본이 된다

행복하지 않기 위해 결혼하는 사람이 있을까? 우리는 대부분 어릴 적부터 자신을 위해 살았다. 자신을 위해 살던 두 명의 남녀가 연애를 했다. 결혼을 하기로 했다. 결혼이 필수인 시대에서 결혼이 선택인 시대로 변했다.

통계청의 2017년 사회지표에 따르면 결혼은 해도 좋고 안 해도 좋다는 응답에 미혼남성의 49.3%, 여성은 59.5% 로 나타났다. 이것은 '결혼이 필수가 아닌 선택이다.'라는 것을 보여준다. 여성의 사회 진출이 높아졌다. 독박 육아와 경력단절을 경험하는 것을 보면서 '나는 결혼해서 저렇게 되기 싫다.'는 인식이 많아졌다. 결혼하면 여자가 희생하는 것이 현실이니 말이다.

어릴 적 나의 가정 환경은 화목했다. 아빠께서는 10남매 중에 6째로 태어나셨다. 아빠께서는 어릴 적 가난을 되풀이하는 게 싫으셨다. 열심히 공부하셨고 사범대 역사교육과를 가셨다. 40년간 교직생활을 하셨다. 국사 교사로 근무 후 교장으로 은퇴하셨다. 여행을 가면 목적지의 역사나 생활 같은 것들을 설명해주셨다. 어릴 적 잠을 자려고 누우면 아빠께서는 이야기를 해주셨다. 동화 이야기를 들으면 그것을 상상하고 잠들었다.

"헨젤과 그레텔은 과자 집에 가서 과자를 먹었어. 과자 집은 문은 웨하스고 손잡이는 초콜릿이야." "아빠 과자 집 이야기 또 해주세요!" 즐거운 상상을 하며 잠이 들었다. 상상만 하는 것으로도 행복했다.

아빠께서 차남이었음에도 부모님께서는 할머니를 모셨다. 엄마는 출근을 하시고 할머니께서 우리를 많이 돌봐주셨다. 할머니께서는 음식을 만들어서 우리에게 주시는 것이 기쁨이셨다. 동생과 내가 소풍을 갈 때도 따라가셨다. 우리가 아프면 병원도 같이 가주셨다. 엄마께서는 이야기를 잘 들어주셨다. 엄마는 시어머님과 살았음에도 우리 가족은 서로 맞추어가면서 행복하게 살았다. 나는 어릴 적 행복하게 살았던 가족의 모습을 결혼에서 찾으려고 했는지도 모른다. 행복한 가족은 누구의 노력

없이도 되는 것인 줄 알았다.

우리 가족은 소소하고 안정적으로 살았다. 행복하게 살았다. IMF 때도 어려움이 없었다. 예쁘고 당당하게 살았다. 내가 하고 싶은 대로 살았다. 나는 중학교 때 라이너 마리아 릴케를 알게 되었다. 그의 『말테의 수기』를 읽고 작가가 되고 싶었다. 세상을 다르게 보고 싶었다.

"나는 보는 법을 배우고 있다. 왜 그런지 모르겠으나 모든 게 지금까지보다 더 내면 깊숙이 파고들어 과거에는 항상 끝났던 곳에 이제 머물러 있지 않는다. 옛날에는 알지 못했던 깊은 내면이 생겼다. 이제 모든 게 그곳으로 간다. 거기에서 무슨 일이 일어나는지 나는 모르겠다."

이 구절을 보고 나는 세상을 다르게 보는 연습을 했다. 릴케가 말하는 세상에는 고통도 있고 시련도 있고 아픔도 있는데 나는 그것을 잘 몰랐다. 원래 어려운 책이지만 지식과 경험도 없었기 때문이다. 지금 생각해 봐도 어떻게 그렇게 어려운 책을 읽었는지 이해되지 않는다. 사람들에게 릴케를 이야기해도 알아봐주는 사람은 없었다. 작가가 되고 싶었다. 하지만 인생은 생각처럼 흘러가지 않았다.

아빠께서는 항상 긍정적 사고방식에 대해서 강조하셨다. 중학교에 다닐 때 갑자기 책을 한 권씩 주셨다. 그때 추천해주신 책이 헤르만 헤세의 『데미안』과 노만 필의 『적극적 사고방식』과 정주영의 『시련은 있어도 실패는 없다』였다. 이 책들은 후에 나의 자아를 만드는 데 도움을 되었다. 그때는 시련이 무엇인지 몰랐다. 결핍이 없었기 때문에 어려움을 몰랐다. 나이가 든 지금에서야 시련과 어려움을 조금은 알 것 같다.

행복한 결혼 생활이란 무엇일까? 나는 어릴 적 화목한 가정이 행복한 결혼 생활이라 생각했다. 나도 결혼을 해서 가족을 이룬다면 아빠 같은 이상형의 남자를 만나고 엄마 같은 엄마가 되고 싶었다. 실제로 나의 남편은 아빠와 닮은 점이 많다.

아빠의 서재에는 니체의 『차라투스트라는 이렇게 말했다』가 꽂혀 있었다. 나는 이 책이 어떤 책일지 궁금했다. 나중에 20대가 되어 읽었다. 이 책에서는 정신의 3가지 변화가 나온다. 인간이 짐을 지고 사자가 된다. 사자가 낙타가 된다. 낙타는 어린아이가 된다. 정신의 3가지 변화를 생각해봤다. 최근에 채사장의 인문학 특강을 들었다. 이 강의에서 정신의 3가지 변화에 대해 다른 관점으로 생각할 수 있었다. 관점에 따라 세상이 다르게 보이는 것을 느꼈다. 이 책들은 소중하다. 20년이 지난 지금도 이 책들을 가지고 있다.

아빠께서는 남을 가르치는 것에 대해 말씀하셨다. "자신이 공부를 잘하는 것과 가르치는 것은 다르다. 명문대를 나오면 자신은 공부를 잘한다. 하지만 가르치는 것은 자신을 내려놓는 것이다. 공부를 못했던 사람이 못하면서 공부하는 과정을 더 잘 알기 때문에 더 잘 가르칠 수 있다."
물론 명문대를 나와서 잘 가르치는 사람들도 엄청 많다. 그들은 엄청 노력해서 명문대를 갔다. 하지만 꼭 명문대를 나오지 않은 사람도 잘 가르칠 수 있다.

나는 고등학생이 될 때까지 집안일을 거의 한 적이 없었다. 청소는 물론 빨래 한번 돌려본 적이 없었다. 아빠께서는 공부를 강요하지 않으셨다. 아빠의 신조는 '그대로 두면 알아서 공부를 한다.', '하고 싶은 것을 마음대로 하면서 살아라.'였다. 학원을 많이 가는 것도 싫어하셨다. 하지만 대한민국에서는 그대로 둬서는 공부를 잘할 수 없다. 아빠 주변의 장학사님의 아들이나 동료 교사의 아이들은 공부를 잘했다. 과학고를 가서 카이스트를 가거나 명문대를 가는 아이들도 많았다. 나중에 아빠께서 내가 공부를 못 하자 눈물을 흘리셨다. 나는 중학교 때까지는 곧잘 공부를 잘하던 아이였다. 고등학교를 가자 공부의 양이 엄청 많아졌다. 다른 아이들은 이미 선행학습을 해왔다. 나는 평범한 아이로 고등학교를 마쳤다.

울고 웃으며 행복한 가족 생활이 지속되었다. 여러 가지 일들이 있었지만 지금도 우리 가족은 행복하다. 서로의 꿈을 지지해주며 고민한다.

작가가 되고 싶다고 했을 때도 부모님은 무조건 응원해주셨다. 신랑도 응원해주었다. 살다 보면 어려운 일도 있고 슬픈 일도 있다. 기쁠 때 응원해주는 것도 가족이지만 힘들 때 응원해주는 것이야말로 진정한 가족일 것이다. 꿈은 위대하다. 꿈을 지지해주는 배우자라면 이상적이다. 대화와 소통을 많이 한다면 행복한 결혼 생활을 할 수 있을 것이다.

누구나 행복하기 위해서 결혼한다

누구나 행복하기 위해서 결혼한다. 행복하기 위해서는 우선 자신을 완성해야 한다. 힘든 일이 있을 때는 부부끼리 대화하여 해결책을 찾아야 한다. 어느 한쪽의 희생으로 모든 일이 해결되면 안 된다. 아이가 아무리 어리더라도 그 자체로 존중해주어야 한다. 부모 자식 간에도 서로를 존중하며 대화하며 해결책을 찾아야 한다.

그동안 한국사회는 너무 많은 것을 '엄마'와 '아내'에게 의존했다. 엄마는 슈퍼우먼이 아니다. 엄마가 아이들을 다 키우고 자신의 삶을 돌아보면 큰 상실감을 느낀다. 엄마들도 스스로 자신을 잃어버리지 않으려고 노력해야 한다. 스스로 자신의 삶을 너무 희생적으로 살아서도 안 된다. 가족을 돌보는 일에 자신의 삶을 모두 던지면 안 된다.

주부들은 결혼 후 삶이 힘들어서 불평불만을 한다. 하지만 불평만 한다면 자신의 감정에 사로잡히게 된다. 자신의 감정에 사로잡히게 되는 순간 현실에 직면해서 살기 힘들다. 삶이 무기력해지고 우울감이 찾아오게 된다. 아이들이 컸을 때는 상실감이 더하다. 자신의 인생에서 남는 것이 없기 때문이다.

결혼은 집안일을 하고 아이를 키우기 위해 하는 것이 아니다. 행복하기 위해서 결혼한다. 꿈을 가지는 것은 행복에 이르는 지름길이다. 행복하기 위해서는 꿈을 가지고 작은 일이라도 실천해야 한다. 긍정적으로 생각하며 살아야 한다. 꿈이 있고 목표가 있으면 진취적이고 생동감이 있게 된다. 꿈이 있거나 없거나 시간은 간다. 똑같이 시간은 가지만 꿈이 있는 사람과 없는 사람의 삶은 크게 다를 것이다.

아직도 가부장적 삶을 강요하는 남편들이 많다. 이제 시대가 바뀌었다는 것을 인식하고 서로를 존중하자. 서로 꿈을 가지자. 서로를 존중하자. 각자의 삶을 응원할 때 행복한 결혼 생활을 할 수 있을 것이다.

부부가 서로 해주는 행복의 한마디

나 : "아빠, 과자 집 이야기 또 해주세요. 과자 집 이야기 또 듣고 싶어요!"

아빠 : "헨젤과 그레텔은 과자 집에 가서 과자를 먹었어. 과자 집은 문은 웨하스야. 손잡이는 초콜릿이야."

어릴 적 나의 가정 환경은 화목했다. 어릴 적 잠을 자려고 누우면 아빠께서는 이야기를 해주셨다. 아빠가 해주시는 동화 이야기가 좋았다. 즐거운 상상을 하며 잠들었다. 나는 어릴 적 행복하게 살았던 가족의 모습을 결혼에서 찾으려고 했는지도 모른다.

5
결혼 후 따라야 할 전통을 버려라

> 결혼은 중요한 제도다. 그러나 아직 그 제도를 따를 준비가 되어 있지 않다.
> – 매 웨스트

결혼해서 원래 그런 건 없다

대한민국에서 결혼을 해서 산다는 건 어떤 걸까? 결혼을 하고 주부가 되면서 대한민국에 사는 사람들을 더 잘 알게 되었다. 사람들은 남들의 시선을 많이 신경 쓴다. 남들에게 관심이 많다. 다른 사람들의 나이나 직업에 호기심을 가진다. 남편 직업에도 호기심을 가진다. 자신과 남들을 비교를 하기도 한다.

예전에 온라인 카페에서 알게 된 언니를 오프라인에서 만난 적이 있다. 한 번 만나고 다시는 만나지 않았다. 처음 만났는데 이것저것 물어보더니 남편 직업은 무엇이냐고 끝까지 물었다. 공무원이라고 했다. 나도 모르는 사이에 모르는 사람들에게 나의 남편 직업을 알린 것을 보고 경악했다. 내가 학교에서 강의를 하고 있다고 했더니 시기와 질투를 했다. 분명 공부를 못했을 거란다. 맞다. 나는 공부를 잘하지 못했다. 학교공부는 못 했지만 후에 노력을 했다. 어렸을 때 공부 못 하면 어떤가? 모두 공부를 잘할 수는 없다. 어렸을 때 공부를 못 했던 사람도 나중에 바뀔 수 있다. 나는 내가 공부를 못 했던 게 부끄럽지 않다. 공부는 잘할 수도 있고 못 할 수도 있다.

알고 보니 그 언니는 아이에게 공부를 강요하는 엄마였다. 아이의 모든 것을 체크하고 관리했다. 지친 아이는 "엄마, 제발 그만 좀 하자!"라고 했다고 한다. 언니는 자신만의 정해진 틀에 맞추고 아이를 그 틀 안에 끼워 맞추고 있었다. 마음이 너무 아팠다. 대한민국 아이들은 어릴 때부터 왜 이렇게 살아야 할까?

결혼하면 원래 다 그런 거야. 이런 건 없다. '결혼했으니까 이런 거야.'라는 틀은 다르게 해석할 수 있다. '대한민국에서 결혼했으니까 그런 거야.'라고 할 수 있다. 이런 틀을 강조할수록 결혼을 생각하지 않게 된다. 실제로 현재 20대들에게 물어보면 결혼은 필수가 아니라는 것이 대부분이다. 학교에서도 아이들에게 물어보면 "결혼은 절대 안 한다."고 한다.

지금 대두되고 있는 사회 문제가 '비혼'이다. 자의적으로나 타의적으로 결혼하지 않는 것이다. 2018년 8월 30일 tvN에서 방송되었던 〈외계통신〉 7회에서는 '비혼'이라는 주제로 토론을 벌였다. MC 김동완의 가평

집에서 비혼식을 하는 장면으로 시작한다. 셀프 결혼 서약식을 하고 자신에게 반지를 끼운다.

미국의 비혼율은 42%나 된다고 한다. 미국에서는 비혼식 키트라는 것을 만들어서 팔았다. 이것은 엄청나게 팔렸다. 비혼식 키트에는 카드 서약서와 반지가 들어있다. 비혼식 키트로 자신의 행복을 찾는다.

일본 사례에서는 스스로 원하지 않는 비혼에 대해서도 다룬다. 비혼은 스스로 선택할 수도 있다. 하지만 경제적인 문제로 어쩔 수 없이 선택하는 경우도 있었다. 일본인 47세 남성 도쿄대 복싱선수는 연 천만 원 정도 번다. 도쿄대까지 나왔지만 현실적으로 살기가 너무 힘들다. 자신의 일상도 살아가기 힘들기 때문에 결혼은 생각도 못 한다. 그는 결혼을 하고 배우자와 함께 살아가고 싶다. 하지만 경제적 문제로 결혼을 포기했다.

프랑스는 개인의 삶을 존중하기로 유명하다. 프랑스에서는 PACSPacte civil de solidrite 제도를 운영한다. 리오넬 조스팽Lionel Jospin 총리 주도로 1999년에 생겼다. 처음에 동성 결혼의 법적 권리를 보장하기 위해서 만들었다. 하지만 팍스는 이성 결혼 사이에서 더 유행했다. 이것은 새로운 형태의 결혼이다. '모든 형태의 동거부부'에게 법적 지위를 준다. 이들을 사회보장 측면에서 불이익이 없게 한다. 실제로 팍스는 동거부부의 법적 권리를 인정한다. 결혼에서와 같은 권리를 인정받기는 쉽다. 국가에서 정해주는 증명서를 사회보장이나 납세 임대차 계약 채권채무에 제출하면 된다. 프랑스는 유치원부터 대학교까지 학비가 무료다. 어쩌면 이러한 사회적 배경이 뒷받침되기 때문에 이런 제도가 쉽게 정착할 수 있었을 것이다.

또 다른 형태로 2004년 일본 작가 스기야마 유미코의 『졸혼을 권함』이란 책을 통해 '졸혼'이라는 개념이 등장한다. 졸혼은 결혼을 졸업함이란 뜻으로 30~40년 같이 산 부부가 따로 사는 것이다. 황혼이혼과는 다른 의미로 법적 효력을 유지하면서 각자의 인생을 산다.

우리나라의 대표적 사례는 배우 백일섭 씨다. 그는 졸혼하며 살고 있다. 졸혼 후 처음 두 달을 술만 마셨지만 지금이 행복하다고 한다. MBC 〈사람이 좋다〉라는 프로그램에서 "언젠가부터 혼자 나가 살아야겠다."라고 했다. "예전에는 밥을 먹으면 자리에서 일어나면 됐는데 이제 마무리도 직접 해야 한다."라고 말했다.

결혼 후 유교적 전통을 강조하는 인식이 변해야 한다

이렇게 새로운 형태의 결혼이 생겨난 이유에 대해 숭실사이버대 상담복지학과 이호선 교수는 "주인공의 역할로 살고 싶은 욕구가 발현된 것"이라고 했다. 이 교수는 "늘 엄마 혹은 아내라는 이름으로 살아야 했던 오랜 관습이 새로운 결혼관을 탄생시켰다. 이젠 누군가의 그림자가 아닌 인생의 주인공으로 살고 싶다는 여성들의 욕구가 발현된 것"이라고 설명했다.

대한민국에서는 결혼을 하면 '일반 평균 가정이 되고 잘살아야 한다.'는 틀이 정해진 것 같다. 마치 '수능'이라는 시험을 보고 좋은 대학에 가기 위한 것처럼 말이다.

결혼 후에는 맞춰야 할 틀이 존재한다. 그것은 유교적 전통이라는 다른 이름이다. 유교적 전통은 결혼 후 해야 하는 의무를 강조한다. 그렇다면 결혼했다는 이유로 무조건 유교적 전통을 따라야 할 것인가? 시대가 바뀌고 있고 그것에 따라 인식도 변해야 한다.

융복합의 시대이다. 시대가 변했다. 시대가 변했으면 그것에 맞게 전통도 변해야 한다. 그것에 맞게 법도 변해야 한다. 최근엔 여러 가지 긍정적인 시도들이 있어서 다행이다.

그렇다면 대한민국에서 혼자 사는 것은 쉬운가? 그렇지 않다. 20대 후반을 넘기고 30대 초반이 된다. 걱정을 해준다며 온갖 질문을 한다. 라디오나 TV에서는 '명절 후 스트레스'에 대해서 다룬다. 어김없이 빠지지 않는 질문이 있다. "여자 친구는 있니?", "결혼은 언제 할 거니?" 같은 질문이다. 싱글들은 온갖 관심을 참으며 답변한다. 대한민국에서는 혼자 산다는 것도 어렵다. 청소년기의 아이들에게는 "반에서 몇 등 하니?" 아이가 없는 신혼부부에게는 "언제 아이를 낳을 거니?"라는 질문을 한다. 문제로 고민하는 당사자가 이런 질문들을 받으면 스트레스를 받는다. 이런 질문들을 하는 것은 신중해야 한다.

나는 결혼할 시기가 되어 결혼을 했다. 결혼을 하고 아이를 낳았다. 아이를 낳으니 한명만 낳으면 안 된다고 했다. "딸만 있어도 안 되고 아들만 있어도 안 된다."고 했다. 딸 하나 아들 하나를 낳았다. 이제야 관심이 좀 줄었다. 아이들을 물어보는 이들에게 남매를 낳았다고 했다. 그러면 그들은 "맞아. 딸도 있고 아들도 있으니 백점이네."라고 말했다.

지금도 여전히 길을 둘째를 데리고 길을 가면 어른들이 물어본다. "아들 하나야?" " 둘째에요. 첫째는 딸이에요." 하면 딸도 있어야 한다며 만족하며 간다.

아이가 한명이면 다른 성별이 있어야 한다고 했다. "아들이 둘이면 딸이 있어야 한다."라고 했다." 딸이 둘이면 아들이 있어야 한다."라고 했다. 성별을 마음대로 결정할 수 있는가? 왜 모르는 사람들로부터 아이의 성별이야기까지 들어야 할까?

결혼만 하면 끝인 줄 알았다. 왜 모르는 사람들은 다른 집 아이의 성별과 명수까지 신경을 쓰는 걸까?

첫째를 낳고 너무 힘들어서 둘째를 낳기 싫었다. 오죽하면 '첫째는 2배 힘들고 둘째는 50배 힘들다.' 라는 말이 생겼을까? 실제로 둘째를 낳고 50배 힘들었다. 둘째가 32개월이 됐다. 둘째를 키우는 것이 힘들었다. 하지만 행복이 더 많다. 어른들이 했던 말을 조금 이해 할 수 있을 것 같다. 남매가 함께 놀고 있는 아이들을 봤다. 둘을 보니 행복하다. 엄마가 대신해 줄 수 없는 부분을 서로 돕고 이해한다. 아이가 둘일 때의 행복은 크다. 하지만 둘째를 고민하는 친구에게 무조건 둘째를 낳으라고 추천할 수는 없다. 친구의 삶은 소중하고 둘째를 낳는 건 선택이기 때문이다.

결혼도 마찬가지다. '결혼을 하면 원래다 그런 거야.' 라는 틀은 없다. 결혼은 선택이다. 자신의 의지에 따라서 선택할 수 있다. 아이를 낳거나 낳지 않을 수도 있다. 하지만 대한민국 사회는 전통이라는 이유로 기존 틀과 관습을 강요했다.

서양에서는 나이를 물어보는 것이 실례라고 한다. 개인적인 사생활이기 때문이다. 하지만 우리나라 사람들은 다른 사람들의 나이, 직업, 성별, 결혼 여부에 관심이 너무 많다.

처녀시절엔 길거리를 걸어가면 관심 받는 질문을 받은 적이 없었다. 아이를 데리고 외출을 했다. 낯선 사람들은 아이에 관한 여러 가지 질문을 했다. 당황했다. 지금도 여전히 아이와 외출을 하면 낯선 사람들로부터 질문을 받는다. 하지만 이제는 그러려니 한다. 잘 모르는 사람에게 이런 질문을 받는다면 그냥 "네.", "네." 하면서 한 귀로 흘리며 지나가면 된다.

아이와 외출을 하면 모르는 사람들이 말을 건넨다. "애는 몇 개월이에요?", "이렇게 하면 애 추워. 옷을 더 입혀야지!"라고 말한다. 물론 어른들의 말을 들으면 도움이 되는 경우도 많다. 하지만 낯선 사람에게 이런 조언을 들으면 기분이 썩 좋지는 않다.

나는 결혼 7년차다. 남매를 키우는 지금 나도 가끔 낯선 사람에게 "애는 몇 개월이에요?"를 물어보려고 한다. 모르는 사람으로부터 받은 질문이 학습된 것일까? 가끔 이런 나에게 놀랄 때가 있다. 질문하고 싶지만 꾹 참는다. 오지랖 떨지 말자.

부부가 서로 해주는 행복의 한마디

딸만 있었을 때 질문

낯선 아주머니 : "딸 하나야?"

나 : "네. 하나에요."

낯선 아주머니 : "아이가 둘은 있어야지. 아들 하나 있으면 좋겠다. 혼자는 외로워."

남매가 있었을 때 질문

낯선 아주머니 : "딸 하나야?"

나 : "아니요. 얘가 누나고 남동생 있어요."

낯선 아주머니 : "맞아. 딸도 있고 아들도 있어야 해. 백점이네."

왜 모르는 사람들로부터 아이의 성별 이야기까지 들어야 하는가? '결혼을 하면 원래 다 그런 거야.'라는 틀은 없다. 자신의 의지에 따라서 아이를 낳거나 낳지 않을 수도 있다. 하지만 대한민국 사회는 전통이라는 이유로 기존 틀과 관습을 강요한다.

6
일상이 늘 행복할 수만은 없다

> 결혼 그 자체는 '좋다, 나쁘다'라고 말할 수 없다.
> 결혼의 성공과 실패는 우리 자신에게 달려 있기 때문이다.
> – 앙드레 모로아

인생을 살다 보면 힘들고 슬픈 일을 겪을 때가 있다. 예상치 못한 곳에서 사고는 발생한다. 갑작스런 사고로 가족이나 소중한 사람이 우리 곁을 떠나면 우리는 깊은 슬픔에 빠진다. 함께 있어주지 못해서 미안하다. 사랑한다는 말을 하지 못해서 미안하다. 하지만 우리는 그 슬픔 위에서 일상을 살아간다. 슬픔을 이기고 또 각자의 삶을 살아야 한다. 아무리 슬퍼도 슬픔 위에서 다시 살기 위해 노력한다.

『행복의 신화』의 저자 소냐 류보머스키는 이런 현상을 '쾌락적응'이라고 했다. "병원균이 침입하면 면역체계가 작동해 몸을 방어하듯, 슬픔이나 공포를 경험하는 순간 여기에 적응하고 그로 인한 고통과 충격을 완화시켜줌으로써 심리적 건강을 지켜주는 면역체계가 우리 마음속에 있다."는 것이다.

결혼을 하면 평생 행복이 지속될 것 같다. 하지만 이내 그것에 적응하고 또 다른 행복을 찾는다. 그러므로 결혼에서 행복을 지속시키기 위해서는 지속적인 노력이 필요하다. 쾌락적응의 원리를 이해하자. 결혼 생활에서 행복을 유지하기 위해서는 어떻게 해야 하는지 알아보도록 하자.

행복한 결혼 생활을 하는 부부를 본받자

26년 동안 행복한 결혼생활을 유지하며 사랑을 하는 부부가 있다. 바로 최수종 하희라 부부이다. 1993년 결혼해 26년차인 최수종, 하희라 부부는 연예계 대표 잉꼬부부다. 최수종은 지속적으로 기념일에는 이벤트를 했다. 2013년 결혼 20년차에 리마인드 웨딩을 했다. 25년이 되는 2018년에는 은혼식을 했다. 은혼식이란 19세기 영국에서 시작된 기념일이다. 결혼 25주년엔 은혼식을 해서 은반지를 교환했다. 결혼 50주년엔 금혼식이라 하여 금반지를 교환했다. 최수종은 은혼 여행을 떠나는 중에도 공항에서 외모를 걱정하는 하희라에게 "너무 예쁘다!"라고 말했다. 은혼식의 반지에는 '이 또한 지나가리라.'라는 문구를 새겼다. 최수종은 '돕는 베필, 선한 영향력, 축복의 통로'라는 문구도 함께 SNS에 올렸다. 이것만 봐도 얼마나 평소에 사랑을 자주 표현하고 있는지 알 수 있다. 본받을만한 부부다.

이들은 어떻게 행복한 결혼 생활을 유지하는 것일까? 이들은 싸우지 않는 것일까? 한 인터뷰에서 이들은 싸움을 거의 하지 않는다고 했다. 부부의 대화는 좋은 말투로 최대한 부드럽게 했다. 하희라는 서운한 마음이 생기면 그때그때 적극적으로 말한다고 했다. "표현하는 방식이 중요한 것 같아요. 서운한 일이 있으면 마음을 담은 편지나 다정한 문자로 보내요. 아무리 상대방이 잘못했어도 받아들이는 사람 입장에서는 달갑지 않을 수 있잖아요. 그래서 더 다정하게 마음을 표현해요. 그러면 제 감정을 충분히 이해하고 공감해주거든요." 부부는 서운할 당시 바로 마음을 표현하고 서로에게 고마움을 표현했다. 이 부부를 보면 행복한 결혼 생활의 비결을 알 수 있다. 바로 적극적 표현과 배려와 감사이다. 기념일에는 기억될 만한 이벤트를 준비하는 최수종도 감동이다. 현실에서 이런 부부가 얼마나 될까 모르겠다. 하지만 이들의 사례는 행복한 결혼 생활을 하는 상위 그룹에 속한다. 이 부부처럼 하는 것은 힘들더라도 이들의 사랑 표현 방식과 배려하는 마음은 배워야 한다. 결혼생활에서 행복을 유지하는 부부들을 관찰하며 배워보자.

행복한 결혼 생활을 유지하는 상위 7퍼센트 부부를 분석하여 결혼 생활에서 해법을 찾는 책도 있다. 그레고리 팝캑 박사의 저서 『사랑의 완성, 결혼을 다시 생각하다』이다. 그레고리 팝캑 박사는 '행복한 결혼 생활을 하는 상위 7퍼센트 부부'를 분석, 자가 진단용 설문, 훈련과제 등으로 연구했다. 이 모든 사실을 논문으로 증명하고 인정받고 있다. 상위 7퍼센트에 속한 그룹에서는 결혼을 하고 평균 이상의 만족감과 열정, 안정감을 주며 만족했다. 이 책에서는 '부부관계의 발전 경로'라는 표를 사용해 대분류를 결핍된, 평범한, 특별한 결혼 생활의 3가지 분류로 나눴다. 그리고 각 대분류에 따른 소분류를 6가지로 나눴다. 그것은 치명적, 구조선, 동화책, 스타, 동반자적, 영적 반려자 결혼이다.

결핍된 결혼 생활에서 특별한 결혼 생활로 갈수록 결혼의 만족도가 커졌다. 그렇다면 특별하고 만족감이 높은 동반자적, 영적 반려자의 결혼에서는 어떤 점이 달랐을까? 이 책에서는 '전구를 가는 일'을 예로 들어 각 결혼의 사례를 설명한다.

"구조선 유형의 아내는 전구를 교체하는 일이 남편의 몫이라고 생각하기 때문에 자기 손으로 전구를 교체하느니 차라리 불편하지만 남편이 할 때까지 기다리는 쪽을 택한다. 그러면서 전구 교체하는 데 소모할 에너지의 300배 정도를 남편에게 전구 교체하라는 잔소리를 하는 데 소모한다. 평범한 단계의 아내는 남편에게 전구를 교체해달라는 요청을 했는데도 남편이 갈지 않으면 자기가 전구를 교체하지만, 남편의 직무유기에 대해서 평생 속으로 원망한다. 동반자적 아내는 두 번 생각할 것도 없이 직접 전구를 교체한다. 영적 반려자 아내는 전구를 교체할 뿐 아니라 남편이 퇴근하기 전에 다른 전구에는 문제가 없는지 살펴보고 혹시 전구가 나간 게 맞다면 교체해놓는다."

자신은 어느 유형에 해당하는가? 이상적인 결혼은 영적 반려자 결혼이다. 똑같이 전구를 가는 상황에서도 결혼 유형에 따라 상황이 얼마나 달라질 수 있는지 알 수 있다. 자신이 어떻게 행동하느냐에 따라 결혼 생활이 행복할 수도 있고 불행할 수도 있다. 결혼 생활에서 습관적으로 잔소리를 많이 하고 있지는 않은가? 나도 탓을 하며 잔소리를 하는 내가 싫을 때가 있다. 하지만 조금씩 내가 하는 행동을 분석하고 객관적으로 보려고 노력하고 있다. 무엇보다 중요한 것은 행동이나 말을 할 때 보이는 것만 판단해서는 안 된다. 가족이라서 편하게 속에 있는 말이 나올 수도 있다. 하지만 가족이라서 서로에게 상처를 주지 않게 노력해야 한다. 상처 주는 말은 자신은 기억을 잘 못 할지 몰라도 상대의 마음속에는 깊이 남아있기 때문이다.

위의 사례들을 보면 행복한 결혼 생활을 이어가는 부부들의 공통점이 있다. 이들은 사랑표현도 잘하고 공감도 잘한다. 무엇보다 자신보다 배우자를 항상 먼저 생각한다. 이것은 서로를 향한 존경이 기본이 되었기 때문일 것이다.

자신의 결혼 생활이 불행하다면 행복한 부부들을 관찰해보자. 다른 부부가 어떻게 행동하는지 보는 것은 도움이 된다. 물론 그들의 결혼 생활이 자신의 결혼 생활이 될 수는 없다. 하지만 불행한 결혼에서 한 가닥 희망이 될 수도 있다. 결혼 생활이 불행하다면 의식전환을 하자. 긍정적 생각을 계속하자. 분명 성과가 있을 것이다. 상대의 마음의 벽을 허무는 것이 쉽지는 않다. 하지만 계속 노력해보자.

행복한 결혼 생활의 중심은 부부이다

최근 블로그에 "사랑은 표현하는 것이다."라고 글을 썼다. 많은 사람들이 댓글을 달아주었다. 그중 저는 "경상도 사람이라 사랑 표현하면 이상하다고 생각할 낀데요."라고 하는 댓글도 있었다. 나는 그래도 용기를 내보라고 했다. 많은 사람들이 알고는 있지만 "힘들다."라고 말한다. 하지만 힘들어도 하나씩 노력해보자.

여기에서 내가 말하는 사랑 표현은 기계적으로 감정 없는 "사랑해."가 아니다. 진심은 통한다. 진정성 있게 이야기하자. 우리는 연애를 격렬하게 해서 사랑하게 된 사이가 아닌가? "힘들다."라는 말을 "표현하자."로 바꾸고 노력하자. 결혼에 대한 자신의 태도를 부정적에서 긍정적으로 바라보는 것으로만 바꾸어도 성공이라고 할 수 있다.

인생은 희로애락이 있다. 우리는 아름답고 행복한 연애의 기억으로 결혼을 결심한다. 하지만 결혼 후 여러 가지 문제에 부딪힌다. 생각지도 못했던 일들을 함께 겪는다. 때론 기쁨을 나누고 때로는 싸우기도 하면서 일상의 행복을 찾는다. 예상치도 못했던 일을 함께 잘 겪으면 서로에 대한 신뢰감이 올라간다. 갈등 후 문제를 잘 해결하면 돈독한 관계가 된다. 하지만 갈등 후 문제를 잘 해결하지 못하면 서로에게 마음을 닫는 감정적 이혼 상태가 된다. 사람의 마음은 한번 닫으면 열기가 힘들다. 마음을 열고 있을 때는 한없이 열린 상태일 것 같다. 하지만 한번 마음을 닫으면 두 배의 노력을 해야 한다.

아이들에게 집중하느라 감정적 이혼 상태가 된 것을 파악 못 할 때도 있다. 아이들에게 집중하다 보면 부부 사이가 어색해지기도 한다. 아이에게 집중하는 것도 중요하다. 하지만 가정에서 가장 중요한 것은 부부 사이의 화목이다.

비행기에서는 비상시 안내방송을 할 때 산소마스크를 유아보다 보호자가 먼저 착용하라고 한다. 유아에게 산소마스크를 착용하고 부모가 잘못되면 아이도 잘못되기 때문이다. 가정에서도 부부가 먼저다. 항상 부부 사이가 먼저라는 사실을 깨닫고 노력해야 한다. 만약 감정적 이혼 상태라면 서로의 마음을 여는 노력을 해야 한다. 그대로 두면 더 큰 마음의 벽이 둘의 사이를 갈라놓게 될 것이다.

결혼 후의 일상과 현실은 고단하다. 하지만 함께하는 가족은 행복감이 강하다. 결혼 후 느끼는 일상의 행복이야말로 참 행복이다. 결혼해서 끝까지 행복하게 사는 사람이 있을까? 베스트셀러 책도 시간이 지나면 스테디셀러가 된다. 인기 있는 음악도 시간이 지나면 국민음악이 된다. 결혼식도 반짝하는 이벤트 같은 것이다. 중요한 것은 이후에 지속적으로 잘 사는 것이다. 항상 행복할 수는 없다. 행복한 사이를 만들어가겠다는 의지를 갖자. 서로를 존중하겠다는 마음으로 행복하게 살도록 노력하자.

부부가 서로 해주는 행복의 한마디

"표현하는 방식이 중요한 것 같아요. 서운한 일이 있으면 마음을 담은 편지나 다정한 문자로 보내요. 아무리 상대방이 잘못했어도 받아들이는 사람 입장에서는 달갑지 않을 수 있잖아요. 그래서 더 다정하게 마음을 표현해요. 그러면 제 감정을 충분히 이해하고 공감해주거든요."

– 하희라 인터뷰에서

최수종 하희라 부부의 대화는 좋은 말투로 최대한 부드럽게 한다. 하희라는 서운한 마음이 생기면 그때그때 적극적으로 말한다. 부부는 서운할 당시 바로 마음을 표현한다. 서로에게 고마움을 표현한다. 적극적 표현과 배려와 감사이다. 기념일에는 기억될 만한 이벤트를 준비하는 최수종도 감동이다.

7
결혼했어도 어쨌든 '나는 나'다

> 사랑에 빠질수록 혼자가 되라.
> – 라이너마리아 릴케

　자신의 성공을 위해 노력했던 그 많은 여자들은 어디로 사라졌을까? 자신의 성공을 위해 노력했던 여자들은 도대체 어디로 간 걸까? 결혼을 기점으로 많은 여성들이 자신의 직업을 포기한다. 엄마라는 다른 이름으로 자신의 이름을 대체한다. 실제로 경험을 해보니 이해가 간다. 대한민국에서 워킹맘으로 살아간다는 것이 얼마나 힘든지 경험하지 못한 사람들은 모른다.

　나 역시 결혼 전에는 '어린이집에 맡기고 일하면 되는데 왜 그럴까?' 생각한 적이 있다. 집에서 살림하는 주부들이 좋을 것 같다고 생각한 적이 있다. 실제로 주부가 되어 보니 주부는 힘든 역할이다.

워킹맘의 현실은 엄청났다. 어린이집을 다니던 아이가 아프고 입원을 하면 비상사태다. 친정이나 시댁의 도움을 받아야 한다. 다음날 출근을 할 수 있을지 없을지 밤새 불안하다. 아이가 아프지 않기를 바라야 한다. 입원을 하면 어린이집을 못 간다. 아이가 아픈 상태이기 때문에 엄청 예민하고 걱정이 된다. 만약 도움을 받지 못한다면 도움 주는 분을 찾아야 한다.

결혼했어도 도전했다

엄마들은 아이를 위해 자신의 삶을 많이 포기한다. 수준 높은 교육을 받고 평등교육을 받은 것은 아무 쓸모가 없다. 엄마가 되면 모성애가 생긴다. 하지만 모성애는 강요받는 경우도 많다. 아이를 낳는 순간 작은 아이에게 우유를 줘야 하고 기저귀를 갈아야 한다. 손대면 부서져버릴 것 같은 아이를 키워야 한다. 아이를 누구에게 맡길 때면 죄인이 된다. 어린이집에 맡길 때도 눈치를 보며 시간을 잘 지켜야 한다.

아이를 어린이집에 맡기고 일을 하면 "아이가 어린데 벌써 맡겨요?"라는 질문을 받는다. 아이는 36개월까지 엄마가 키우는 게 가장 좋다. 그 말이 맞다. 근데 36개월 동안 없어져버린 엄마 인생은 어떻게 해야 하나? 사회활동을 하다가 갑자기 육아만 하게 되면 상실감이 크다. 개인에 따라 다를 것이다. 하지만 사회활동을 했던 사람들은 견디지 못한다. 산후우울증이 오는 이유이다.

『결혼과 육아의 사회학』의 저자 오찬호 작가는 그의 책에서 이렇게 말한다.

"만들어진 모성의 위험성은 여성의 아이 돌봄 의무가 신성하게 포장될수록 정작 돌봄의 당사자는 인간적 대우를 받지 못한다는 사실에 있다. 모성이 '자연스럽다고' 할수록 결국 여성들에게 자녀에 대한 일방적인 책임 전가를 가능케 하기에 한 개인의 '자연스러운' 자주성은 파괴될 확률이 높다."

임신을 하고 박사 과정을 시작할 것인지 말 것인지에 대해 고민했다. 교수님들은 박사 과정을 한다고 했을 때 회의적이었다. "여자들은 결혼하고 출산하면 어차피 안 해. 왜 굳이 하려고 하나?" 교수님들은 회의적이었다. 그래도 도전했다. 신랑과 이야기를 하고 이것저것을 고려했다. 부모님의 기대도 있었다. 신중하게 고민했다. 나는 광주에 살았다. 부산에 있는 학교를 가려면 왕복 6시간이 걸렸다. 당일치기로 부산을 갔다. 딱 수업만 듣고 왔다. 집에 오면 새벽이었다. 광주에서 부산까지 100번 이상을 왔다갔다했다. 왜 굳이 부산으로 다녔을까 의문이 생길 수도 있다. 부산가톨릭대학교에 '치기공학과'라는 대학원이 있었기 때문이다. 나의 전공을 살려 그쪽으로 진학했다. 그때까지만 해도 아이가 태어나면 내 일을 잘할 수 있을 것이라고 생각했다. 결혼을 했어도 특별하게 바뀐 것이 없었다. 내가 하던 일을 그대로 했다. 아이가 큰 변화를 가져올 것이라는 건 상상하지 못했다. 아이를 낳으면 잘 키울 것이라는 막연한 기대가 있었다. 결혼식을 할 때의 낭만적 기대처럼 말이다.

20대에도 항상 새로운 것에 도전하고 있었다

나는 20대 중반에 새로운 것을 공부하고 싶었다. 그래서 편입을 결심했다. 어렸을 때 읽었던 소설에서 말하는 꽃이 어떤 꽃인지 궁금했다. 생명은 어디서부터 탄생했을까? 사람은 왜 태어났을까? 인간이 죽으면 어떻게 될까? 사람들을 보며 '영혼이 있는 시체들이 걸어 다니는 것 같다.'는 엉뚱한 상상을 하기도 했다. 생명 전반을 다루는 생물학을 전공하기로 했다.

생물학과에서는 자연과학의 모든 것을 다뤘다. 동물학, 식물학, 곤충학, 분자생물학, 노화생물학, 식물분류학 등 과학의 전반적인 것을 배울 수 있었다.

문제는 일반 편입을 하니 치기공과를 다니다가 갑자기 생물학과 3학년이 된 것이다. 나는 고등학교 때 문과생이었다. 생물학에 대해 아무것도 몰랐다. 내가 원하는 일이었던 만큼 열심히 하고 싶었다. 최선을 다해 좋은 학점을 얻고 싶었다. 전공필수로 이수해야 하는 '일반생물학'을 공부하기 위해 고2 생물2를 공부했다. 그때 같은 과에서 공부했던 지예가 많이 도와줬다. 새로운 도전을 하니 두렵고 무서웠다. 하지만 잘하고 싶은 간절한 마음이 있었다. 모르면 물어봤다. 다른 학생들에게 먼저 다가갔다.

시험을 준비할 때 A4용지에 혼자 시험 보는 연습을 했다. 시험 문제를 쓰고 그것을 나만의 족보로 만들었다. 그것을 백지에 써봤다. 생각처럼 잘 되지는 않았다. 그래서 안 되면 될 때까지 했다. 개구리의 명칭을 쓰는 시험이 있었다. 나는 개구리를 그려보고 명칭을 썼다. 한번 볼 때는 다 아는 것 같았다. A4에 시험 연습을 하니 모르겠다. A4용지를 버리고 다시 외웠다. 안 외워진다. 모르겠다. 반복한다. 될 때까지 한다. 결국 그 시험은 A+을 맞았다. 4년제 대학에서 4.0 이상을 맞기는 어려웠다. 하지만 노력해서 해냈다.

생물학과를 다녔을 때 가장 기억에 남는 것은 식물 채집이다. 이것은 엄마와의 추억도 있다. 식물채집을 할 때는 산에 가서 식물을 채집한다. 과, 목, 학명은 무엇인지 찾는다. 신문지로 눌러서 말린다. 마를 때까지 7~8번을 반복한다. 식물이 완전히 마르면 조금 두꺼운 종이에 바느질을 해서 붙인다. 200개 이상이 A+이다. 사범대의 생물교육과도 이 수업을 들었다. 200개도 벅찬데 독한 애들이 400개를 해왔다. 도저히 혼자 하기가 힘들었다. 엄마에게 도움을 요청했다. 우리 가족은 성묘 가는 길에도 식물 채집할 나무를 찾았다. 온 가족이 바늘을 가지고 식물을 꿰매고 표본을 만들었다.

식물채집 실습시간에 교수님은 우리 과 학생들을 어등산으로 집합시키셨다. 어등산을 등산하면서 이것은 무슨 과 무슨 목의 어떤 식물이라고 말씀하시며 빠르게 지나가셨다. 학생들은 그 뒤를 따르며 채집할 식물을 수집했다. 이동하며 수첩에 부지런히 적었다. 체력이 약했던 나는 따라가는 것 자체가 힘들었다. 하지만 결국 식물채집에서도 좋은 점수를 받았다. 아직도 가을만 되면 식물채집이 생각난다.

나답고 당당한 엄마가 되자

나의 삶은 항상 도전의 연속이었다. 도전을 하면 '성장한 나'를 만들 수 있었다. 결혼해서도 도전할 수 있을 것 같았다. 결혼을 하니 제약이 따랐다. 하지만 나는 결혼해서도 도전을 멈추지 않을 것이다. 결혼과 출산은 많은 변화를 가져온다.

20대 때 멘토로 삼았던 언니가 있었다. 나는 그녀를 닮고 싶었다. 그녀는 항상 자신감이 넘쳤다. 그녀의 블로그에는 제니퍼 로페즈의 〈Brave〉가 흘러나왔다. 그녀는 고등학교 영어 교사였다. 얼굴도 예쁘고 완벽했다. 그녀를 따르고 싶어 하는 블로그 이웃도 많다. 그녀의 블로그에는 '고등학교 학생들을 어떻게 잘 가르칠까?'에 대한 고민의 흔적이 많다. 자신이 교사가 되기 위해 어떤 노력을 했는지 기록되어 있다. 그런 그녀가 결혼을 했다. 창원에 살던 그녀는 분당이라는 곳으로 이사를 한다. 낯선 곳에 와서 낯선 결혼 생활을 시작한다. 그녀는 '낯선 곳에 와서 왜 이렇게 살고 있어야 하나?'를 고민했다. 아이를 출산하고 돌연 교사를 그만뒀다. 아이에게만 집중하기 위해서다. 그녀는 아이가 어떤 교육 프로그램을 해야 좋을지에 대해 고민했다. 아이의 교육에 관한 포스팅이 늘어났다. 어떻게 해야 당당하고 멋진 엄마가 될 수 있는 건지에 대한 고민으로 가득했다. 최근에는 조기 유학에 대한 관심이 많다. 지금은 아이들의 유치원을 위해 해외에 나가 있다. 아이들을 잘 키우겠다는 그녀를 이해한다. 당당하고 멋진 엄마의 삶을 응원한다. 하지만 가끔 자신만을 위해 독립적으로 살았던 그녀가 그립기도 하다.

결혼했어도 좀 나답게 살고 싶다. 나는 결혼했어도 나답게 살려고 노력하고 있다. 나는 항상 어려움이 오면 나답게 극복하려고 노력한다. 사람들에게 나에 대해 평가해달라고 부탁했다. 내가 어떤지 내가 어떤 장점을 가졌는지 단점이 있다면 말해달라고 했다. 사람들은 나에게 "따뜻하고 인간적이다."라고 말해주었다.

20대 때는 '희진스럽게 Heejinish' 라는 슬로건을 걸었다. 결혼을 하고 임신을 해서도 항상 무엇인가에 도전하고 있었다. 미술을 배우고 싶어서 연필인물화를 배우기도 했다. 다이어트를 하고 싶어서 '다이어트코리아' 라는 프로그램에 참여해 태권도를 배우기도 했다.

책을 읽고 각종 세미나를 듣고 내가 집중하는 분야에 나름대로 연구를 했다. 나는 결혼을 하고 아이 둘을 낳았다. 세상에서 요구하는 '아름다운 엄마'도 좋다. 하지만 힘든 육아현실에서 '나다운 엄마', '희진스러운 엄마'로 살고 싶다. 항상 자신을 지키는 것을 기억하자.

> ### 부부가 서로 해주는 행복의 한마디
>
> "아이가 어린데 벌써 맡겨요?"
> "아, 네⋯."
>
> 아이는 36개월까지 엄마가 키우는 게 가장 좋다. 그 말이 맞다. 근데 36개월 동안 없어져버린 엄마 인생은 어떻게 해야 하나? 사회활동을 하다가 갑자기 육아만 하게 되면 상실감이 크다. 개인에 따라 다를 것이다. 산후우울증이 오는 이유이다.
>
> "만들어진 모성의 위험성은 여성의 아이 돌봄 의무가 신성하게 포장될수록 정작 돌봄의 당사자는 인간적 대우를 받지 못한다는 사실에 있다. 모성이 '자연스럽다고' 할수록 결국 여성들에게 자녀에 대한 일방적인 책임 전가를 가능케 하기에 한 개인의 '자연스러운' 자주성은 파괴될 확률이 높다."
> – 오찬호, 『결혼과 육아의 사회학』 중에서

2장

실망도
원망도
하지 않는
마음 기술

1
드라마에 나오는 이상적 배우자는 없다

> 나는 집에서 쿠키를 굽고 차를 마실 수도 있었을 거라 생각한다.
> 하지만 나는 내 남편이 공인이 되기 전에 시작한
> 내 직업을 완수하기로 결정했다.
> – 힐러리 클린턴

'신데렐라 콤플렉스Cinderella Complex'라는 말을 아는가? 이 용어는 미국 저널리스트 콜레트 다울링Colette Dowling이 그의 저서 『신데렐라 콤플렉스Cinderella Complex』를 통해 처음 설명했다. 신데렐라는 현실을 바꿔줄 백마 탄 왕자님을 기다린다. 자립의지를 포기하고 이성에게 의존함으로써 인생의 변화, 마음의 안정, 보호를 받고자 한다. 본인에게 반한 백마 탄 왕자님을 만나서 자신의 미래가 현재와 전혀 다르게 바뀌어 잘 살 수 있으리라고 생각한다. 발전하면 의존성 성격장애가 된다.

한 결혼정보회사의 설문조사에서 '취업 또는 직장 스트레스 때문에 결혼 생각을 해본 적이 있는가?'라고 물어본 결과, 응답자의 70% 정도가 생각해본 적이 있다고 했다. 우리도 혹시 자신의 현실을 바꾸어 줄 왕자님이나 공주님을 기다리고 있지는 않았는가?

우리나라 드라마에 어김없이 나오는 주인공 캐릭터가 있다. 바로 재벌이다. 기존의 드라마 주인공은 고위 전문직 직업 위주였다. 최근에는 신종 직군이 등장했다. 계약직 직원이다. 이것은 취업이 안 되는 요즘 세태를 반영한다. 새로운 직업을 가진 주인공이 등장했지만 역시 드라마의 내용은 같다. 재벌이 계약직 직원을 마음에 들어한다. 계약직 직원을 서로 자신의 배우자로 하려고 한다.

또 하나는 출생의 비밀이다. 주인공은 계약직인데 유전자 검사를 해보니 재벌 집안의 숨겨진 후손이다. 계약직 직원이었던 주인공은 순식간에 대기업을 물려받는다. 현실에서는 이런 일이 가능한가? 가능할 수도 있겠지만 거의 없다고 보면 된다. 이런 일은 현실에서는 일어나지 않는다.

누구나 젊은 시절엔 드라마에 나오는 왕자님을 꿈꾼다

길을 지나가다 보면 타로 점집이 있다. 재미로나 혹은 가까운 미래가 궁금하면 한번쯤 봐 본적이 있을 것이다. 결혼 전에는 나도 미래의 배우자가 누구일지 항상 궁금했다. 그러다 문득 '이러다 결혼 못하는 건 아닐까?'라는 불안감이 한 번씩 들기도 했다. 타로 점을 보러 갔다. 카드를 선택했다. "가까운 시일 내에 백마 탄 남자님이 나타날 거예요." 남편이 백마 탄 왕자님이었을까? 나 역시 결혼을 고민할 시기에 '백마 탄 왕자님이 나의 운명을 바꾸어줄 수도 있지 않을까?'라는 생각을 했다.

고등학교 시절 예쁜 고3 선배 언니가 있었다. 같은 '교지편집부' 동아리 언니였다. 언니는 공부도 잘하고 외국어도 잘했다. 기사 편집도 많은 부분 언니가 담당했다. 외모도 '이영애'를 닮았다. 상당수의 아이들이 그 언니를 좋아했다. 언니는 고3이 끝나고 대학교를 갈 때 돌연 결혼을 한다고 했다. 결혼 상대자는 한의사이다. 그때는 한의사가 최고의 직업이었다. 예쁘고 똑똑했던 언니가 대학 생활을 시작하기도 전에 결혼을 하는 게 의아했다. 하지만 후배 여고생들은 그녀를 더욱 동경했다. "역시 예쁘고 공부도 잘하면 최고의 남자에게 시집가는구나." 그때 당시 왕자님에게 시집갔던 언니는 잘 살고 있을지 모르겠다.

'취집'이라는 말이 있다. '취집'은 '신데렐라 콤플렉스'의 다른 모습이다. 결혼 할 시기가 된 청춘들이 취업난과 직무 스트레스에 취직 대신 결혼을 직장으로 선택한다. '신데렐라 콤플렉스'는 여자들에게 국한되는 것만은 아니다. 남자들도 '신데렐라 콤플렉스'를 바라는 사람들이 많다. 바로 '셔터맨'이다. '셔터맨'이란 사진을 찍는 사람 혹은 가게의 셔터를 내리는 사람이다. 아내가 출근을 하면 셔터를 올려주고 퇴근을 하면 셔터를 내려준다. 20대 후반 결혼 경험이 있는 37살 미용실 원장이 6살 연하 남편과 결혼했다. 운동을 하다가 헬스 트레이너인 남편을 만났다. 자연스러운 만남이 지속됐다. 둘은 결혼을 하게 됐다. 결혼을 준비하면서 남편은 돈을 모아둔 게 거의 없는 것을 알았다. 여자 측에서 집을 마련하고 남자 측에서 혼수를 하여 결혼을 마쳤다. 결혼을 하고 4개월쯤 지났다. 남편은 회사를 그만뒀다. 자신이 살림을 하겠다고 선언했다. 그런데 남편은 살림은 하지 않고 놀러만 다녔다. 시댁과 친정에 보내드리는 용돈도 다 여자가 드렸다. 여자는 남자의 무책임한 태도에 실망했다. '왜 결혼했는지 모르겠다.'라고 생각한 여자는 이혼했다. 남편은 애초에 여자의 능력을 보고 결혼했다. 조건만 보고 한 결혼은 오래가지 못한다. 조건만 보고 결혼을 했더라도 서로에게 노력했다면 이혼하지 않았을 것이다. 남편은 무책임하게 놀기만 했다. '셔터맨'이 되기를 작정하고 결혼한 것이라고밖에 볼 수가 없다. 부디 이런 생각으로 결혼하지 말기를 바란다.

결혼했어도 자신만의 독립성을 지키자

치과기공소에 실습을 갔을 때의 일이다. 여자 치과기공사 선생님은 나에게 말했다. "나는 가족의 생계를 책임지고 있어서 일을 그만두고 싶어도 그만두지 못한다. 몸이 아파도 계속 일을 해야 한다. 내가 일을 그만두면 우리 가족은 살 수가 없다." 선생님 남편은 퇴근을 도와주러 왔다. 선생님 남편은 야간에 나이트클럽에서 음악을 하고 있다고 했다. 이 가족은 여자가 생계를 책임지고 남자가 살림을 한다. 현대에는 어색한 일도 아니다. 여자가 돈을 벌고 남자가 살림을 하는 가정도 많다. 하지만

'무조건 셔터맨'과 '무조건 신데렐라'는 문제가 있다. 능력 있는 배우자를 만나서 편하게 살겠다는 것이다. 독립성이 없는 결혼은 행복하지 못하다. 배우자의 돈만 보고 인생을 살면 안 된다. 갑작스럽게 회사를 그만두게 된다고 해도 그 상황에 맞게 잘 대처하자. 서로의 대화와 합의에 의해서 결정하자.

최근에는 경기불황이 지속되고 있다. 그래서 무직인 남자나 여성은 결혼을 못 하는 추세이다. 만약 배우자의 돈만 보고 결혼했다고 가정하자. 이럴 경우 배우자가 돈을 주지 못하면 불만이 생긴다. 배우자가 돈으로 모든 일의 결정을 한다. 몸은 편하지만 마음은 편하지 못하다. 결혼을 했어도 자신만의 독립성을 지키는 것이 중요하다. 자신의 일을 해서 독립성을 지키자. 사람은 자신이 하고 싶은 일을 마음대로 하고 살 때 행복을 느낀다. 결혼해서 육아에 시달린다고 해도 되도록 일은 하는 것이 좋다. 이 시대에 주부로서만 살아가는 일도 쉬운 일은 아니다. 주변을 둘러보아도 전업주부가 줄었다. 많은 여성들은 출산으로 인해 경력단절을 경험한다. 잠시 육아를 하다가도 다시 새로운 일을 찾고 도전한다. 경제가 어렵고 살기가 힘들어서 일수도 있다. 하지만 우리 세대는 어려워도 아끼는 것보다 더 일하고 예쁜 것을 입기를 원한다. 이것이 예전 세대와는 다른 점이라고 할 수 있다.

최근 출간된 고코로야 진노스케의 신간 『왕자님을 만날래요 신데렐라는 뻔뻔하게 말했다』에서는 신데렐라가 왕자님을 만나 행복해진 이유는 뻔뻔했기 때문이라고 말한다. 이 책에서는 가난하고 학대당하는 현실에서 "왕자님을 만날래요!"라고 말하는 신데렐라의 뻔뻔함을 말하고 있다. 일반 사람들 같으면 "내 주제에 왕자님을 어떻게 만나!"라고 생각했을 가능성이 크다. 신데렐라는 12시가 넘어서 유리 구두를 흘리고 온다. 저자는 이것 역시 우연이 아닌 신데렐라의 전략일 수 있었다고 이야기한다. 이 책에서는 너무 뻔뻔하지도 않은 여왕의 형태가 가장 이상적이라고 이야기한다. 현실이라는 상황에서 무조건 상대방의 조건만 보고 결혼해서는 안 된다. 왕자님을 만나더라도 이 왕자님이 나를 존중해줄 수 있는지를 판단해봐야 한다. 그리고 그 왕자님에게 무조건 기대서는 안 된다. 현실에 안주하지 않고 끊임없이 자기계발을 하는 신데렐라가 돼야 한다. 자신만의 뻔뻔함을 지키며 살아가는 신데렐라가 될 때 진정한 왕국의 주인이 될 수 있는 것이다.

드라마에 나오는 이상형의 배우자는 없다. 나는 결혼 전에 이상적 배우자에 대해 많이 생각해봤다. 타로 점을 보며 이상적 배우자를 그려보기도 했다. 결혼을 한 지금은 타로 점집을 갈 일이 없다. 왕자님을 기대했지만 지금의 남편이 왕자님인지는 알 수가 없다.

왕자님을 바라기 전에 일단 자기 자신을 완성해야한다. 드라마에 나오는 이상형의 배우자를 찾더라도 끊임없는 자기계발은 필수이다.

신데렐라가 현실에 안주했다면 어땠을까? '내 처지에 무슨 왕자님을 만나. 청소나 열심히 해야지.'라고 생각했다면 왕자님을 만날 수 있었을까? 신데렐라는 왕자님을 만날 수 있고 왕비가 되려는 뻔뻔함이 있었기 때문에 왕자님을 만날 수 있었다. 그래서 우리는 항상 신데렐라의 뻔뻔함을 가지는 것을 잊지 말아야 한다. 여왕의 자세를 유지하자. 자기 자신을 가꾸자. 결혼을 해서 육아를 하더라도 뻔뻔함을 잃지 말자.

부부 사이에서는 독립적으로 응원해주자. 서로의 꿈을 지지해주는 배우자를 만나자. 만약 왕자님을 만나더라도 그 왕자님이 나를 존중해주지 않는다면 과감하게 헤어짐을 통보하자. 내가 완성되었을 때 결혼도 행복하다. '결혼 생활은 항상 함께 해야 한다.'라는 것을 잊지 말자.

부부가 서로 해주는 행복의 한마디

신데렐라 : "왕자님을 만날래요!"

신데렐라 : "내 주제에 왕자님을 어떻게 만나. 청소나 열심히 해야지."

- 고코로야 진노스케, 『왕자님을 만날래요 신데렐라는 뻔뻔하게 말했다』 중에서

신데렐라는 똑같은 상황에서 2가지 상황에 처할 수 있었다. 신데렐라가 현실에 안주해버렸다면 결코 왕자님은 만날 수 없었을 것이다. 신데렐라는 왕비가 되려는 뻔뻔함이 있었기 때문에 왕자님을 만날 수 있었다. 그래서 우리는 항상 신데렐라의 뻔뻔함을 가지는 것을 잊지 말아야 한다. 여왕의 자세를 유지하자. 자기 자신을 가꾸자. 결혼을 해서 육아를 하더라도 뻔뻔함을 잃지 말자.

2
떠올려라, 나는 왜 그에게 끌렸는가?

> 운명에는 우연이 없다. 인간은 어떤 운명을 만나기 전에
> 벌써 제 스스로 그것을 만들고 있는 것이다.
> – T. W. 윌슨

 우리는 본능적으로 매력이 있는 사람과 없는 사람을 구분한다. 외모는 매력의 하나이다. 그렇다면 얼굴이 예쁘고 잘생기면 다 끌리는 걸까?

 가수 윤아를 닮은 친구가 있었다. 그녀는 어딜 가든 주목을 받았다. 그녀가 지나가면 자연스레 쪽지를 받았다. 하지만 그녀는 자기가 원하는 것만 상대에게 요구했다. 모두 자기의 틀에 상대가 맞춰주기를 바랬다. 그녀는 예뻤지만 끌리는 사람이 되지는 못했다.

 외모가 출중한데도 끌리는 사람이 있고 볼수록 매력 있는 사람이 있다. 첫눈에 반할 수도 있다. 첫눈에 반하지 않을 수도 있다. 첫눈에 반해서 결혼을 할 때는 조심해야 한다. 첫눈에 반하여 다른 것을 못 보고 지나칠 수 있기 때문이다. 단기간에 서로의 매력에 끌려서 급속하게 결혼

이 진행된 경우 여러 가지 문제점이 있다. 물론 첫눈에 반해서 잘하는 경우도 많다. 하지만 결혼할 때는 신중해야 한다.

나는 남편에게 첫눈에 반하지 않았다

나는 남편에게 첫눈에 반하지 않았다. 처음에는 결혼할 생각도 못했다. 데이트를 여러 번 하면서 '이 사람과 함께할 수 있을 것 같다.'라는 생각을 했다.

그를 처음 만나기로 했다. 전남대 후문 6시 반이었다. 안 온다. 계속 기다려도 안 온다. 뭐지? 처음 만나기로 한 날 늦다니…. 나는 조금 화가 났다. 기다린 끝에 그가 왔다. 업무가 많아서 늦었다고 한다. 그는 자신의 일에 대해 이야기를 했다. 자신의 일에 자신감이 넘쳤다.

그는 가죽 재킷을 입고 있었다. 나는 보라색 블라우스에 검정색 스커트를 입었다. 그는 8급 행정공무원이다.

어색한 표정으로 보쌈집을 갔다. 그는 말이 많다. '왜 저렇게 말이 많지?'라는 생각이 들었다. 조금 있으니 맥주를 권한다. 나는 술을 못 한다. '아, 싫다. 빨리 집에 가고 싶다.'라는 생각이 들었다. 나는 속이 불편했다. 그는 내 스타일도 아니었다. "체한 것 같아요. 빨리 집에 가고 싶어요." 그는 나를 바래다줬다. 그는 전남에서 나를 만나러 광주까지 와야 했다. 나는 이런 점도 좀 부담스러웠다. "죄송한데 좋은 사람 만나세요." 내가 그에게 말했다. 보통의 남자들은 "네. 알겠습니다."라며 끝낸다.

그가 말했다. "오늘 늦어서 죄송해요. 한 번밖에 안 만났잖아요. 좀 더 만나보면 좋을 것 같아요." 나는 한번 마음에 안 들면 다신 안 보는 성격이었다. 그래서 거절했다. "죄송해요. 공무원이시고 하니깐 좋은 사람 만나실 수 있을 거예요. 연락 그만하세요."

나는 연락을 그만하자고 했다. 그런데 다시 만나고 싶다는 그의 말에 유독 진심이 느껴졌다. 나도 모르게 거절을 하며 울었다. 그렇게 그와의 인연이 끝나는 듯 했다.

운명처럼 남편과 다시 만나서 데이트했다

나는 원래 지나간 버스에는 손을 흔들지 않는다. 결혼할 운명이라서 그랬던 걸까? 그는 예외였다. 1년쯤 후 우연히 그를 다시 만나게 되었다. 매몰차게 거절했던 게 마음에 남아 있었다. 미안한 마음도 있었던 것 같다. 나는 그에게 마음을 열었다. 문자와 통화를 자주 했다. 드디어 다시 만났다.

2011년 6월쯤이었다. 곡성 장미 축제에서 데이트를 했다. 나는 그에게 잘 보이고 싶었다. 그는 선글라스를 쓰고 나왔다. 그의 차를 타고 함께 곡성 장미축제 기차마을로 갔다. 그때 기차를 타는 게 있었는데 시간이 임박했다. 우리 둘은 뛰었다. 겨우 기차 시간에 맞춰서 뛰었던 우리는 안도했다. 기차 안에서 함께 웃었다.

곡성에는 여러 가지 종류의 장미가 아름답게 피어있었다. 우리는 그렇게 떨리는 마음으로 데이트를 하기 시작했다. 생각보다 날씨가 너무 더웠다. 얼굴은 온통 빨갛게 익었다. 우리는 땀을 뻘뻘 흘렸다. 기온이 너무 높아서 당황했다. 나는 화장실로 가서 스타킹을 벗어 던졌다.

"어휴 더워."

그는 화장실로 가서 세수를 계속했다. 음료수를 마시며 겨우 진정했다.

"왜 그렇게 세수를 자주해요?"

내가 물었다.

"전 원래 세수를 자주해요."

남편이 대답했다. 남편은 그때 얼굴이 너무도 건조했다. 남편은 민감성 피부였다. 나중에 알고 보니 세수를 자주하면 피부의 건조가 더 심해졌다. 후에 피부 관리실에 함께 다니며 데이트를 하니 동질감 같은 것을 느꼈다. 친밀감이 상승했다.

데이트를 하면서도 '혹시 이 남자가 내가 예전에 자신에게 상처를 줘서 나에게 복수하려고 다시 만난 것은 아닐까?'라고 의심을 하기도 했다. 하지만 곧 그 의심은 믿음과 진정성으로 변했다. 점점 그의 매력에 빠졌고 우리는 결혼까지 했다.

곡성에서 데이트를 했을 때 그는 갑자기 벤치로 나를 데려갔다.

"잠깐 여기 앉아보세요. 준비한 게 있어요."

그는 주섬주섬 무엇인가를 꺼냈다. 핑크색 헬로키티 도시락 통이다. 정성스럽게 김밥을 싸왔다.

"이거 직접 싸오신 거예요?"

"그럼요. 직접 장을 봐서 직접 싸왔어요."

사실 나는 김밥을 좋아하지 않는다. 김밥을 먹으면 소화가 잘 되지 않기 때문이다. 하지만 정성스럽게 싸온 김밥을 안 먹을 수가 없었다. 덥고 긴장했던 나는 김밥을 먹었다. 그런데 또 속이 불편했다.

"빨리 집에 가야겠어요. 또 소화가 안 된 것 같아요."

"아쉽네요. 저녁에 멋진 레스토랑을 예약해뒀는데요."

그렇게 두 번째 데이트가 끝났다.

결혼을 하고 보니 남편이 김밥을 쌌다는 것은 놀라운 일이다. 남편은 주방 근처에는 잘 가지 않는 사람이기 때문이다. 그때 진짜 김밥을 남편이 쌌던 것일까? 아직도 데이트 때의 김밥 행방은 궁금하다.

결혼 전 나는 야구를 좋아했다. 기아에 갑자기 등장한 신인 안치홍의 팬이었다. 그때 루키였던 안치홍 선수도 지금은 결혼을 했다. 나는 휴일이면 야구를 보며 살았다. 야구에 집중하니 호기심이 생겼다. 야구에 관련된 책도 읽었다. 나는 운동은 잘 못 한다. 하지만 원리가 궁금했다. 어떻게 작은 야구공이 멀리까지 날아갈 수 있는 걸까? 홈런은 어떻게 멀리까지 가는 걸까? 야구에 대한 궁금증이 생겼다. 야구 관련 책을 읽으니 답이 있었다. 홈런을 칠 수 있는 범위가 스윗 스팟이다. 좋은 타구는 빠른 배트 스피드를 낼 수 있는 적절한 무게로 배트 중심에 정확히 45도를 그려야 장타를 만들 수 있다. 나는 어떤 것이든 호기심이 생기면 책을 읽으며 배웠다.

남편도 역시 야구를 좋아했다. 남편은 수시로 관람 결과를 확인한다. "기아 왜 이렇게 잘하죠?" "우리가 만날 때면 꼭 이기는 것 같아요." 우리는 서로 야구 이야기를 하며 데이트를 했다. 야구 이야기를 하면서 또 하나의 친밀감을 쌓았다.

우리는 안치홍 선수의 생일인 7월 2일 야구장 데이트를 하기로 했다. 그때는 무등경기장이었는데 좌석 상황이 많이 열악했다. 지금은 챔피언스필드로 바뀌어 시설이 좋다.

"기아의 안치홍 안치홍 안타치고 도루하고" 우리는 등번호 8번인 안치홍 선수의 응원가를 부르며 야구를 관람했다. 그런데 갑자기 파울볼이 나에게 날아왔다. "아야~아파!" 하필 야구공이 샌들을 신은 내 발에 맞았다. 내 발을 맞고 튕겨나간 볼을 잡고 다른 관중은 환호했다. 생각보다 파울볼에 발을 맞으니 많이 아팠다. 남편은 나를 부축해서 병원을 함께 갔다. 재미있게 야구장 데이트를 하고 나올 것이라던 계획은 무산되었다. 하지만 남편과 함께 병원에 가며 애틋한 마음을 키울 수 있었다.

　우리는 스킨케어 데이트도 했다. 같이 마사지를 받으며 그는 민감했던 피부가 개선되었다. 나도 여드름 피부가 개선되기도 했다. 워터파크를 같이 가서 데이트를 즐기기도 했다. 그때 나는 워터파크에 가는 것을 싫어했다. 남편은 29살에 멋진 추억을 만들어주고 싶다고 했다. 워터파크에 가서 함께 놀이기구를 탔다. 생각보다 너무 재밌었다. 그동안 많이 못 갔던 게 후회가 될 정도였다. 그날은 비가 왔는데 우리는 비를 맞으며 마감시간까지 놀이기구를 탔다. 남편은 내가 어떤 일을 망설이거나 어려워할 때 용기를 줬다. 응원해줬다. 그는 여러 가지 일을 할 때 대담했다. 멋있고 자신감 있었다. 또한 내 친구들을 함께 만나면 분위기를 맞춰주려고 노력했다. 그런 모습에 나는 남편과 결혼을 결심했던 것 같다.

　나는 왜 그에게 끌렸을까? 지금 생각해보면 진정성이었던 것 같다. 그는 자신감이 있었다. 진정성이 있었다. 그리고 성격이 좋았다. 나를 존중해줬다. 나에게 맞춰주었다. 여러 가지 면에서 함께하는 것을 꿈꾸었다. 이 사람과 결혼하면 행복할 것 같았다. 나는 그런 그와 결혼했다.

　남편은 내가 분노하면 맞서서 싸우지 않는다. 공무원인 그는 민원인을 많이 상대해봐서인지 상황에 잘 대처한다. 내가 친구를 만나러 가면 육아에 최선을 다한다. 내가 하고 싶은 것이 있다고 하면 반대하더라도 결국은 응원해준다.

살다 보면 가끔 부부싸움을 한다. 하지만 남편과 나는 같은 결혼 가치관을 가지고 있기 때문에 서로 의지하며 살고 있다. 왜 내가 상대에게 끌렸는지 생각한다면 결혼을 선택하는 데 도움이 될 것이다.

부부가 서로 해주는 행복의 한마디

남편 : "잠깐 여기 앉아 보세요. 준비한 게 있어요."

아내 : "이거 직접 싸오신 거예요?"

남편 : "그럼요. 직접 장을 봐서 직접 싸왔어요."

남편은 정성스럽게 김밥을 싸왔다. 사실 나는 김밥을 좋아하지 않는다. 김밥을 먹으면 소화가 잘 되지 않기 때문이다. 하지만 정성스럽게 싸온 김밥을 안 먹을 수가 없었다.

나는 왜 그에게 끌렸을까? 지금 생각해보면 진정성이었던 것 같다. 그는 자신감이 있었다. 진정성이 있었다. 그리고 성격이 좋았다. 나를 존중해줬다. 나에게 맞춰주었다. 여러 가지 면에서 함께하는 것을 꿈꾸었다. 이 사람과 결혼하면 행복할 것 같았다.

나는 그런 그와 결혼했다.

3
역시 결혼하면 변할 수밖에 없다

> 세상은 그대의 의지에 따라 그 모습이 변한다.
> 동일한 상황에서도 어떤 사람은 절망하고
> 어떤 사람은 여유 있는 마음으로 행복을 즐긴다.
> – 발타자르 그라시안

우리의 몸은 세포로 이루어졌다. 인간의 몸을 이루는 세포는 약 60조 개에 달한다. 인간의 세포는 매일 100억 개의 세포가 죽고 다시 태어난다. 세포는 짧은 것은 1주일 정도 긴 것은 60년의 수명을 갖고 있다. 평균 2년마다 우리 몸은 완전히 새로운 세포로 바뀐다.

미국의 세포생물학자 레오나르 헤이플릭 박사는 1961년 인체세포 배양 실험을 했다. 그는 태아의 세포는 약 100회, 노인은 약 20~30회 분열한다고 밝혔다. 세포는 분열 횟수에 한계가 있으며 결국에는 죽는다. 손상된 세포는 새로 합성된 세포로 대체된다. 세포가 세포분열을 하는 것처럼 우리 인간은 끊임없이 변한다. 시간이 지나면 모든 것이 변한다. 결혼 후에도 남자든 여자든 변한다. 결혼 후에는 환경이 많이 변하기 때문에 더 많이 변하는 것처럼 보인다. 세포분열을 하듯이 인간자체가 원래부터 변하면서 삶을 사는 것이다.

남편에게 감동적인 프러포즈를 받았다

2011년 크리스마스이브 날이다. 추운 겨울날이다. 신랑은 뭔가 기획해 두었다고 나를 어디론가 데려갔다. 〈비보이를 사랑한 발레리나〉라는 연극을 예약해두었다. 연극에서 춤을 추는 장면이 인상적이다. 크리스마스이브를 맞이해 연극을 함께 관람했다. 스마트 폰과 카톡이 새로 나왔다. 우리는 2G폰을 고집했다. 전화비와 문자비가 엄청 나왔다. '에라 모르겠다. 곧 결혼할 건데 괜찮겠지.'라고 생각했다. 전화비는 문제가 되지 않았다. 나중에 스마트폰의 카톡이 무료라는 것을 알고 우리가 어리석었다고 생각했다. 하지만 그땐 2G폰이 좋았다.

우리는 결혼 준비를 하며 매일 통화했다. 서로를 그리워했다. 크리스마스 날이 되었다. 이번엔 신랑이 〈거미와 바비킴이 함께한 콘서트〉를 예약해뒀다. 거미의 노래에 감탄하고 거미와 바비킴의 노래에 감동했다. 우리는 콘서트의 감동을 함께 느꼈다. 콘서트 관람을 마치고 황솔촌이라는 고깃집에 갔다. 식사 후에 신랑은 나를 어떤 오피스텔로 데려갔다. '여기는 커피숍이 아닌데 뭐지?'라는 생각이 들었다.

크리스마스였다. 남편은 서프라이즈 프러포즈를 준비했다. 감미로운 음악과 함께 케이크와 꽃다발 플랜카드를 준비했다. 바닥은 하트 불꽃으로 장식되어 있다. 천장은 풍선으로 꾸며졌다. 남편은 무릎을 꿇고 꽃다발과 반지를 건넸다. 제대로 프러포즈를 했다. 프러포즈 받고 싶다는 생각은 있었지만 직접 받으니 감동이었다. 이것저것 준비하고 신경 썼을 신랑을 생각하니 행복하고 신났다. 그렇게 20대의 마지막 크리스마스는 프러포즈를 끝으로 마무리되었다.

드라마에서 청혼 장면이 나오면 남자들은 어쩔 줄을 모른다. 청혼을 했던 사람은 당당하게 청혼 장면을 보고, 청혼하지 않았던 사람은 어디론가 숨으려한다. 드라마에 청혼 장면이 많이도 나온다. 그러니 프러포즈 안 한 분들은 미리미리 하자. 여자들이 청혼에 집착하는 이유는 무엇일까?

알랭 드 보통은 『낭만적 연애와 그 후의 일상』에서 청혼에 대해 이렇게 말한다.

"라비에게 결혼은 완벽한 친밀함에 이르려는 대담한 행로의 정점에 있다. 청혼에는 상대방이 받아주기를 바라고 믿으면서 깎아지른 낭떠러지에서 눈을 감고 뛰어내리는 격한 매력이 그득하다. 그가 청혼한 것은 그와 커스틴 서로에게 느끼고 있는 감정을 보존하고 '동결'시키길 원해서다. 그는 결혼이라는 행위를 통해 황홀한 기분이 영원해지길 기대한다.

물론 결혼으로 그날의 모든 양상을 '동결'시키거나 보존할 수는 없다. 뭇별이 총총한 광대한 밤의 고요, 디오니시안 클럽을 가득 메운 향락의 분위기, 책임의 부재, 그들 앞에 놓인 게으른 일요일 정오까지 잘 것이다. 그녀의 쾌활한 분위기와 그의 감사하는 마음 그 모두를... 라비는 어느 한 느낌과 결혼하여 그 느낌에 영원히 고착하려는 게 아니다. 그는 대단히 구체적이고 특별하고 순간적인 일련의 상황들에서 운이 좋게도 어떤 느낌을 공유하게 된 사람과 결혼을 하려는 것이다."

우리 부부 역시 프러포즈를 함께 공유하며 친밀감을 느꼈다. 결혼으로 그날의 양상을 동결시킬 수 없다. 하지만 그 순간을 오래도록 함께하고 싶다. 우리는 그렇게 행복했다. 결혼 후 신혼여행을 갔다. 신혼여행 또한 여러 가지 추억들을 공유하며 함께한 기억을 함께 간직하며 산다. 이렇게 행복한 기억들을 한 번씩 꺼내볼 수 있도록 추억을 만드는 것이다.

결혼 후에 남편은 달라졌다

결혼 후 달라진 남편을 아는 데는 얼마 걸리지 않았다. 물론 아이가 태어나기 전까지 신혼기까지는 별로 달라진 게 없었다. 우리는 서로 존중하려고 노력했다. 여행도 같이 가려고 함께 기획했다. 시간이 나면 함께 영화도 보러갔다. 결혼 전과 다름없이 낭만이 지속되었다. 헤어지지 않아도 되고 자유로웠다. 결혼 후 아이를 낳지 않은 상태라면 아가씨와 비슷하다고 생각한다.

『아이가 잠들면 서재로 숨었다』의 저자 김슬기 작가는 "결혼이 서울에서 부산으로 옮겨가는 지역 이사 수준이라면 출산은 지구에서 화성으로 옮겨가는 행성 이동 차원이다. 작고 작은 아이가 우리가 만들고 유지해 온 모든 것을 뒤집었다."라고 말했다.

나는 아이를 낳은 후 첫째를 임신한 사람들을 보면 '앞으로 닥칠 시련과 어려움을 모른 채 저렇게 해맑게 웃고 다니는구나.'라고 생각했다.

신랑이 곡성에서 도시락을 싸온 게 아직도 기억에 남는다. 그런데 결혼 후 현실에서 그는 부엌 근처에 얼씬도 하지 않는 사람이다. 둘째를 낳았을 때 친정에 잠시 가 있었다. 집에 돌아왔더니 부엌이 엄청 깨끗했다. 왜 이렇게 깨끗하냐고 물었다. "부엌 쪽의 공간은 내 공간이 아니야."라고 했다. "모든 음식은 식당에서 사먹거나 본가나 처가에 가서 먹었어."라고 했다. 아무리 생각해도 곡성 데이트 때 어떻게 도시락을 싼 건지 아직도 의심이 든다.

영화를 보러 가면 남편은 자신이 좋아하는 액션을 보고 싶다고 했다. 나는 로맨틱 코미디도 보고 싶다. 남편은 싫다고 했다. 연애 때는 서로 맞췄다. 이제는 자기 보고 싶은 거 보고 싶다고 했다. 아이들의 육아 때문에 어차피 영화를 많이 볼 기회도 없다. 나는 못이기는 척 그의 뜻에 따라줬다.

결혼 후 일주일에 한 번 공동으로 집안 청소를 하기로 했다. 신랑은 청소기로 청소하고 나는 닦기로 했다. 일주일에 한 번 하는데 신랑이 갑자기 말했다. "나 청소하기 싫어." 그럼 뭐 난 청소하고 싶은가? "나도 청소하기 싫어. 나도 청소하려고 결혼한 거 아니야. 내가 뭐 청소하려고 결혼한 줄 알아? 함께 결혼했으니까 역할분담 해야지." 그 뒤로 일주일에 한 번 청소와 분리수거는 신랑이 담당하고 있다. 난 그것 말고도 집안일이 산더미처럼 쌓여 있다. 내가 변기통 청소를 할 거라곤 꿈에도 상상을 못 했다. 친정집의 욕실은 항상 깨끗했다. 그냥 항상 그런 줄 알았다. 알고 보니 그것은 다 엄마의 노력이었다. 나는 화장실의 더러운 것이 보이는데 신랑은 보이지 않나 보다. 가끔은 자기도 한다고 하는데 모르겠다. 난 지금도 욕실 청소를 하기 싫다. 좋아서 하고 싶은 사람이 어디 있겠는가? 현실에서는 이런 것 하나하나가 문제다. 부부가 해결해야 할 숙제이다.

결혼을 한 후에 신랑이 야근을 하면 그냥 그러려니 했다. 어차피 나는 혼자만의 자유를 좋아했다. 나 혼자 있어도 할 것이 많았다. 어떤 사람은 심심하다고 한다. 하지만 나는 혼자서도 괜찮았다. 신랑이 늦게 들어와도 크게 간섭하지 않았다. 그래서 별 말을 하지 않았다. 서로의 꿈을 응원하며 각자 할 일을 했다.

그런데 아이가 태어나자 신랑의 야근은 엄청난 스트레스였다. 나는 하루 종일 아이에게 젖을 주고 달래며 지냈다. 보채면 밖으로 나가서 산책을 했다. 아이를 낳으니 자유는 한 시간도 주어지지 않았다. 사람들은 아이 잘 때 자라고 한다. 하지만 아이가 잘 때는 또 집안일을 하고 이유식을 만들어야 한다. 숨을 쉬고 싶다. 숨이 막힌다. '내가 생각했던 결혼 생활은 이게 아닌데…'라는 생각이 든다.

처음 아이를 낳으니 필요한 것도 엄청 많았다. 날마다 쇼핑을 해야 했다. 쇼핑을 하다 보면 필요 없는 것도 산다. 산모 교실 때 알게 된 '사자회'에서 서로 정보를 공유했다. 각종 쇼핑정보들을 보며 육아 이야기를 했다. 그렇게 일상을 보냈다.

나는 자유시간이 한 시간이라도 있었으면 했다. 남편이 오는 현관문만 바라봤다. 서로를 존중해주던 결혼 생활에 불만이 쌓이기 시작했다. 주말에 남편이 있으면 괜히 화가 났다. 남편이 빈둥거리는 것처럼 보였다. 나는 월화수목금토일 육아하는데 남편은 일주일에 한 번도 할까 말까 싶다. 부럽다. 나도 자유롭고 싶다. 그렇게 남편은 아빠가 되고 나는 엄마가 되었다. 아이의 탄생이 결혼 후 가장 큰 변화이다. 아이의 출생 후 남편도 변하고 나도 변했다.

세포가 분열하듯 우리의 일상도 변했다. 세포가 죽고 재생되고 분열하듯이 우리의 결혼 생활도 새로운 세포로 분열했다. 우리는 그렇게 부모가 됐다. 아이의 출생 후 달라져버린 일상에 각자의 역할을 해야 했다.

결혼하면 남자는 변한다. 결혼하면 여자도 변한다. 결혼하면 환경이 바뀐다. 그것에 따라 세포도 새로운 형태로 재생된다. 그러므로 새롭게 세포가 변할 수 있다는 것을 알고 대비하도록 하자.

부부가 서로 해주는 행복의 한마디

남편 : "나 청소하기 싫어."

아내 : "나도 청소하기 싫어. 나도 청소하려고 결혼한 거 아니야. 내가 뭐 청소하려고 결혼한 줄 알아? 함께 결혼했으니까 역할분담 해야지."

결혼 후 일주일에 한 번 공동으로 집안 청소를 하기로 했다. 신랑은 청소기로 청소하고 나는 닦기로 했다. 일주일에 한 번 하는데 신랑이 갑자기 청소하기 싫다고 했다. 그럼 뭐 난 청소하고 싶은가? 그 뒤로 일주일에 한 번 청소와 분리수거는 신랑이 담당하고 있다. 현실에서는 이런 것 하나하나가 문제다. 부부가 해결해야 할 숙제이다.

4
완벽보다 행복한 결혼생활을 꿈꿔라

> 인생의 절정은 내가 가진 것을 소중하게 생각하는 순간이다.
> 인생의 나락은 내가 잃어버린 것을 그리워하는 순간이다.
> – 스펜서 존스

SNS를 보고 있으면 나 빼고 다른 사람은 다 행복한 것 같다. SNS의 사진처럼 우리의 삶이 진짜 행복만 가득 차면 좋겠다. 하지만 현실은 그렇지 않다. 사람들은 각자 자신만의 인생이 있다. 각자 고민이 다르고 사정이 다르다. 우리는 자신의 일상을 SNS에 올린다. 다른 사람의 행복한 일상을 보면서 위로하고 위로받는다. 우리는 지친 일상 속에서 산다. 더 나은 미래를 꿈꾸며 사랑하는 사람을 만난다.

행복한 일상을 꿈꾸며 결혼을 한다. 하지만 우리는 곧 결혼이 곧 행복이 아니라는 사실을 깨닫게 된다. 결혼의 행복은 저절로 이뤄지는 것이 아니다. 결혼은 함께 노력하는 것이다. 결혼을 한 것은 서로 그 자체로 존중받기 위해서이다. 잘 살기 위해 결혼을 했다. 힘든 일이 있어도 함께 잘 극복하려고 결혼했다. 그렇다면 어떻게 해야 행복한 결혼 생활을 할 수 있는 것일까? 행복한 결혼 생활을 할 수 있는 5가지 조건에 대해 알아보자.

행복한 결혼 생활의 5가지 조건 : 사랑, 감사, 인정, 공감, 긍정적 사고

첫 번째는 사랑이다. 사랑은 행복한 결혼 생활의 첫 번째 조건이다. 돌이켜 생각해보면 사랑하기 때문에 결혼했다. 우리가 서로 결혼했던 초심은 사랑이었다. 사랑했기 때문에 결혼했다. 서로 사랑할 때 서로에게 함부로 대하는 사람은 없었을 것이다. 우리는 서로가 없어서는 안 될 소중한 사람이라고 생각했다. 서로에게 제일 좋은 모습만 보이고 싶어서 멋을 부렸다. 함께 맛있는 것도 먹고 여행도 함께 다녔다. 좋은 것을 함께 보고 느끼며 서로가 없어서는 안 될 사람이라고 생각했다. 그렇게 서로를 소중히 여기며 함께 결혼을 약속했다. 성혼 선언문을 읽으며 평생 함께할 것을 소중한 사람들에게 약속했다. 우리는 결혼의 초심 사랑을 기억해야 한다. 결혼 생활을 하다 보면 사랑이 우정으로 바뀌기도 한다. 하지만 그것의 기본은 사랑이었음을 기억하자.

두 번째는 감사이다. 감사하는 마음은 행복한 결혼 생활의 두 번째 조건이다. 결혼해서 불행하다는 사람이 있다. 행복은 결혼을 하거나 하지 않은 것에 의해 결정되는 것이 아니다. 결혼을 해서 불행한 것이 아니다. 당신이 결혼을 하지 않았다면 다른 일 때문에 불행하다고 할 것이다. 결혼해서 당장 당신 앞에 닥친 일들 때문에 '불행하다'라고 생각할 수도 있다. 하지만 행복이란 자신의 삶에 감사하는 것이다. 자신의 삶에 감사하자. 가족의 존재에 감사하자. 나는 남편과 아이들이 있음으로써 새로운 성장을 했다. 나를 돌아볼 수 있었다. 새로운 나를 발견할 수 있었다. 나는 앞으로 더 발전할 것이다. 모든 일에 감사하는 마음을 가질 것이다. 모든 일에 감사하는 마음은 당신을 행복하게 한다. 눈앞에 아무리 행복한 일이 일어난다고 해도 감사하는 마음이 없으면 행복할 수 없다. 감사가 행복한 결혼의 기본 조건이라는 것을 기억하자.

세 번째는 인정이다. 우리는 부부이기 전에 각자의 인간이다. 인간은 성별이 다르다. 개인의 취향이 다르다. 자라온 환경이 다르다. 부부는 결혼을 하고 각자 다른 환경에서 살아왔다. 부부는 서로를 이해하기까지 시간이 걸린다. 처음에는 서로를 변화시키려 하기도 했다. 하지만 곧 서로 다름을 인정하게 된다. 결혼을 하고 배우자와 아이들이 생겨도 그들은 당신의 소유물이 아니다. 안타깝게도 우리나라에서는 아직도 배우자나 자식을 자신의 소유물로 여기는 경향이 많다. 이런 사람들은 가족이 자신의 뜻대로 해주지 않으면 화를 낸다. 하지만 인간은 각각의 독립체이다. 누구도 서로에게 함부로 말할 권리는 없다. 가족은 그들 자체로 존중해야 한다. 자신의 틀에 끼워 맞추려고 하면 갈등이 일어난다. 아무리 자신의 틀에 끼워 맞추려 해도 가족들은 변하지 않는다. 그러므로 서로가 다름을 인정해야 한다. 서로가 다름을 인정하지 않으면 소통이 되지 않는다. 강요받는 쪽은 고통 속에서 살아야 한다. 한쪽이 강요받는 결혼은 행복한 결혼 생활을 할 수 없다. 결혼은 소통이다. 서로가 다름을 인정해줘야 행복하다는 것을 기억하자.

행복한 결혼 생활의 네 번째 조건은 공감이다. 공감 능력이 떨어지는 사람들을 흔히 볼 수 있다. 자신의 이기심 때문에 타인의 입장을 고려하지 못한다. 이런 사람들은 수직적 관계에 익숙하다. 자신이 가장 최상의 위치에 있다. 그렇기 때문에 타인의 행동은 다 자신의 아래에 있는 것으로 본다. 타인의 행동을 벌레에 비유하며 혐오하기도 한다. 공감을 하지 못하면 타인의 행동을 이해할 수 없다. 공감을 하지 못하면 결국 자신이 불행하다. 오바마 미국 전 대통령은 2006년 노스웨스턴대학교의 연설에서 공감에 대해 이렇게 이야기했다.

"공감한다는 것은 다른 누군가의 처지가 되어 보는 것입니다. 우리와 다른 사람의 눈으로, 배고픈 아이들의 눈으로, 해고된 철강 노동자의 눈으로, 당신 기숙사 방을 청소하는 이민 노동자의 눈으로 세상을 바라보는 일입니다. 우리는 공감을 장려하지 않는 문화에 살고 있습니다."

공감은 행복한 결혼 생활을 유지하는 데도 필수이다. 연애를 할 때 신기하게도 서로의 행동을 따라하는 것을 볼 수 있다. 상대가 얼굴을 만지면 자신도 모르게 얼굴을 만진다. 이것을 거울 효과라고 한다. 거울 효과는 공감과도 관련이 있다. 상대의 입장이 되어보고 상대의 마음을 헤아리는 것이다. 부부 사이에서 공감은 서로가 힘든 것을 이해하는 것이다. 여자들은 공감 위주로 산다. 공감 능력이 없다면 연습하자. 남편도 연애 때는 손발이 오므라드는 표현을 그렇게도 열심히 하던 사람이었다. 아내가 음식을 맛있게 했다면 "괜찮네!"라고 말하는 것보다는 "정말 맛있다!"라고 표현하길 바란다. 흔히 여자들은 공감을 원하고 남자들은 인정을 원한다고 한다. 서로 다른 특성을 가지고 태어난 우리는 서로 다름을 인정하고 공감해주도록 노력하자.

다섯 번째 조건은 긍정적 사고이다. 긍정적 사고를 하는 것은 새로운 꿈과 희망과 발전을 의미한다. 긍정적인 사고를 하면 현실이 불행하더라도 점점 나아진다. 현재의 문제를 하나씩 해결해감으로써 발전한다. 긍정적 사고를 하는 사람은 어떤 사람도 탓하지 않는다. 문제에 집중하며 현명하게 대처한다. 부정적인 사람들은 남의 탓을 잘한다. 부정적인 사람들은 마음이 항상 불안하다. 다른 사람의 행동에 불만이 많으며 화를 잘 낸다. 똑같이 불행한 일이 있어도 긍정적 사고를 하는 사람과 부정적 사고를 하는 사람들의 마음은 다르다. 부부 중에 한 명이라도 부정적 사고를 가진 사람은 배우자에게도 부정적 사고를 전염시킬 수 있다. 반대로 긍정적 사고는 긍정을 전염시킨다. 부부는 닮는다. 앞에서 말한 것처럼 긍정적 사고와 부정적 사고도 전염된다. 불행하더라도 긍정적으로 생각하자. 긍정적 사고를 실천하는 부부는 나중에 더 튼튼한 부부로 성장한다. 그러므로 긍정적 사고를 하는 것은 행복한 결혼 생활의 조건이라고 할 수 있다.

현재 함께하는 가족의 소중함을 아는 것이 행복이다

당신은 행복에 관해 생각해본 적이 있는가? 삶의 지친 일상 속에서 행복이라는 말 자체가 부담스러울 수도 있다. 하지만 천천히 생각해보면 우리가 지금 존재하고 있는 것도 '행복하다'라고 할 수 있다. 아파 보면 아프지 않았을 때 행복한 것을 깨닫는다. 돈이 없으면 돈이 있었을 때 행복한 것을 깨닫는다. 가족이 없을 때 가족의 소중함을 깨달을 것이다. 항상 우리는 다 지나고 난 뒤에 후회를 하고 깨닫는다. 하지만 후회를 하며 깨닫는 것은 행복에 도움은 되지 않는다. 현실의 주어진 것에 감사하며 긍정적인 사고를 가지고 살아가는 것이 행복하게 사는 지름길이다. 살다 보면 때로는 마음의 상처를 받기도 한다. 때로는 기쁨을 느끼며 산다. 삶은 희로애락이 있다. 삶을 사는 것이 행복이다.

우리는 계획을 하지만 꼭 계획대로 인생이 진행되지 않는다는 것도 안다. 갑작스럽게 찾아온 불행은 우리를 힘들게 한다. 처음부터 불행을 기도한 사람은 없다. 일을 하다가 좋지 않은 방향으로 일이 진행되다 보니 불행의 연속이 되었다. 상황은 항상 바뀔 수 있다. 당신 부부에게 갑자기 불행이 찾아왔다면 서로를 탓하며 비난하지 말자. 비난해도 바뀌는 것은 하나도 없다. 현 상황에서 찾아야 할 최선의 해결책을 함께 찾자. 불행을 잘 극복한 부부는 더 강력한 불행이 찾아와도 튼튼하게 버틴다.

　우리는 지금까지 행복한 결혼 생활의 5가지 조건을 살펴보았다. 사랑, 감사, 인정, 공감, 긍정적 사고의 5가지를 실천한다면 우리는 행복한 결혼 생활을 할 수 있을 것이다. 완벽한 사람은 없다. 완벽한 남편도 완벽한 부인도 없다. 완벽한 인간이 없음을 인정하고 공감하자. 지금 처해진 현실에 감사하며 긍정적 사고를 가지자. 배우자가 실수를 해서 불행이 찾아오더라도 탓하지 말자. 가장 중요한 것은 함께 현명하게 극복하는 것이다. 행복한 결혼 생활의 5가지를 기억한다면 행복한 결혼 생활을 할 수 있을 것이다. 가족이 있기 때문에 행복하다는 것을 기억하자.

부부가 서로 해주는 행복의 한마디

아내가 음식을 맛있게 했다.
"맛이 괜찮네!" (×)
"정말 맛있다!" (○)

공감은 행복한 결혼 생활을 유지하는 데도 필수이다. 부부 사이에서 공감은 서로가 힘든 것을 이해하는 것이다. 흔히 여자들은 공감을 원하고 남자들은 인정을 원한다고 한다. 서로 다른 특성을 가지고 태어난 우리는 서로 다름을 인정하고 공감해주도록 노력하자.

"공감한다는 것은 다른 누군가의 처지가 되어 보는 것입니다. 우리와 다른 사람의 눈으로, 배고픈 아이들의 눈으로, 해고된 철강 노동자의 눈으로, 당신 기숙사 방을 청소하는 이민 노동자의 눈으로 세상을 바라보는 일입니다. 우리는 공감을 장려하지 않는 문화에 살고 있습니다."
– 오바마 미국 전 대통령의 2006년 노스웨스턴대학교 연설에서

5
결혼하고 싶은 사람은 따로 있다

> 결혼의 성공은 짝을 찾는 데 있지 않고 적당한 짝이 되는 데 있다.
> – 앙드레 모로아

당신은 어떤 사람과 결혼하고 싶은가? 꽃미남에 돈 많고 배려도 많고 안정적인 직장을 가진 사람을 찾고 있는가? 괜찮은 배우자를 찾아 계속 헤매고 있지는 않은가? 결혼을 고려할 때 무조건 괜찮은 조건의 배우자를 찾으면 안 된다.

나는 결혼 전에 '어떤 사람과 결혼해야 할까?'라는 질문을 많이 했다. 여러 가지를 고려한 결과 나만의 기준을 찾았었다. 결혼해도 행복할 수 있는 배우자의 조건을 찾은 것이다. 우리는 결혼할 상대에 대해 잘 알아보아야 한다. 그 사람이 하는 말을 모두 믿을 수는 없다. 객관적으로 볼 필요가 있다. 사랑에 빠지면 주변 사람들의 조언을 잘 듣지 않는다. 하지만 주변의 말을 무시하면 안 된다. 주변의 말도 참고 하자. 상대를 객관적으로 바라보도록 하자.

결혼하지 말아야 할 7가지 유형의 배우자 조건

그렇다면 어떤 사람과 결혼해야 할까? 결혼하지 말아야 할 7가지 유형에 대해서 알아보겠다. 이런 사람과는 절대 결혼하지 말길 바란다.

첫째, 사랑이다. 결혼해서 사랑을 많이 받을 수 있는 사람과 결혼하자. 자신이 더 사랑하는 사람과 결혼하지 말자. 자신이 더 많이 사랑하는 사람과 결혼하면 배우자에게 약자가 된다.

결혼을 하면 자신을 사랑해주던 사람도 변한다. 상대가 자신을 더 사랑해주는 사람과 결혼하자. 사랑이 없으면 결혼하면 안 된다. 서로 소통이 되는 상태에서 결혼해야 한다. 당연하다고 생각할 수 있지만 결혼에서 가장 중요한 것은 사랑이다. 중매를 해서 결혼한다 하더라도 사랑은 필수 조건이다. 사랑은 배려와 양보도 포함한다. 안 좋은 상황에서 어디까지 배려해주고 양보해주는지 살펴보도록 하자.

둘째, 부정적인 사람이다. 똑같은 물이 있다. 부정적인 사람은 "물이 조금밖에 안 남았다."라고 말한다. 긍정적인 사람은 "물이 이 정도나 남았다."라고 말한다. 부정적인 사람은 한계를 경계 지어버린다. 가능성을 없애버린다. 긍정적인 사람은 진취적이고 변화를 두려워하지 않는다. 똑같이 어려운 상황에서도 다른 결과를 만들어낸다. 한번 부정적으로 생각하는 사람은 쉽게 변하지 않는다. 부정적인 사람들은 자신이 부정적이라는 사실도 모른다. 굳이 자신만의 틀에서 나오려는 시도도 하지 않는다. 이 사람들의 인상을 보아도 알 수 있다. 부정적인 사람은 표정을 보면 화나거나 짜증이 나 있다. 이런 사람들은 자신만의 틀 안에 갇혀서 자신만의 눈으로 세상을 바라본다.

인간은 눈으로 자기 자신의 모습을 보지 못한다. 자기중심적으로 생각할 가능성이 높다. 부정적인 사람들은 남의 탓을 잘한다. 이런 사람과 결혼해서 어려운 일이 생기면 배우자의 탓을 할 것이다. '잘 되면 내 탓, 잘못 되면 상대방 탓'이라는 말도 있지 않은가? 부정적인 사람들을 경계하자. 배우자가 부정적이라면 결혼 생활이 불행할 것이다.

셋째, 마마보이나 마마걸이다. 마마보이와 마마걸은 독립성이 없다. 자신이 일을 결정하지 못하고 계속 엄마에게 물어본다. 독립성이 없는 배우자와 결혼하지 말자. 결혼 전에도 마마보이라면 결혼 후는 더 심해진다.

지인은 결혼할 배우자를 사귀었다. 상대는 공무원이다. 지인은 남자의 어머니를 만나고 경악했다. 남자친구가 평소에 자신에게 했던 말과 똑같은 말을 남자친구의 어머니가 하고 있었던 것이다. 토시 하나까지 안 틀리고 똑같았다고 한다. 알고 보니 그는 마마보이였다. 어머니의 생각과 행동에 따라서 모든 일을 결정했다. 지인에게 했던 말들도 모두 남자의 어머니의 생각과 말이었다. 지인은 그의 어머니를 만나고 그 남자와 헤어졌다.

애인을 사귀고 있다면 애인의 어머니를 한번 만나는 것도 좋다. 집안의 내력과 분위기를 알 수 있기 때문이다. "너무 효자면 피곤하다."라는 말이 있다. 어머니의 의견도 참고는 할 수 있다. 하지만 사소한 것 하나하나까지 어머니가 지시한 대로 한다면 배우자는 힘들 것이다. 남자는 괜찮아 보이지만 독립성이 없다. 만약 이런 남자와 결혼을 한다면 시어머니와 사는 것인지 남자와 사는 것인지 모를 것이다. 자신의 주관을 가진 남자와 결혼하자. 이것은 결혼 생활을 하는 데 있어서 매우 중요한 요소이다. 배우자가 독립적인 의식을 가지고 있어야 행복한 결혼 생활을 할 수 있다.

넷째, 사회성이 없는 사람이다. 사회성이란 무엇일까? 사회성이란 '사회적 성숙, 타인과 원만하게 상호작용하는 능력, 다양한 사람과 긍정적인 관계를 형성하는 능력'을 말한다. 사회성이 없는 사람과 결혼한다면 어떻게 될까? 결혼을 하면 상대의 집에 방문을 한다. 만약 사회성이 없는 남자가 장모님 집에 간다면 불편할 것이다. 아내에게 자꾸 집에 가자고 한다던가, 혼자 게임만 하고 있을 수도 있다. 이렇게 되면 가족 모두가 불편해진다. 최소한 장모님의 집에 가서 분위기를 맞춰줄 수 있는 사람과 결혼하자.

'유유상종'이라는 말이 있다. 상대방의 친구를 보면 결혼할 상대가 보인다. 친구가 너무 없다면 이런 사람도 사회성이 낮다. 친구가 너무 없는 사람은 조심해야 한다. 부모의 사회성은 나중에 자녀가 태어났을 때에도 큰 영향을 끼치게 된다. 적당히 사회성이 있는 사람과 결혼하면 좋다.

다섯째, 거짓말을 하는 사람이다. 결혼은 믿음과 신뢰가 중요하다. 거짓말을 하는 사람은 계속 거짓말을 하게 된다. 한 번 넘어가고 두 번 넘어갈 수 있다. 하지만 거짓말이 계속된다면 계속 의심을 하게 된다. 거짓말이 들통났을 때 배신감은 걷잡을 수 없이 크다. 어떤 사람은 거짓말을 하는 상대를 알면서도 눈감아준다. 자신이 상대방을 배려한다고 생각한다. 하지만 이런 배려는 옳지 않다. 거짓말을 하는 사람은 바꿀 수 없다. 자신이 상대를 변화시킬 거라는 믿음을 버리자. 이런 유형의 애인이 있다면 과감히 정리하자. 거짓말은 나쁜 남자의 매력 중 하나다. 나쁜 남자 좋아하다가 인생을 망친다. 제발 상대방에게 거짓말은 하지 말자. 거짓말을 하는 나쁜 남자하고는 결혼하지 말자.

여섯째, 자신감이 없는 사람이다. 자신감이 없는 사람은 자존감이 낮다. 자존감은 자신에 대한 자신감이다. 자존감이 낮은 사람은 독립성도 낮다. 사회성도 낮을 가능성이 크다. 자신감이 없으면 일을 할 때도 확신이 없다. 우유부단하다. 목표의식이 없다. 방향성이 없다. 모든 관계에서 자신을 넘어서지 못한다. 자존감이 높으면 진취적이고 부에도 가까워진다.

결혼 생활에서 높은 자존감은 중요하다. 이는 부부 둘 다 해당된다. 자기 자신을 완성하고 상대방을 배려해야 결혼 생활이 행복하다. 어느 정도 자신감은 낮을 수 있다. 하지만 자신감이 매우 낮은 사람과는 결혼하지 말자. 낮은 자존감을 올려줄 수 있는 사람과 결혼하자.

일곱째, 바람둥이다. 바람둥이는 사람을 믿지 못한다. 자유롭고 구속받는 것을 싫어한다. 바람둥이는 의외로 애정결핍이 많다. 상대방이 자신의 외로움을 채워준다고 생각한다. 하지만 금세 대상이 다른 사람으로 바뀐다. 바람둥이는 주변의 사람들에게 애인을 소개하지 않는다. 몰래 만난다. 사랑의 대상이 수시로 바뀌기 때문에 굳이 다른 사람에게 소개할 필요가 없다.

생물학과를 다닐 때 바람둥이가 있었다. 키는 작다. 엄청 큰 시계를 착용했다. 곱상하다. 가수 타블로를 닮았다. 그는 우리 과의 몇몇 사람들에게 관심을 보였다. 나도 그 중 한 명이었다. 도서관에 앉아 있으면 커피를 갖다 주고 시험 볼 때 자신이 정리한 자료를 줬다. 나중에는 또 다른 여자에게 그 족보를 줬다. 그 자료를 돌려달라고 했다. 덕분에 시험은 잘 볼 수 있었다. 밥 먹으러 가는데 후문으로 가자고 했다. 왜 굳이 후문으로 가자고 했을까? 의아했다. 하지만 나중에 그 이유가 밝혀졌다. 그는 바람둥이였던 것이다. 나는 이상함을 감지하고 그와 사귀지 않았다. 나중에 우리 과의 다른 애랑 같이 다니는 것을 봤다. 같은 과 애한테 물어보니 남자친구라고 했다. 그는 얼마 안 되서 곧 또 다른 여자를 만났다.

연애라면 이런 사람을 만나보는 것은 경험이 된다. 바람둥이를 만나면 짧은 기간에 이별을 한다. 이것을 경험한다면 이런 사람과 결혼하면 안 된다고 느낄 것이다.

결혼하고 싶은 사람은 따로 있다

우리는 지금까지 만나면 안 되는 7가지 배우자의 유형에 대해 알아봤다. 그렇다면 어떤 사람과 결혼해야 할까? 결혼하고 싶은 사람은 따로 있다. 긍정적이고, 자존감이 높고, 사회성이 높고, 독립적인 사람과 결혼하도록 하자. 이런 사람을 만나려면 자기 자신을 완성하고 양보와 배려심을 높여야 할 것이다. 자신을 완성해야 상대방을 존중할 수 있다. 서로의 꿈을 응원해주는 사람과 결혼하자.

부부가 서로 해주는 행복의 한마디

똑같은 물이 컵에 있다.

부정적인 사람 : "물이 조금밖에 안 남았다."

긍정적인 사람 : "물이 이 정도나 남았다."라고 말한다.

부정적인 사람은 한계를 정해버린다. 가능성을 없앤다. 긍정적인 사람은 진취적이다. 변화를 두려워하지 않는다. 똑같이 어려운 상황에서도 다른 결과를 만들어낸다. 부정적인 사람들은 남의 탓을 잘한다. 이런 사람과 결혼해서 어려운 일이 생기면 배우자의 탓을 할 것이다. 배우자가 부정적이라면 결혼 생활이 불행할 것이다.

6
결혼에도 기준이 필요하다

> 가족들이 서로 맺어져 하나가 되어 있다는 것이
> 정말 이 세상에서의 유일한 행복이다.
> – 퀴리 부인

한 결혼정보회사에서 2018년 6월 20일부터 30일까지 미혼남녀 407명_{남 196명, 여 231명}을 대상으로 '연애와 결혼'을 주제로 설문조사를 했다. 그 결과 미혼남녀의 경우 연애를 결정할 때는 가치관과 외모를 중요하게 여겼다. 결혼할 때는 상대방 집안 분위기를 중요하게 생각했다. 반면 결혼을 결정할 때는 가치관에 이어 직장을 기준으로 결정한다고 했다.

이 설문조사에서는 부모와 자식 간의 생각 차이도 나타났다. 부모들은 자식 간의 연애에서도 상대방의 직장과 상대의 부모님을 고려하는 것으로 나타났다. 부모님에 관한 내용은 다음 장에서 설명하도록 하겠다. 이 장에서는 이상적인 결혼의 기준 3가지에 대해 알아보자.

이상적인 결혼의 3가지 조건을 알아보자

설문조사에서도 나타나듯이 이상적인 결혼의 조건은 첫째, 결혼 가치관이다. 좋은 직업과 집안, 연봉, 회사 같은 것들도 중요하다. 하지만 그 위에 바탕이 되어야 할 것이 결혼 가치관이다.

대기업 8년차 직장인과 결혼한 지인이 있었다. 남자는 결혼하자마자 잘 다니던 대기업에 돌연 사표를 냈다고 한다. 지인은 출산을 하고 일을 그만두려 했다. 하지만 생계를 책임지게 됐다. 일을 그만둘 수 없었다. 남편의 결혼관은 결혼 후 일을 그만두고 자아실현을 하는 것이었다. 지인은 결혼 후 워킹맘이 되고 싶은 생각이 없었다. 서로 이렇게 가치관이 다르다면 갈등이 일어날 가능성이 크다.

나도 소개팅을 했던 남자가 있었다. 그는 자신의 직업과 집안이 좋다는 것을 강조했다. 결혼하면 가정부를 구해준다고 했다. 하지만 나의 행동 하나하나에 태클을 걸었다. 선택은 다 자신이 한다고 했다. 내가 선택할 기회를 주지 않았다. 나는 좋은 사람 만나라며 끝냈다. 그는 자신의 조건이 좋은데 내가 왜 거절했는지 의아해했다. 결혼관이 다르면 행복한 결혼 생활은 불가능하다.

능력 있고 경제력이 있는 사람이 있다. 남자답고 리더십이 있다. 그런데 그는 가부장적 결혼관을 가졌다. 모든 것을 자신에게 맞춰주길 원한다. 보수적이며 순종적인 여성을 원한다. 만약에 이런 남성이 자신의 꿈을 가지고 독립적으로 살아가는 여성과 만난다면 갈등이 일어난다. 여성 중에도 남편에게 모든 것을 맞추려는 사람이 있다. 순종적인 삶을 원하는 사람도 있다. 둘의 결혼관이 비슷하면 불만 없이 행복한 결혼 생활을 할 것이다. 하지만 결혼관이 맞지 않다면 갈등이 일어난다. 지금 이 시대에 순종적인 여성이 얼마나 있는가? 자신에게 모두 맞추길 원하는 가부장적 결혼관을 가진 사람이 있다면 다시 한 번 생각해보자.

이상적인 결혼의 조건은 둘째, 내면과 외면이 동시에 아름다운 사람이어야 한다. 성경 중 잠언서 31장 30절에서 "고운 것도 거짓되고 아름다운 것도 헛되다."라고 했다. 이 말씀에서는 무조건 예쁜 것만을 찾는 사람들에게 잘못된 기준임을 설명한다. 흔히 남자들은 여자는 무조건 예뻐야 한다며 외모를 결혼의 기준으로 삼기도 한다. 예쁜 것은 중요하다. 예쁘면 이목을 집중시킬 수 있다. 예쁜 사람과 함께 다니면 자신도 기분이 좋아진다. 문제는 예쁜 것의 기준이 어디에 있냐는 것이다. 여성이 자신의 내면을 바라보지 않고 사치만 부린다. 이것은 진정한 아름다움이 아닐 것이다. 무조건 명품가방만 좋아한다. 예쁜 옷만 사려고 한다. 이런 여자는 경계해야 한다. 자기 계발도 하면서 외면과 동시에 내면도 성장시켜야 진정한 아름다운 사람이 된다. 실제로 예쁜 것만 보고 결혼을 했다가 실패한 경우도 종종 볼 수 있다. 예쁜 것도 중요하다. 하지만 외모만 보는 것은 잘못된 결혼의 기준이다.

자본주의 시대다. 학교 다닐 때는 공부를 잘하는 것이 최고다. 사회에 나오면 돈으로 모든 것이 해결된다. 결혼할 때도 상대방을 보는 조건이 돈으로 바뀌기 시작했다. 그리고 이것은 점점 더 심해지고 있다. 결혼정보회사에서는 모든 사람의 프로필에 점수를 매긴다. 고위층에 돈이 많을수록 점수가 높다. 돈에 외모까지 더해지면 더 점수가 높다. 만남 횟수당 비용으로 결혼을 성사시킨다. 광고는 "당신의 결혼 점수는 몇 점? 당신은 결혼할 수 있을까?" 이런 문구들로 한다.

결혼정보회사에서 만나서 성혼으로 이어져 잘 살고 있는 사람도 많다. 하지만 결혼에 있어서 결혼정보회사가 말하는 '돈과 외모'라는 조건이 절대적인 것은 아니다. 이 두 가지는 결혼을 결정하는 중요한 요소다. 하지만 절대적 조건은 아니다. 이 외에도 고려해야 할 것들은 많다. 그리고 이렇게 시작하지 않은 커플들도 많다. 만약 자신이 점수가 낮거나 조건 충족이 안 된다면 상대적 박탈감을 느낄 가능성이 크다. 위의 광고 문구들을 반대말로 해석하면 "결혼 점수가 낮으면 결혼을 할 수 없습니다."라는 것과 같다.

이는 대한민국에서 결혼을 안 한 사람들이 늘어나는 이유이기도 하다. 자본주의에서 현실주의는 당연하다. 하지만 자기가 점수가 안 된다고 해서 결혼을 못할 것이라는 생각을 버리자. 이것은 결혼정보회사에서 정한 기준일 뿐이다.

이상적인 결혼은 셋째, 서로의 속도가 맞아야 한다. 속도를 맞춰줄 수 있는 사람과 결혼해야 한다. 서로의 속도란 서로를 배려하는 것이다. 토끼와 거북이의 경주에서 둘은 경주를 한다. 토끼는 빠르고 거북이는 느리다. 토끼와 거북이의 신체적인 특징은 다르다. 결혼은 토끼와 거북이가 함께 리듬을 맞추어 걷는 것이라고 할 수 있다. 빠른 토끼가 느린 거북이를 기다려 준다. 느린 거북이가 빠른 토끼를 따라간다. 연애 때는 서로를 잘 기다려준다. 토끼는 멀리 가지 않고 거북이는 빨리 가려고 노력한다. 그런데 결혼을 하면 각자의 특성이 나온다. 잘 기다려주었던 토끼는 혼자 목적지까지 가버린다. 거북이도 어차피 따라갈 수 없는 것을 알고 더 느리게 걷는다. 그러면 둘의 격차는 더 벌어진다. 이것은 결혼을 해서도 서로를 존중해주려는 노력이 필요하다는 것을 보여준다.

여행을 가서 길을 걸어가면 속도가 맞지 않을 때가 있다. 건강하고 체력이 좋은 사람은 빨리 산에 올라가고 싶다. 체력이 좋지 않고 몸이 아픈 사람은 걸음이 느리다. 함께 정상에 올라가려면 빠른 사람은 속도를 늦추고 늦은 사람은 속도를 내야 한다. 같이 속도를 맞추다보면 빨랐던 사람은 느려질 수도 있고, 늦었던 사람은 빨라질 것이다. 애초부터 서로 다른 신체적 특성을 고려하지 않고 감당할 자신이 없다면 결혼하지 말아야 한다. 결혼은 서로의 단점까지 포용해줄 수 있어야 한다. 상대의 밑바닥까지 경험해봐야 결혼 생활에서 갈등을 줄일 수 있다.

다시 생각해보면 토끼와 거북이의 경주에서는 애초부터 시작선이 잘못되었다. 토끼가 자는 통에 거북이가 이기긴 했지만 말이다. 신체적 특징을 고려해 거북이에게 어드밴티지를 줬어야 했다. 결혼 전에 애초부터 시작선이 잘못되지는 않았는지 살펴보자. 서로의 속도를 맞춰줄 수 있는 사람과 결혼하자.

결혼에도 기준이 필요하다

결혼에도 기준이 필요하다. 우리는 지금까지 이상적인 결혼의 기준 3가지에 대해 알아봤다. 학벌, 집안, 외모 등 우리가 고려해야 할 결혼의 기준은 엄청 많다. 하지만 눈에 보이는 조건 외에도 결혼관, 내외면의 아름다움, 속도를 맞춰줄 수 있는 사람을 고려하여 결혼을 선택하자. 설문조사에서 부모님과 자녀 모두 가장 고려해야 할 조건으로 결혼관을 꼽은 것은 바람직한 현상이라고 본다.

결혼 생활에서는 부부간의 대화가 가장 중요하다. 대화는 가장 큰 소통이다. 싸우거나 힘들더라도 대화로 풀어야 한다. 대화가 통하는 사람과 결혼해야 한다. 부모님들이 반대를 한다거나 좋지 않은 상황에서 결혼하는 경우도 많다. 만약 이런 상황이라면 부부 둘의 대화가 더 중요할 것이다.

최근 결혼 메이크업에 관련된 종사자를 만난 적이 있다. "신부님들 메이크업하는데 표정이 어두워요. 결혼식장에서 사돈끼리 처음 만나서 분위기가 안 좋아요." 알고 보니 원치 않은 아이를 임신해서 서로 집안에서 반대하는 결혼이었다. "네? 그래요? 행복한 결혼으로 시작해도 힘든데 행복하지 않은 시작으로 결혼하면 얼마나 힘들까요?"라고 말했다. 어렵고 힘들어도 둘의 관계가 단단하다면 행복하다.

결혼을 전제로 만남을 하고 있다면 결혼할 사람과 행복한 결혼 생활을 꿈꾸는 것도 좋다. 하지만 그 전에 먼저 결혼 후에 어떤 식으로 살 것인지 생각해보아야 한다. 그러려면 기준이 필요하다. 자신의 기준과 상대가 생각하는 기준이 맞아야 함께 살아갈 수 있다. 결혼식 준비도 좋지만 결혼 생활 준비를 해야 하는 이유이다. 행복한 결혼 생활을 하기 위해서는 이상적인 결혼의 기준을 고려해야 한다는 사실을 잊지 말자.

부부가 서로 해주는 행복의 한마디

직원 : "신부님들 메이크업하는데 표정이 어두워요. 결혼식장에서 사돈끼리 처음 만나서 분위기가 안 좋아요." 알고 보니 원치 않은 아이를 임신해서 서로 집안에서 반대하는 결혼이었다.

나 : "네? 그래요? 행복한 결혼으로 시작해도 힘든데 행복하지 않은 시작으로 결혼하면 얼마나 힘들까요?"

어렵고 힘들어도 둘의 관계가 단단하다면 행복하다. 결혼을 전제로 만남을 하고 있다면 결혼할 사람과 행복한 결혼 생활을 꿈꾸는 것도 좋다. 하지만 그 전에 먼저 결혼 후에 어떤 식으로 살 것인지 생각해보아야 한다. 그러려면 기준이 필요하다. 자신의 기준과 상대가 생각하는 기준이 맞아야 함께 살아갈 수 있다.

7
연애와 결혼은 완전히 다르다

> 성공이란 절대 실수를 하지 않는 게 아니라
> 같은 실수를 두 번 하지 않는 것에 있다.
> – 조지 버나드 쇼

우리 부모님 세대만 하더라도 결혼은 필수였다. 결혼은 꼭 해야 했다. 선택이라고 생각하지 않았다. 결혼 상대자를 중매를 해서 딱 한 번만 보고 결혼한 사례도 많았다. 예전엔 연애는 곧 결혼이라고 생각했다. 연애를 하는 것에 대해 부정적으로 생각하기도 했다.

전 장의 결혼정보회사 설문조사에서도 흥미로운 결과를 볼 수 있다. 이 설문조사에서는 설문자의 부모님들에게 자녀의 연애에 대해 질문했다. 결과는 흥미로웠다. 부모님들은 연애에서도 상대의 직장과 부모님을 중요하게 생각했다. 이것은 아마 연애와 결혼을 동시에 생각하는 전통적인 사고방식이 작용해서일 것이다.

하지만 시대가 변했다. 결혼은 필수가 아닌 선택의 시대가 됐다. 시대가 변한 만큼 부모님들도 자녀의 연애에 대해 반대하지 말아야 한다.

상대를 나의 틀에 가두면 안 된다

나는 학교에서 학생들에게도 "연애는 많이 해보아야 한다."고 말한다. 연애를 함으로써 자신을 성장시키고 발전시킬 수 있기 때문이다. 연애를 해보지 않은 사람은 자신만을 위해 살아갈 수도 있다. 자신의 틀 안에서만 성장할 수도 있다. 연애를 해보고 이별을 경험해봐야 다름을 인정할 수 있다. 타인을 생각하고 배려할 수 있다. 만약 결혼을 한다면 연애를 통해 자신을 성장시킨 상태에서 해야 한다. 결혼을 현실의 도피처로 삼는다거나 신분상승을 위한 목적으로 삼아서는 안 된다.

〈사랑에 아파 본 적 있나요?〉 가수 린LYn의 노래이다. 예전에 이별을 했을 때 감정을 추스르며 들었던 노래다. 연애를 하고 이별을 하면 마음이 슬프다. 사람은 노래를 세포로 기억한다. 그 당시 노래를 들으면 그때의 추억이 떠오른다. 나는 사랑에 울고 웃으면서 나 자신을 성장시켰다. 상대에게 무조건적인 기대만 했었던 때가 있었다. 남자친구가 나에게 다 맞춰주기를 강요하며 내 틀에 그를 맞추려 했었다. 뭔가 잘못되어 가고 있다는 건 알았다. 하지만 그 상황에서 벗어날 수가 없었다. 오랜 친구였던 그와 헤어진 후 그의 메신저에는 'FREE'라는 말이 적혀 있었다. 그 말을 보니 충격이었다. '내가 그렇게 내 틀에 그를 가두려 했던가?'라며 반성을 했다. 남자와 여자가 다르다는 것을 인정하기 시작했다.

이별 후 내 위주로 생각했던 것을 차츰 남자의 입장에서 이해하려고 노력했다. 그때 읽었던 책이 존 그레이의 『화성에서 온 남자 금성에서 온 여자』이다. 이 책은 너무나 유명해서 다들 잘 알 것이다. 특히 남자는 "자신만의 동굴에 들어가서 나오지 않는다."는 내용에 공감했다. 남자들은 동굴로 들어간다. 남자들은 힘든 일이 있어도 말하지 않는다. 힘든 티도 많이 내지 않으려고 한다. 남자는 자신만의 세계에 빠져 해결책을 고민한다. 여자가 고민을 말하면 해결책을 제시하려고 한다.

여자는 공감과 대화를 좋아한다. 스트레스를 푸는 방법도 쇼핑과 수다다. 여자가 남자를 만나 이야기를 하는 것은 해결책을 듣기 위한 것이 아니다. 여자는 이성을 만나 있는 그대로를 들어주기를 바라는 것이다. 위로받고 싶은 것이다. 여자가 공감을 원하고 있는데 남자는 해결책을 제시하면 싸움이 일어난다. 여자는 함께 공감하기를 원하는데 동굴로 들어간 남자는 아무리 기다려도 나오지 않는다. 나는 이 책을 읽으며 남녀가 다른 방식으로 생각하고 이해한다는 것을 배웠다. 서로 다르다는 것을 인정해야 한다는 것도 배웠다.

첫사랑 연애가 성숙한 우리를 만들었다는 영화도 있다. 2018년 10월

상영했던 〈너의 결혼식〉이다. 이 영화에서 주인공 황우연_{김영광}은 사랑했던 기억들이 자신을 성장하게 하고 단단하게 만들어주었음을 이야기하고 있다. 연애의 기억으로 성장한 이들이 결혼이라는 새로운 시작을 하는 장면도 보여주고 있다.

"불가능을 가능하게 만드는 최고의 힘 그건 바로 사랑이다." 영화에 처음 나오는 대사다. 그녀의 청첩장을 받아드는 장면으로 영화는 시작된다. 황우연_{김영광}은 사랑을 위해 공부를 열심히 한다. 우연은 공부를 잘하는 승희에게 가기 위해 열심히 노력해서 한국대에 간다. 한국대에 가기만 하면 그녀와 애인이 될 줄 알았는데 남자친구가 있다. 나중에 우연이 연애를 잘하고 있는 중에 승희가 나타난다. 우연은 자신의 여자친구를 정리하고 승희와 연인이 된다. 처음의 설렘은 어디 갔는지 이들에게도 점점 권태기가 온다. 승희와 같이 있을 때 난 사고 때문에 우연은 임용 실기시험을 못 보게 되고 승희의 탓을 한다. 그 말을 몰래 듣게 된 승희는 그에게 이별을 고한다. 그 후 승희는 벨기에로 2년간 출장을 가게 되고 거기에서 만난 벨기에 주재원과 결혼을 하게 된다. 승희의 결혼식에 간 영광은 승희에게 "그때 미안했어. 네가 있어줘서 지금의 내가 있는 거야."라고 사과하며 나온다.

정시우 영화 저널리스트는 손에 쥔 사랑을 지켜낼 '타이밍', 더 늦기 전에 진심으로 사과할 '타이밍', 너로 인해 내가 성장했음을 깨닫는 '타이밍'을 이야기하고 있다고 말했다.

연애는 타이밍이다. 결혼도 타이밍이다. 결혼할 시기에 누구와 어떻게 만나고 있느냐에 따라서 결혼 상대자가 달라지고 운명이 바뀐다.

당신은 사랑에 아파본 적이 있는가? 요즘 학생들에게 애인이 있느냐고 물어봤다. 사랑을 하지 않으려는 이유에 대해 학생들은 이렇게 말했다. "애인이 있으면 돈이 많이 들어요." 너무 현실적이다. 어떻게 사랑에 대해서 모든 것을 돈으로 생각한단 말인가?

연애를 해보지 않고 결혼을 하게 된다면 큰 문제점에 빠지게 된다. 처음 겪어보는 문제에 대해 연습해볼 기회가 없다. 만약 연애를 하지 않는다면 썸이라도 타봐야 한다고 생각한다. 이런 경험들은 나중에 꼭 상대방과 연인으로 이어지지 않는다 하더라도 자신을 돌아보게 한다.

연애는 결혼할 시기가 아닐 때 해보는 것이 좋다. 아무리 나이를 많이 먹는다고 해도 경험이 없으면 똑같기 때문이다. 30대가 되어 연애를 경험해본다면 주변에서 결혼에 대한 기대에 밀려 결혼을 해버릴지도 모른다.

20대 중반에 연애를 한다면 좀 더 진지하게 오래 만나볼 수도 있다. 하지만 30대 중반인데 6개월 이상 연애 후 남자친구가 결혼 생각이 없다면 과감히 정리해야 한다. 물론 여성이 결혼을 원했을 경우다. 30대가 넘으면 남성과는 달리 여성은 출산의 문제를 생각하게 된다. 요즘은 출산을 안 하고 결혼을 하기로 하는 경우도 많다. 하지만 기본적으로 결혼하면 출산을 생각하게 된다. 출산과 육아를 생각하는데 결혼이 너무 늦어진다면 불안감이 커진다. 여성이 결혼을 원하지 않는다면 계속 사귀어도 좋다. 하지만 자신이 결혼을 원하고 있는데 남자가 결혼 생각이 없다면 과감히 헤어져라. 30대에 이런 상태라면 여성의 기회비용이 너무 크다. 남자들도 여성이 결혼을 원하는데 자신이 없다면 헤어져라. 희망고문은 무서운 것이다. 안 될 것을 알면서도 희망을 주어서 고문하는 것은 너무나 잔인한 일이다. 희망고문을 하는 사람이나 당하는 사람이나 고통스럽다. 과감히 정리하자. 헤어질 때에도 남자가 잡으면 다시 돌아가는 경우가 있는데 이 경우는 추천하고 싶지 않다. 똑같은 문제에 또 이르게 되고 그것으로 다시 헤어지는 원인이 된다. 헤어질 때는 과감히 헤어져라.

연애와 결혼은 다르다. 연애를 하던 사람과 결혼을 할 수도 있고 하지 않을 수도 있다. 연애에서 장점으로 작용했던 점들이 결혼에서 단점으로 변할 수도 있다. 늦게 연애를 시작해서 결혼하기로 했다고 해도 절대 결혼을 서두르면 안 된다. 결혼을 잘못 선택하게 되면 이혼이라는 선택을 해야 하는데 이것은 생각보다 어렵다.

결혼은 자기 자신이 어느 정도 완성된 상태에서 해야 한다고 생각한다. 결혼에 적당한 시기란 없으며 준비가 되어야 한다.

결혼은 연애와 다르다. 연애는 실패한다고 해도 다시 도전할 수 있다. 하지만 결혼은 운명이 달려있다. 결혼은 일부일처제라는 제도 안에 평생 함께 살아가는 것이다. 결혼을 신중하게 생각하도록 하자.

부부가 서로 해주는 행복의 한마디

영광 : "그때 미안했어. 네가 있어줘서 지금의 내가 있는 거야."

승희 : "과거에 너로 인해 나의 꿈을 알 수 있었어."

– 영화 〈너의 결혼식〉 중에서

연애는 타이밍이다. 결혼도 타이밍이다. 결혼할 시기에 누구와 어떻게 만나고 있느냐에 따라서 결혼 상대자가 달라지고 운명이 바뀐다.

8
연애는 이상주의, 결혼은 현실주의다

> 절대적인 것은 없다.
> 모든 것은 바뀌고, 모든 것은 움직이고,
> 모든 것은 회전하고, 모든 것은 떠오르고 사라진다.
> – 프리다 칼로

결혼을 한 후 가장 크게 변하는 시점은 언제일까? 결혼의 진정한 시작은 출산부터이다. 아이를 낳고 경험한 후에 이상이 현실로 바뀐다. 아이는 이상과 현실이 만나는 통로 같다.

아이가 태어나서 아름답고 신기하다. 하지만 현실은 아름답고 신기한 아이를 24시간 키워야 한다. 엄마라는 이름으로 말이다. 짐작만 했을 뿐 엄마에 대해 깊이 알지 못했다. 결혼을 하고 아이를 키우고 있다. 한 아이가 태어나고 성장하는 과정을 보고 있다. 인간이 태어나며 자라는 과정을 지켜보고 있다. 인간은 결코 혼자 자랄 수 없음을 느낀다. 이상적인 연애를 넘어 결혼에 이르고 출산이라는 새로운 현실을 만난다. 우리는 또 다른 기쁨과 슬픔으로 행복에 다가간다.

출산은 새로운 결혼의 시작이다

임신을 하고 산모교실 투어를 했다. 임신을 하면 각종 산모교실에서 강연도 하고 이벤트 상품도 준다. 산모교실에서 한 언니를 만났다. "여기 연락처 적어봐요." 리더십이 있는 서윤언니는 임신한 나와 멤버들의 연락처를 적었다. 7명은 카톡방을 만들었다. 2013년 뱀띠 아이들의 모임이어서 '사자회'라고 이름을 지었다.

임신 중의 일상과 출산하러 갈 때까지 현실적으로 카톡방에서 공유했다. 때론 맛있는 음식을 같이 먹으러 가기도 했다. 그중 몇 명은 조산기로 고생하기도 했다. "아, 나 지금 산부인과 가는 중이야! 양수 터졌어. 아이 낳으면서 카톡 중!" 실시간으로 메신저 하면서 아이들을 낳았다. 7명이 각각 다른 상황에서 아이를 낳았다. 이걸 보면서 아이를 낳는 것은 '몸 상태와 환경에 따라서 다르구나!' 생각했다.

신랑과 함께 맛있는 샤브샤브를 먹다가 가진통이 시작되었다. 첫째 때 병원을 너무 빨리 가서 고생을 많이 했다. 병원에서 다시 돌아가라고 했다. 하지만 신랑과 나는 불안했다. 미리 기다리겠다고 했다. 괜히 병원에서 밤을 샜다. 나는 끝까지 진통이 오지 않았다. 첫째를 40주 5일 만에 낳았다. 다른 사람들은 병원에 도착하자마자 낳기도 했다. '사자회' 멤버 중 나 만 젖몸살이 있었다. 임신과 출산은 사람마다 다 달랐다.

2013년 5월 17일 석가탄신일이다. 산모들이 많이 와 있다. 등에 무통주사를 맞았다. 점점 배가 아파오기 시작한다. 다른 사람들은 무통주사를 맞으면 안 아프다고 한다. 그런데 나는 무통주사를 맞았어도 너무 아팠다. 실제로 주변은 무통주사 탓인지 조용했다. 나만 혼자 소리 질렀다. 지금 생각하면 흔히 말하는 무통 빨이 안 먹혔던 것 같다. 배가 계속 아팠다. 산모들이 동시에 7명이나 진통이 왔다. "다음 산모, 다음 산모!" 의사선생님은 이렇게 동시에 진통이 오는 경우가 드물다고 했다. 난 아픈데 진행이 안 됐다. 산모들 중 제일 나중에 낳았다. 의사선생님은 내가 아이를 낳을 때 "행복한 순간을 생각하세요!"라고 했다. 나는 신랑과 함께 했던 일본의 '하우스텐보스'를 여행했던 때를 생각했다.

아이가 내려오지 않자 간호사들이 배를 살짝 밀었다. 그렇게 아이가 태어났다. 휠체어를 타고 병실로 가려는 순간! 의사선생님이 다시 나를 불렀다. 맙소사! 회음부 꿰맨 게 잘못되었다고 한다. 한 번 더 꿰매야 한다고 한다. 마취도 안 하고 바늘로 꿰맸다. 그때 생각하면 아직도 엄청난 공포감이 느껴진다. 아이를 낳으니 온몸의 마디가 열리는 것 같다. 골반도 커졌다. '엄마도 나를 이렇게 낳았겠구나.' 하는 생각이 들었다. '엄마가 된다는 게 이런 거구나.'라고 생각했다.

분명 출산을 했는데 몸무게를 재보니 3키로 그램 빠졌다. 엄마는 출산하고 배가 쑥 꺼지고 들어갔다고 한다. 나는 몸이 그대로다. 몸이 원상태로 돌아오기까지는 상당한 시간이 걸렸다.

사람들이 "뱃속에 있을 때가 편하다."라고 하는데 그 말을 이해할 수 없었다. 출산 가방을 쌀 때까지도 나는 책을 캐리어 가방 속에 2권 넣었다. 출산에 관한 온갖 책을 읽을 예정이었다. 결국 조리원에서 책은 펼쳐보지 못했다. 출산하는 것을 병원에 입원하는 것 정도로 생각한 것 같다. 지금 생각해도 그때를 생각하면 철이 없다. 조리원에 가서 편하게 책을 읽으려고 했다. 아이는 그냥 키워지는 줄 알았다.

출산을 하고 몸이 아팠다. 자꾸 전화가 온다. 조리원의 벨소리다. 2시간에 한 번씩 벨이 울린다. 작은 아이가 나를 보고 있다. 조리원 대기실에 가니 다른 산모들이 경쟁하듯 모유를 주고 있다. 어떤 산모는 말도 못하는 아이에게 엄청 큰소리로 말한다. "까꿍! 엄마가 우리 아기 모유 줄게요. 손도 예쁘고 발도 예뻐요." 손발이 오그라든다. 나는 어제는 아가씨와 마찬가지였는데 오늘은 엄마가 되었다. 이 세계는 무엇일까?

벨을 누르면 내 아이를 준다. "산모님, 팔찌 확인하시구요. 아이가 바뀔 염려가 있어서 꼭 확인하셔야 해요. 김희진 산모님 맞으시지요?" 팔찌를 확인하고 나의 아이를 봤다. 어제까지 뱃속에 있었던 아이가 태어나다니 신기하다. 어디서 많이 본 손이다. 손은 나를 닮았다. 발은 신랑을 닮았다. 나와 신랑을 닮은 아이가 태어난 것을 보니 몹시 신기했다. 나는 그때까지 기저귀를 한 번도 갈아본 적이 없었다. 엄청 조심스럽게 아이 기저귀를 갈았다.

모유수유를 하며 육아의 어려움을 느꼈다

가슴에서 이상한 게 나온다. 몸의 변화가 이상하게 느껴진다. 가슴이 뜨끈해진다. 기분은 별로 좋지 않다. 아이를 낳았다고 갑자기 내 몸에서 나오는 이상한 물질, 바로 모유다. 출산 전 모유에 대해 들은 적은 있다. 산모교실에서 젖몸살로 고생하는 사진을 봤다. 그게 내일이 될 것이라고는 꿈에도 생각하지 못했다.

"모유수유를 하는 여성의 모습이 가장 아름다운 사진이다."라는 것도 본 적이 있다. 그렇게 모유수유는 미화되었다. 모유를 먹이는 것과 분유를 먹이는 것으로 싸우는 집도 있다. 어른들은 모유를 먹이라는 식으로 강요하는 것이다. 모유는 꼭 먹이기 위해 노력하는 것이 되었다. 나는 분유도 괜찮다고 생각한다. 몸의 상태에 따라 모유가 잘 나오는 사람도 있다. 그렇지 않은 사람도 있다. 그 상황에 따라 결정하면 되는 것이다. 하지만 나는 자연스러운 것이 좋았다. 포유류가 원래 먹였던 자연스러운 모유를 주고 싶었다. 첫째와 둘째 모두 14개월 완전한 모유를 먹였다.

여자들은 출산을 하고 모유수유를 하게 되면 자신이 포유류라는 것을 느끼게 된다. 경쟁하듯 모유를 준다. 젖소 부인이 된다. 이때부터 나는 모유에 관한 책과 연구자료 같은 것을 봤다. 모유는 훗배앓이에 도움을 준다. 실제로 경험해보니 그렇다. 옥시토신이라는 호르몬이 나와서 수유를 하면 오로가 잘 빠져나왔다. 모유수유로 하루 약 500kcal가 소모된다. 모유 1ml를 생산하는 데는 0.67kcal가 소모된다. 하루 평균 750ml의 모유를 생산한다고 가정했을 때 모유수유에 필요한 칼로리는 약 500kcal이다. 실제로 모유수유 중에는 살이 빠졌다. 그런데 단유를 하니 똑같이 먹어도 500kcal씩이 소모가 안 되서 그런지 자연스레 살이 쪘다.

간호사는 수유하는 자세를 가르쳐줬다. 모유 주는 자세도 4가지가 있다. 풋볼 자세, 요람 자세, 교차요람 자세, 옆으로 누워서 먹이는 자세이다. 나는 이 4가지를 모두 시도해보았다. 모유수유를 자연스럽게 하기까지는 상당한 연습과 시간이 필요했다.

젖몸살을 안 하는 산모도 많다고 한다. 하지만 나는 하나부터 열까지 그냥 넘어가는 게 없었다. 가슴이 뜨거워지고 딱딱하게 돌덩이처럼 굳었다. "아! 너무 아프다!" 가슴을 아무리 만져도 풀리지가 않는다. 세상에서 처음 경험하는 고통이다. 가슴 속 안에서 커터 칼로 콕콕 찌르는 것 같다. 지금 다시 생각해봐도 그 고통은 정말 생각하기 싫다. 유선염과 백반증도 왔다. 올 수 있는 건 다 왔다. 2개월 정도 고생했다. 수유량도 맞춰지고 적응할 수 있게 됐다. 나중에 둘째를 낳았을 때는 젖몸살이 없게 미리 대비했다. 편하게 지나갈 수 있었다.

결혼은 현실주의다. 결혼은 아이라는 새로운 출생을 낳기도 한다. 결혼은 혼인신고를 통한 법적 구속력이 있다. 아이는 출생신고를 통해 공개적으로 선언한다. 결혼은 함께 살아가는 것이다. 무조건 계속 낭만이 있을 수는 없다. 무조건 좋을 수만은 없다. 때로는 웃기도 하고 울기도 한다.

연애는 이상주의다. 연애는 법적 구속력이 없다. 자유롭다. 마음만 먹는다면 몰래 할 수도 있다. 서로에게 매력을 느끼고 잘 보이기 위해 노력을 한다. 외모를 잘 꾸민다. 맛집을 찾아 다닌다. 행복한 경험치를 쌓아간다.

결혼은 현실주의, 연애는 이상주의다. 연애와 결혼은 다르다. 연애 후 결혼할 수도 있지만 연애한 사람과 결혼을 하지 않을 수 도 있다. 결혼이 현실이라는 것을 인식해야 한다. 결혼을 해서 현실을 만나는 순간 힘들고 당황스러울 수 있다. 하지만 그것을 극복하고 나면 또 다른 기쁨이 온다. 아이가 성장하는 과정을 보는 것은 또 다른 기쁨이다.

부부가 서로 해주는 행복의 한마디

"아! 너무 아프다!"

젖몸살을 안 하는 산모도 많다고 한다. 하지만 나는 하나부터 열까지 그냥 넘어가는 게 없었다. 가슴이 뜨거워지고 딱딱하게 돌덩이처럼 굳었다. 가슴을 아무리 만져도 풀리지가 않는다. 세상에서 처음 경험하는 고통이다.

결혼은 현실주의다. 결혼은 아이라는 새로운 출생을 낳기도 한다. 결혼은 혼인신고를 통한 법적 구속력이 있다. 아이는 출생신고를 통해 공개적으로 선언한다. 결혼은 함께 살아가는 것이다. 무조건 계속 낭만이 있을 수는 없다. 무조건 좋을 수만은 없다. 때로는 웃기도 하고 울기도 한다.

3장

행복을 가져다주는 심리 대화법

1
부부에게도 말하는 기술이 필요하다

> 다른 사람을 대할 때, 그 사람의 몸도 내 몸 같이 소중히 여기라.
> 내 몸만 귀한 것이 아니다. 남의 몸도 소중하다는 것을 잊지 말라.
> 그리고 네가 다른 사람에게 바라는 일을 네가 먼저 그에게 베풀어라.
> – 공자

똑같은 말을 하더라도 감동을 주는 사람이 있다. 상처를 주는 사람이 있다. 상처를 주는 말 한마디는 아무리 웃으며 한다고 해도 마음에 남는다. 행동으로 사랑을 많이 표현한다고 하자. 그래도 상처를 주는 말 한마디는 상대의 마음을 닫게 만든다. 한번 닫힌 마음은 노력해도 쉽게 회복되지 않는다. 가족 사이에서는 당연하게 '이해를 해줄 것 같다.'는 기대를 한다. 그래서 가족에게 자신도 모르게 말을 함부로 한다. 하지만 가족이라서 더욱 말을 조심해서 해야 한다. 가족은 평생을 함께하는 사이다. 말하는 기술에 따라 가족의 행복이 좌우된다. 부부 사이에서 말하는 기술은 중요하다. 부부관계가 좋아야 자녀와의 관계도 좋다. 나아가 사회에서도 좋은 관계를 유지할 수 있다. 행복한 부부와 불행한 부부 모두 부부싸움을 한다. 하지만 이 두 부부 사이에서 결혼 생활의 행복의 차이는 말하는 기술에 있다. 부부 사이의 대화는 부부 싸움의 열쇠이다. 돈을 벌려면 돈 버는 기술을 배워야 한다. 대화를 잘하려면 대화의 기술을 배워야 한다. 부부 사이를 행복하게 유지할 수 있는 말하는 기술에 대해 알아보도록 보자.

'나 대화법'을 실천하자

신랑은 야근이 잦다. 주변 지인들의 신랑들만 봐도 야근을 하지 않는 회사는 찾기가 드물다. 최근 이런 상황을 인식하고 변화하려는 노력을 보이고 있긴 하다. 하지만 현실에서 실제 변화는 느끼기 힘들다. 야근 문제는 결혼 생활에서 크게 작용한다. 야근으로 가족과 보내는 시간이 줄어든다. 아이들은 늦게 퇴근하고 일찍 출근하는 아빠를 보기 힘들다. 야근은 독박 육아의 원인이 된다. 스트레스의 원인이 된다. 열심히 일하고 들어와도 대접을 받기 힘들다. 남편은 남편대로 힘들다. 직장에서 과도한 업무를 받아 스트레스를 받는다. 직장상사와 동료와의 사이에 문제라도 생기면 더욱 극심한 스트레스에 시달린다.

아내는 계속되는 독박 육아에 지친다. 아이들의 먹을 것을 준비한다. 집안일을 한다. 아이들 목욕을 시킨다. 특히 아이들이 싸우거나 떼를 쓰면 이런 것들에 대처하기가 힘들다. 아이들을 재우고 한숨 돌리려고 하는 순간 퇴근한 남편이 온다. 부부는 서로 자신이 힘들었다고 말한다. 위로를 받고 싶다. 하지만 서로 자신의 마음을 알아주었으면 하는 마음이 강하다. 예상하지 못한 싸움이 시작된다.

남편이 야근하고 늦게 집에 온 상황에서 2가지 대화를 비교해보자.
아내 : "왜 이렇게 늦게 들어왔어? 당신이 항상 계속 늦으니까 힘들잖아!"
남편 : "나도 직장에서 힘들었어. 직장에서 계속 일도 많고 동료들과도 힘들다고!"
아내 : "매일매일 힘들어 죽겠어. 당신도 힘들겠지만 나도 힘들어!"

아내 : "나는 혼자 아이들을 돌보느라 힘들었어. 당신이 조금 더 일찍 와서 함께 했으면 좋겠어."
남편 : "독박 육아하느라 힘들었구나. 나도 일찍 와서 함께하도록 노력할게. 나도 직장에서 동료들과 힘들었어. 프로젝트를 하는데 그것 때문에 늦었네."
아내 : "당신도 직장생활에서 힘들었구나. 당신이 늦으면 나도 이해하도록 노력해볼게."

똑같은 상황인데 2가지 대화에서 다른 점이 느껴지는가? 첫 번째 대화는 '너 대화법'이다. 이런 대화는 '상대가 좀 더 잘했으면 내가 편할 수 있었을 텐데.'라는 이기심에서 시작된다. 우리는 자신도 모르게 '너 대화법'을 쓰고 있지는 않았는가? '너 대화법'에서는 상대에 대한 비난과 모욕이 느껴진다. 이런 말을 듣게 되면 상대방은 자신도 모르게 방어하는 태도를 취한다. 부부 사이에서 감정싸움이 심해진다.

두 번째 대화는 '나 대화법'이다. '나 대화법'은 상대방에 대한 생각보다는 나의 감정 상태를 먼저 말하는 것이다. 대화는 '나는'이라고 시작한다. 상대에게 말을 하기 전에 미리 자신의 상태에 대해 생각해본다. '나 대화법'을 하게 되면 자신의 생각과 감정이 정리가 된다. 자신이 상대에게 원하는 것들이 무엇인지 확실해진다. 비난과 무시를 하지 않게 된다. '나 대화법'에 대한 답변으로는 '그랬구나.' 대화법으로 답변을 해줘야 한다. "내가 힘들었어."라고 말하면 "그랬구나. 힘들었구나."라고 답해줘야 한다. 그렇지 않고 "당신이 무리했으니까 힘들었지!"라고 말하면 또 다시 감정싸움이 시작될 수도 있다.

'나 대화법'은 실제로 여러 부부 갈등 상담 사례에서 긍정적인 변화를 보여줬다. '나 대화법'이 글로 쓰는 것은 쉬워도 실제로 해보면 처음에는 힘들다고 느낄 것이다. 한 예능 프로그램에서 개그맨 부부가 '나 대화법'을 시도해봤다. 공을 가지고 공을 가진 사람이 말을 하는 것이다. 규칙은 다음 3가지이다.

1. 주어는 항상 '나는'으로 시작한다.
2. 공을 받으면 '그랬구나.'라고 공감한다.
3. 상대방이 한 이야기를 이해하고 피드백을 한다.

그런데 그중 남편이 계속 아내의 말을 그대로 듣지 못했다. 자신이 하고 싶은 말이 나왔다. 남편이 자신의 버릇에 대해 다시 생각해보는 장면이 나왔다. 3번의 시도 끝에 간신히 '나 대화법'에 성공했다.

'나 대화법'을 실천해보면 실제로 상대의 이야기를 잘 듣지 못하는 자신을 발견하게 된다. '나 대화법'은 실제로 힘들다. 하지만 상대의 말에 공감하는 능력을 습관처럼 하게 되면 부부대화에서 소통할 수 있다

부부에게도 말하는 기술이 필요하다

우리는 부부싸움을 하면서도 자신의 말하는 방법이 잘못됐다는 것조차 생각하지 못할 수 있다. 부부싸움을 할 때 '너 대화법'으로 상대를 비난하고 있지는 않았는지 생각해보자. 그렇다면 '나 대화법'과 '그랬구나' 대화법을 시도해보는 노력을 해보자. 말하는 기술을 알고 자신이 부부싸움을 할 때 하는 말을 분석해보면 어떻게 싸워야 하는지 답이 나온다. 항상 상대를 비난하기 전에 자신을 돌아보자. 부부갈등을 최소화하려면 자신이 화낼 때 하는 말을 잘 살펴봐야 한다. 자신을 객관적으로 보려는 노력을 해야 한다.

부부는 함께 노력을 해야 한다. 무엇보다 상대와 긍정적 대화로 소통을 하겠다는 의지와 태도가 기본에 깔려 있어야 한다. 상대가 자신의 마음에 들지 않으면 '이혼하겠다.'라는 생각을 머릿속에서 지우자. 열린 마음으로 상대를 바라보자. 부정적인 의식이 자리 잡고 있으면 배우자가 어떤 노력을 해도 비난과 방어를 하게 된다. 우리는 배우자에게 관대하지 못한 점이 있다. 똑같은 상황이라고 하더라도 배우자는 알아서 잘 할 거라는 기대를 하게 된다. 배우자에게 기대를 했는데 기대에 부응하지 못하면 화가 난다. 화를 낸다고 변하는 것은 없다. 배우자에 대한 높은 기대치를 낮추고 관대해지자. 상대방을 변화시키려 하지 말고 있는 그대로 보도록 노력하자.

아이가 울고 떼를 쓰면서 말을 하면 무슨 말인지 알아들을 수가 없다. 그래서 우리는 아이에게 "울지 않고 떼쓰지 않고 천천히 하고 싶은 말을 해요."라고 가르친다. 아이에게는 이렇게 가르치면서 정작 우리는 울면서 떼쓰면서 화내면서 말하고 있지는 않은가? 반성해보자. 내 감정도 소중하지만 배우자의 감정도 소중하다는 점을 잊지 말자.

부부에게도 말하는 기술이 필요하다. 인구보건복지협회는 2018년 5월과 6월 두 달간 '육아를 힘들게 하는 말말말' 국민 참여 온라인 이벤트를 진행했다. 이벤트 결과 '애를 어떻게 봤기에 애가 다쳐, 애 엄마는 뭐

하는데?', '유난 떨지 마, 너만 애 키우냐?', '애들은 놔두면 잘 크게 돼 있어.', '요즘 같은 세상에 애 키우는 게 뭐가 힘드냐.' 같은 말들이 육아를 힘들게 한다고 했다. 아직도 전통적인 결혼관이 많이 자리 잡고 있는 것이다. 아내가 "힘들다."라고 말했을 때 "그랬구나."라고 공감만 해줘도 아내와 소통할 수 있다. 남편들은 육아를 하는 것을 사소하고 당연하다고 생각하는 태도도 버려야 한다.

경제협력개발기구OECD에 따르면 2016년 한국 노동자의 근로시간은 1인당 연평균 2,069시간이다. 이는 OECD 평균인 1,764시간보다 305시간이나 많은 것을 보여준다. 야근이 많은 남편은 스트레스가 많다. 직장에서 힘든 점을 "그랬구나."라고 공감해준다면 부부 사이가 긍정적 소통을 할 것이다. 워킹맘들은 직장에서 일하고 집에서도 또 일을 한다. 맞벌이 가정이라면 가사를 공통으로 하려고 노력해야 한다. '나 대화법'과 '그랬구나' 대화법을 사용하자. 부부간의 갈등을 줄여보자. 무엇보다 중요한 것은 '당신과 함께 있어서 감사하다.'는 태도다. 서로를 존중하는 태도를 가지는 것이라는 것을 잊지 말자.

부부가 서로 해주는 행복의 한마디

아내 : "나는 아이들을 혼자 육아하느라 힘들었어. 당신이 조금 더 일찍 와서 함께 했으면 좋겠어."

남편 : "독박 육아 하느라 힘들었구나. 나도 일찍 와서 함께하도록 노력할게. 나도 직장에서 동료들과 힘들었어. 프로젝트를 하는데 그것 때문에 늦었네."

아내 : "당신도 직장생활에서 힘들었구나. 당신이 늦으면 나도 이해하도록 노력해볼게."

'나 대화법'을 쓰면 상대를 비난하지 못한다. 나의 감정 상태를 정확히 말할 수 있다. 자신의 생각과 감정이 정리가 된다. 자신이 상대에게 원하는 것들이 무엇인지 확실해진다. '나 대화법'에 대한 답변으로는 "그랬구나."라로 답변하면 된다.

2
말하는 것보다 중요한 것은 경청이다

> 상대가 비록 불쾌한 말을 하더라도 오히려 적극적으로 그 이야기를 들어주어서
> 조금이라도 상대의 의견을 존중하는 태도를 가져라.
> 그렇게 되면 상대도 당신의 의견을 존중하게 된다.
> — 벤자민 프랭클린

행복한 결혼 생활을 시작했다. 하지만 현실은 만만하지가 않다. 도대체 어디서부터가 잘못된 것일까? 결혼 전의 풋풋했던 연애감정은 다 어디로 간 걸까? 독박 육아를 하는 어느 순간부터 내가 힘든 것만 생각하지는 않았는가? 아무리 해도 육아와 살림은 누구도 알아주지 않는다. 당연히 그러려니 하고 보람만 느끼며 살기에는 인생이 너무나 아깝다. 어차피 오래 함께 살 거라면 행복하게 살아야 하지 않을까? 부부가 행복하려면 대화를 해야 한다. 대화를 하는 것도 중요하지만 잘 들어주는 것이 더 중요하다. 잘 들어주는 것은 경청이다. 당신은 잘 듣는다는 것에 대해 생각해본 적이 있는가? 잘 듣는다는 건 어떤 것일까? 경청을 하는 법에 대해 알아보도록 하자.

경청은 중요하다

어릴 적에 엄마께서는 이야기를 잘 들어주셨다. 이야기를 하는 것보다 듣는 것이 어렵다는 사실은 나중에 알았다. 둘째인 4살짜리 아들도 내가 이야기를 하면 자신이 먼저 이야기를 하려고 한다. 말을 끊거나 자신의 이야기만 들어달라고 한다. 듣기의 중요성을 알기 때문에 잘 들으려고 한다. 하지만 아이가 자신의 이야기를 멈추고 기다리는 법을 가르친다. 4살짜리 아이라 말을 잘 듣지는 않는다. 그래도 가르쳐준다. 어릴 적에 나도 엄마에게 이렇게 기다리는 법을 배웠다. 당시에는 싫어도 나중에 되새겨봤던 기억이 난다. 아이가 엄마 말이 다 끝날 때까지 기다리는 게 힘들 것이다. 그래도 가르쳐줘야 한다. 그러면 점점 엄마 이야기에 집중할 수 있다.

3살 버릇 여든까지 간다고 하지 않았던가? 듣기에도 연습이 필요하다. 나 역시 어릴 때 엄마가 말씀하실 때 이야기를 끊었다. 엄마는 "엄마가 이야기할 때는 끝까지 참고 기다려주는 거야. 엄마 말이 끝나면 네가 이야기하면 돼."라고 말씀하셨다. 나는 말이 끝날 때까지 기다리는 것이 힘들었다. 힘들게 기다린 후 내 말을 했던 기억이 난다. 잘 듣는 것은 모든 인간관계에서 중요하다. 부부 관계에서 경청은 모든 문제를 해결하는 열쇠이다. 어릴 때부터 이런 훈련을 해서인지 나는 다른 사람의 말을 잘 들어주려고 노력했다. 듣는 척을 하는 청취와 경청은 다르기 때문이다. 듣는 척은 누구나 할 수 있다.

청취와 경청은 무엇이 다를까? 청취의 사전적 의미는 의견, 보고, 방송 따위를 듣는 것이다. 경청은 귀를 기울여 듣는 것이다. 경청을 하려면 에너지가 필요하다. 귀를 기울여 듣는 동안 이야기에 대한 적절한 반응도 해줘야 한다.

잘 들어주어야 상대방과 소통할 수 있다. 예전에 친구와 자신의 연애에 대해 고민 상담을 한 적이 있었다. 열과 성을 다해 들어주고 해결 방안도 조언했다. 그런데 나중에는 아무 일 없었다는 듯 다시 같은 고민을 말했다. 내가 뭘 했나 싶고 더 이상 들어주는 에너지를 쏟기 싫었다. 결국 '자신이 결정할 거면서 뭐 하러 나한테 말하나?' 싶었다. 그래서 그 뒤로는 무조건적인 고민상담은 들어주지 않는다. 진짜 소통이 되는 상담만 해준다. 이렇듯 친구간의 관계에서도 잘 들어주는 것은 중요하다. 친구는 결국 자신이 그 답을 알고 있었다. 공감을 얻고 싶었던 것이다. 하지만 일방적으로 들어주기만 바라는 대화는 소통이 아니다. 그것은 하소연이다.

"대화는 듣는 사람이 주도권을 쥐고 있다."라는 말이 있다. 공감하고 맞장구를 쳐야 한다. 온몸을 쓰면서 들어야 한다. 진정성 있게 듣는 것은 에너지가 소모된다. 가끔은 들어주는 것만으로도 문제가 해결되는 경우도 많다. 말을 하면서 그 안에 답이 있는 경우가 많기 때문이다. 여자들의 수다는 끝이 없다. 전화로 하루 종일 통화하고 전화를 끊을 때 "자세한 것은 만나서 얘기해."라며 전화를 끊기도 한다. 그만큼 자신의 말을 공감하고 편이 되어주고 맞장구를 쳐주면 마음이 편안해진다. 만나서 수다를 떨면 시간가는 줄을 모른다. 이것은 상대방이 자신의 말을 들어주면 자신을 이해해준다는 느낌을 받기 때문일 것이다.

　대화를 하다 보면 혼자서만 이야기를 이끌어가는 경우가 있다. 상대방의 표현이나 감정은 생각하지도 않은 채 혼자서만 이야기를 하면 분위기가 어색해진다. 말을 할 때는 상대의 반응도 생각하며 해야 한다. 공감 없는 대화는 대화가 아니기 때문이다. 나도 학교에 수업을 준비할 때 복잡한 것을 준비한 적이 있다. 그런데 학생들의 반응이 시큰둥했다. 그 후로는 복잡한 내용도 가장 쉽게 이해할 수 있도록 준비해가려고 노력한다. 대부분 사람들은 자신의 이야기만 하려고 한다. 나이를 먹으면 점점 자신의 이야기를 하기를 더 좋아한다. "나이가 먹을수록 말을 줄여라."라는 이야기도 있지 않은가? 이야기를 한 후 "어떻게 생각해요?"라고 물어보는 것도 좋다. 듣는 사람은 상대의 이야기를 들으면서 다음 자신이 할 이야기를 생각하기도 한다. 하지만 이런 태도는 지양해야 한다. 진정한 경청을 하려면 다른 사람이 말하는 동안 자신이 다음에 할 이야기를 생각하면 안 된다.

　최근 나는 스피치 스토리텔링 강의를 수강했다. 강사님께서는 자신의 이야기를 간결하게 잘 전달하는 방법을 가르쳐 주셨다. 목소리의 크기에 대해 가르쳐주셨다. 수강생 중 기업 임원분이 계셨는데 목소리를 너무 작게 이야기를 하셨다고 한다. 조언을 해도 듣지를 않으셨다. 강사님께서 반대로 강의를 작은 목소리로 소곤소곤 해봤다. 그러자 '작게 이야기하면 이렇게 안 들리는구나.'라고 임원분이 깨달으셨다. 그 후 목소리를 크게 고치려고 하셨다고 한다. 우리 모두는 자신을 객관적으로 보지 못한다. 인간은 자신은 보이지 않기 때문이다. 부족한 부분은 고치려고 노력해야 한다. 나는 이 수업을 통해 말을 잘하는 방법을 배웠다. 경청법과 대화법에 대해 배울 수 있었다.

경청을 하다 보면 상대방에게 동조하는 경우도 있다. 상대방의 주장에 끌려가다 보면 어느새 뒷담화로 발전하기도 한다. 이럴 때는 중심을 잘 잡아야 한다. 상대방은 사실에 감정을 추가해 말하기도 한다. "정말 나쁜 사람이야."라고 동조하기 시작하면 어느새 뒷담화가 된다. 우리는 상대방의 주관에 끌려가지 않기 위해 "그랬군요."라고 말하는 것이 좋다.

부부의 소통시간은 중요하다

신랑은 종종 직장에서의 일을 이야기한다. 날마다 시시콜콜 이야기하는 것은 아니다. 자신이 많이 힘들 때 이야기를 한다. 그래서 신랑이 이야기를 할 때면 나는 잘 들어주는 편이다. 최대한 객관적인 입장에서 이야기를 해준다. 신랑은 그 시점에서 자신이 잘못한 점을 생각해본다. 해결책을 찾기도 한다. 이해와 공감을 하면 힘을 얻는다. 신랑은 가끔 자신이 만든 보고서를 가져와서 보여준다. "이번에 지역화폐를 만들게 되었어. 이번에는 이런 기획을 하게 됐어." 가끔 함께 이야기를 나누면 소통이 되는 기분이 든다. 가끔은 아이들을 친정에 맡기고 둘만의 외식을 하기도 한다. 둘만의 시간을 보내고 이야기를 하다 보면 소통의 기분이 든다. 자주할 수 없지만 부부의 소통 시간은 중요하다. 배우자가 자신의 이야기를 하려고 한다면 공감해주도록 노력하자.

대화를 시작할 때 피곤하고 힘든 상태라면 오히려 대화를 하지 않는 편이 좋다. 경청을 하는 것도 연습이 필요하다. 경청을 하는 것도 잘 들으려는 자세가 갖춰져 있어야 한다. 눈은 마음의 창이다. 눈을 맞추고 상대방에게 집중해야 한다. 다리를 떨거나 턱을 괴면 상대의 집중도가 떨어진다. 상대방이 진심을 다해 말한다. 그런데 듣는 척만 한다면 동문서답하게 된다. 자꾸 경청을 하지 않게 되면 배우자는 '대화해봤자 잘 듣지 않는다.'라고 생각할 것이다. 점점 대화의 시도도 하려고 하지 않을 것이다. 대화를 시작할 때 부정적인 마음은 버리고 시작해야 한다. 긍정적인 마음으로 시작해도 갈등으로 끝날 수 있다. 배우자가 말을 하면 무조건 꼬투리를 잡거나 비난하려는 태도로 시작할 수도 있다. 이런 태도는 지양해야 한다. 긍정적인 태도를 가지고 대화를 시작하자.

말하는 것보다 중요한 것은 경청이다. 경청하는 것은 생각보다 힘들다. 우리는 어릴 적부터 리더십의 중요성을 배웠다. 말하는 것의 중요성 때문에 웅변이나 말하기 대회 등도 준비했다. 하지만 말하기의 중요성에 비해 경청의 중요성에 대해서는 중요하게 생각하지 않았다. 말하기를 잘하기 위해서는 잘 들어야 한다. 한글을 처음 배울 때도 다 행동을 알아듣는 수용 언어가 선행되어야 표현 언어가 나온다. 외국어를 배울 때도 듣기가 선행되어야 말하기를 잘할 수 있다.

듣기를 먼저하고 말하기를 하고 쓰기로 넘어가야 한다. 말하기는 드러나는 것이고 경청하는 것은 드러나지 않기 때문에 중요하지 않다고 생각할 수도 있다. 하지만 말하기보다 중요한 것은 경청이다. 상대방의 말을 진심을 다해서 들어주면 상대방도 진심을 느낄 것이다. "말하기의 주도권은 경청에 있다."라는 말을 잊지 말자. 소통에서 무엇보다 중요한 것은 진정성이라고 생각한다. 마음의 창인 눈을 맞추고 상대방을 바라보자. 상체를 앞으로 기울이고 고개를 끄덕이며 메모를 하자. 온몸을 집중해서 진심을 다해 경청하자. 상대방은 진정성 있는 경청을 느낄 것이다. 항상 경청의 중요성을 인지하고 최선을 다해 경청하도록 노력하자.

부부가 서로 해주는 행복의 한마디

남편 : "이번에 지역화폐를 만들게 되었어. 이번에는 이런 기획을 하게 됐어."

아내 : "지역에 많은 도움이 되겠네. 당신이 다 만들었어? 힘들었겠다."

말하기의 주도권은 경청에 있다. 적극적 경청을 하려면 경청하는 태도가 중요하다. 눈을 맞추고 상대방에게 집중하자. 몸을 약간 앞으로 기울이고 상대에게 집중하자. 다리를 떨거나 턱을 괴면 안 된다. 스마트 폰을 봐서도 안 된다. 진정성 있게 상대에게 집중하자. 온몸으로 상대에게 집중하자. 대화를 끊지 말고 끝까지 들어주자. 맞장구를 치며 공감하자.

3
상대의 잘못이 아닌 해결책에 집중하라

> 남과 교제할 때, 먼저 잊어서는 안 될 일은
> 상대방에게는 상대방 나름대로의 생활방식이 있으므로
> 남의 인생에 혼란스럽게 하지 않도록 함부로 간섭해서는 안 된다는 것이다.
> – 헨리 제임즈

"숲을 보지 못하고 나무만 본다."라는 말이 있다. 숲은 나무들로 구성되어 있다. 나무들이 모여서 숲을 이룬다. 나무는 뿌리와 줄기와 잎으로 구성되어 있다. 우리는 그동안 나무를 보느라 숲을 보지 못했다. 나뭇잎이 병에 걸리면 그제야 우리는 보이지 않는 뿌리에 관심을 가진다. 좋은 씨앗이 좋은 숲을 만들 수 있다.

돌이켜 생각하면 모든 문제의 원인은 씨앗이다. 문제가 생기면 우리는 '왜 문제가 생겼을까?'에 집중한다. '좋은 씨앗이 아니었다. 나무에 병이 생겼다.' 등 원인은 보이지 않는 부분에 있었다. 문제의 정확한 원인을 알면 해결책을 제시하기 쉽다. 하지만 우리는 너무 왜 그런지에만 집중해서 해결책을 못 찾기도 한다.

원래의 목적은 원인을 찾아 해결책을 얻는 것이었다. 그런데 원인 파악에만 집중하다 보면 해결책과 개선해야 할 의지는 잃어버린다. 원인 파악은 과거의 일이다. 해결책은 미래의 일이다. 원인도 중요하지만 해결책에 집중하자.

문제의 해결책에 집중하자

1년 전쯤의 일이다. 보수 교육이 있어서 회의에 참석했다. 집행부가 바뀌며 새로운 집행부로 구성되었다. 그런데 그 중 한 분이 어떤 문제에 대해 "왜 그렇게 집행이 되지 못했나요?"라고 말하자 전 집행부에서는 "그것은 우리 책임이 아니에요."라고 계속 방어했다. 회의를 하는 장소였다. 그런데 서로에 대한 비난이 계속 이어졌다. 회의를 듣고 있던 사람들은 길어지는 비난을 듣고 난감해했다. 시간은 계속 길어졌다. 비난만 계속하며 언성이 높아지자 회원들의 불만이 쌓였다. 나중에 비난을 시작한 회원이 자신도 조금 미안했는지 "회의에서 죄송했습니다."라고 단체 문자를 돌렸다. 나도 회의를 계속 듣고 있으니 불편함을 느꼈다.

해결책에 집중해야 하는데 원인에 집착했다. 회의장은 싸움의 장이 돼 버렸다. 결국 기억에 남는 것은 싸움밖에 없었다. 나는 이 회의를 보며 많은 것을 느꼈다. 공공장소에서 발언은 신중해야 한다. 토론의 모습에서 이런 경우를 종종 볼 수 있다. 계속 이런 식으로 비난과 방어가 지속되면 결론이 나지 않는다. 이럴 때는 중재자가 나서서 비난의 고리를 끊어야 한다. "해결책에 집중합시다!"라고 이야기를 해보자.

이러한 비난과 방어 방식은 인간관계의 모든 상황에서 일어난다. 의사가 환자에게 상처주기로 유명한 병원이 있었다. 나는 아이 문제로 어쩌다 이 병원을 방문하게 되었다. "아이는 그것 때문에 문제가 있어요." 원장님이 하는 말은 모두 사실이었다. 하지만 나는 상처를 받고 차에서 울었다. 다시는 그 병원을 가지 않을 거라고 생각했다. 아는 언니도 이 병원 원장님에게 비슷한 말을 들었다. 그 언니는 "원장님 때문에 엄마들이 얼마나 상처받고 있는지 아세요?"라고 말했다. 그리고 다시는 그 병원을 가지 않는다고 했다. 원장님은 자신의 문제가 아니기 때문에 사실을 있는 그대로 말했는지 모른다. 하지만 그것을 듣는 입장에서는 마음에 상처를 입었다. 아이의 문제가 되는 부분은 부모가 잘 안다.

부모는 해결책을 듣고 싶어서 병원에 온 것이다. 그것만을 굳이 강하게 말할 필요는 없었다. 나는 아이 문제의 사실을 알고 있었다. 하지만 원장님이 그 부분을 강하게 이야기하니 상처를 입었던 것 같다. 근본적 문제도 중요하다. 하지만 의사에게는 환자의 마음도 헤아릴 줄 아는 지혜가 필요하다. 조금만 말을 부드럽게 했어도 부모의 마음에 큰 상처를 주지 않았을 것이다. 5년 전에 들었던 상처의 말은 아직도 기억이 난다.

부부 사이에서도 마찬가지다. 부부싸움을 하다가 문제의 원인을 찾겠다며 서로를 비난한다. 싸움을 하다보면 승부욕에 불탄다. 배우자를 꼭 이기고야 말겠다는 의지가 불타오른다. 게임에서는 승부욕이 불타오를 지라도 부부싸움에서는 승부욕을 없애자. '져주자.'는 마음으로 싸움을 하면 마음이 한결 편해질 것이다. 부부의 감정이 격해지면 문제가 심각해진다. 칼을 들고 서로 싸운다는 부부도 있어서 충격이었다. '부부싸움은 칼로 물 베기'라는 말이 있었지만 요즘 부부싸움에는 맞지 않다. 요즘은 '부부싸움은 칼로 찌르기' 같다. 부부싸움이 심해지면 큰 문제가 된다. 부부싸움에서 배우자의 탓을 하기 시작하면 끝이 없다. 감정이 격해져 있을 때는 문제의 본질이 보이지 않는다. 그러므로 싸울 때는 자신을 먼저 진정시킨 후에 다시 싸워야 한다.

감정을 잘 다스려야 행복한 결혼 생활을 할 수 있다

쉽지는 않지만 '타임아웃'을 한다는 생각으로 잠시 멈추자. 감정이 진정된 후 싸움을 다시 돌아보면 문제가 다르게 보일 것이다. 싸운 후 싸움을 돌이켜 생각해보면 결국 '배우자가 나의 기대를 채워주지 못해서'인 경우가 많다. 결국 배우자에 대한 기대가 너무 커서 화가 났던 것이다. 서로를 비난하고 방어하느라 악순환의 고리를 끊지 못하면 불행이 계속 지속된다. 결혼 생활이 점점 힘들어지고 감정적 이혼 상태가 된다. 결국 감정을 잘 다스려야 갈등도 쉽게 풀릴 수 있다.

최성애 박사의 『행복수업』에서는 행복한 부부와 불행한 부부를 정리했다. 행복한 부부는 "① 문제를 빨리 해결하려 한다. ② 말을 다듬고 고친다. ③ 화해시도를 한다. ④ 상대의 영향력을 받아들인다. ⑤ 정서통장이 넉넉하다."로 요약했다.

반면 불행한 부부는 "① 문제를 가능한 한 미룬다. ② 하고 싶은 말은 다한다. ③ 갈 데까지 간다. ④ 상대의 영향력을 받아들이지 않는다. ⑤ 한쪽이 다른 한쪽을 완전히 지배한다."로 요약했다.

이것만 봐도 행복한 부부와 불행한 부부의 차이를 알 수 있다. 행복한 부부는 문제를 적극적으로 해결한다. 상대를 완전히 지배하지 않고 배려한다. 상대를 있는 그대로 인정하려고 한다. 마음속에 있는 하고 싶은 말도 참는다. 다듬어서 말한다. 싸운 후에는 화해 시도를 한다. 문제를 풀려는 노력을 한다. 문제가 있더라도 긍정적인 말을 많이 한다. 당신은 어느 쪽에 해당하는가? 배우자를 너무 구속하려 하지는 않았는가? 배우자의 의견을 무시하고 무조건 나의 말만 주장했는가? 배우자를 비난하지 않았는가?

부부 사이에서 감정은 중요하다. 어떤 문제가 있더라도 부부를 최우선 순위에 두자. 상대의 잘못에 연연하기보다는 스스로를 반성하자. 상대의 입장에서 공감을 해주면 원활한 결혼 생활을 할 수 있을 것이다.

뿌리를 진단해서 완전히 썩어 있다면 그 나무는 수명을 다한다. 하지만 병이 어느 정도 진행되었을 때 해결책을 찾고 실천하면 나무는 살 수도 있다. 병이 진행될 때 원인만 찾는다며 계속 시간을 보내면 나무는 결국 죽는다. 해결책만 찾겠다고 여러 가지 방법을 써도 시간은 간다. 나무가 죽는다. 정확한 원인을 빨리 찾고 해결책을 실행해야 나무가 산다. 나무를 살리는 일은 쉽지 않다. 하지만 빨리 원인을 찾고 해결책을 실행하는 노력을 하자. 노력을 다했음에도 나무가 죽었다면 어쩔 수 없는 일이다. 하지만 살리려는 노력도 하지 않으면 안 된다. 부부 사이의 갈등도 같다. 서로를 이기려다가 서로를 비난하느라 너무 많은 시간을 허비하지 말자. 배우자가 비난하는 말투를 하면 말을 돌리는 경우도 많다. 이것은 주로 남편들이 많이 한다. 하지만 배우자의 말에 대답을 하지 않으면 더 화를 키우게 된다. 배우자는 무시를 당하는 느낌이 들기 때문이다. 배우자의 말이 듣기 싫어도 상대의 감정에 공감하도록 하자. 쉽지는 않지만 노력하자.

문제의 본질이 무엇인지 혼자 생각해보고 함께 타협하자. 이때 비난의 말투가 고착되어 있는 경우도 많다. 의도적으로 비난하고 부정하는 고착된 말투를 부드럽게 바꿔보자. 말투에도 감정이 있다. 배우자를 비난하려는 감정이 있으면 말투도 무뚝뚝하고 퉁명스럽다. 배우자를 미워하는 감정이 줄어들면 말투도 유연하다. 그리고 서로에 대한 존중이 있다면 마음속에 있는 말을 모두 하지 않고 한 번 참았다가 한다. 무뚝뚝하고 퉁명스러운 말투는 배우자를 주눅 들게 한다. 그러므로 말투를 유연하게 쓰는 지혜가 필요하다.

상대의 잘못이 아닌 해결책에 집중하자. 나무를 보지 말고 숲을 봐야 한다. 문제가 생겼을 때 뿌리에만 집중하면 숲을 보지 못한다. 부부싸움을 하더라도 상대의 탓을 하기에 앞서 진짜 문제가 무엇인지 찾아보자. 원인을 찾는다며 과거의 일을 되새기면 갈등이 심해진다. 부부싸움에서 원인을 찾다 보면 상대방의 잘못에 초점을 맞춘다.

"당신이 그때 그렇지 않았으면 이렇게 되지 않았잖아!"라는 말은 상대를 향한 비난이다. 배우자는 이런 말을 들으면 상처를 받는다. 싸움의 원인을 찾더라도 비난하지 않고 '나 대화법'으로 말하도록 하자.

"나는 그때 당신이 그렇게 말해서 서운했어. 나는 힘들었어."라고 말하자. 비난하지 말고 부드럽게 말하자. 원인을 찾는 것은 중요하다. 하지만 더 중요한 것은 해결책에 집중하며 노력하는 것이다. "왜 그랬어?"라고 계속 원인에 집중하면 안 된다. 어느 정도 원인을 찾고 나서는 "어떻게 해야 하는가?"라고 함께 해결책을 찾아보자.
해결책에 집중한 후 함께 바꾸는 노력을 하자. 부부갈등을 줄이기 위해 노력하자. 상대의 잘못이 아닌 해결책에 집중하자. 그러다보면 어느새 부부는 미래를 향해 노력을 다하고 있을 것이다. 결혼 생활에서 노력은 필수다. 그러므로 꼭 함께 타협하며 노력하도록 하자.

부부가 서로 해주는 행복의 한마디

행복한 부부의 말:

남편 : "실수로 기저귀가 빨래에 들어갔나 봐. 함께 정리하자."

아내 : "그러게. 내가 좀 더 주의했어야 했는데 다음부터 조심해야겠어."

불행한 부부의 말:

남편 : "기저귀를 빨래와 함께 돌리면 어떡해! 조심했어야지."

아내 : "내가 그러고 싶어서 그랬나? 나도 속상해!"

행복한 부부는 문제가 생겼을 때 상대의 탓만 하지 않는다. 상대의 잘못이 아닌 해결책에 집중하자. 이미 일어나버린 일을 질책하지 말자. 진짜 문제가 무엇인지 찾아보자. 비난하지 말고 부드럽게 말하자. "어떻게 해야 하는가?"라고 함께 해결책을 찾아보자.

4
상대가 존중받는 느낌이 들게 하라

> 남과 멀어지게 되었을 때에는 곧 화합하라. 남의 장점은 추켜 주고
> 단점은 감추어 주라. 남의 부끄러운 곳을 건드리지 말고 비밀을 지켜 주라.
> – 우바새계경

결혼 전이나 신혼 초에 "주도권을 잡아야 한다."라는 말을 한다. 신혼 초에 상대방의 우위에 서야 한다는 것이다. 사소한 문제에서 시작된 부부싸움은 감정이 격해지며 점점 커진다.

치약 짜기에서 시작된 싸움은 물건을 던지는 사태로까지 발전한다. 부부싸움을 하는 도중에 생각해보면 왜 싸웠는지도 잊어버리는 경우가 많다. 싸움의 본질도 모른 채 말싸움만 하고 있는 것이다. 부부싸움이 반복되면 심각한 부부 문제로 발전한다. 깨만 떨어져도 행복한 신혼생활에 잦은 싸움은 서로에게 부정적인 영향을 준다. 감정이 부정적이면 괜히 회사에서도 싸웠던 일이 생각난다. 일이 잘 풀리지 않는다. 마음이 편

해야 일도 편하게 할 수 있다. 잦은 싸움에서 나오는 격한 발언은 서로의 마음에 돌이킬 수 없는 상처를 준다. 신혼 초에 주도권을 잡겠다는 생각은 옳지 않다. 이런 생각은 싸움에서 내가 이겨야 한다는 나 중심의 이기적인 생각이다.

부부싸움을 할 때도 상대를 존중하는 태도는 중요하다

신혼 초에는 타협이 중요하다. 타협은 나의 의견과 배우자의 의견을 조합하는 중간 지점이다. 결혼 생활을 어떤 식으로 해야 할지 함께 계획해야 한다. 서로의 목표를 함께 적어보고 원하는 것이 무엇인지 고민해보자. 집안일의 분담은 어떻게 할 것인지 아이는 언제 가질 것인지도 계획해보자. 5년 후 함께하는 모습은 어떤 모습일지 버킷리스트를 작성해보자. 그동안 살아온 생활이 다르기 때문에 부부의 타협점을 생각해 보는 것은 중요하다.

부부싸움에서 꼭 이겨야만 직성이 풀리는 사람이 있다. 승부욕을 부부싸움에서 발휘하는 것이다. 부부싸움에서는 승부욕을 발휘할 필요가 없다. 부부싸움에서 이기면 이길수록 배우자의 마음속에는 보이지 않는 화가 쌓인다. 부부싸움에서 이기면 그 당시에는 성취감을 느낄 수도 있다. 하지만 장기적인 방향에서 부부싸움에서 이긴다는 것은 그만큼 권위적이고 이기적이라고도 말할 수 있다. 오히려 부부싸움에서 아내에게 져주는 남편의 요구를 더 잘 들어주는 경향이 있다. 아내가 존중받는 느낌이 들기 때문이다.

부부싸움을 할 때 상대를 존중하는 태도는 중요하다. 우리가 부부싸움에서 흔히 하는 실수가 있다. 바로 비난과 비아냥거림이다. 이런 태도는 배우자에게 무시당한다는 느낌을 준다. 예를 들어 남편에게 "계약을 하고 싶어."라고 했을 때 "그것은 별로야."라고 부정적으로 말할 때 화가 난다. 부인은 계약을 하고 싶어 하는 것에 대해서 이야기한 것이다. 할 수도 있고 하지 않을 수도 있다. "그것은 별로야."라고 말을 하면 마치 계약에 대한 정보가 없이 무작정 혹해서 하는 느낌이 든다. 무시당하는 느낌이 드는 것이다. 남편이 아내가 하는 계약에 동의하지 않더라도 "내 생각에는 좀 더 생각해보고 했으면 좋겠어."라고 말했으면 좋았을 것이다. 물론 부인도 남편의 의견을 좀 더 고려하고 방어적이지 않게 말해야 했다.

'내 의견이 항상 옳다.'는 생각은 버려야 한다. '내가 손해 본다.'는 태도를 가지면 배우자와 잘 지낼 수 있다. 흔히 부부싸움에서 남자들은 참는다. 여자들이 바가지를 긁는다. 바가지도 계속 긁으면 습관이 된다. 습관적인 바가지 긁기는 자제하자. 흔히 아내가 바가지를 긁으면 남편들은 무시하며 안 들은 척 한다거나 다른 말로 화제를 돌리려고 한다. 침묵이다. 아내는 계속 바가지를 긁는다. 남편이 계속 회피한다. 그러다가 이것이 장기화되면 정서적 이혼상태에 이른다. 당장은 배우자가 참고 들어준 다고 해도 자꾸 한쪽이 참는 것이 반복되면 진정한 소통이 되지 않는다. 소리를 한번 지르고 물건을 던지기 시작하면 습관처럼 돼버린다. 왜 이렇게 돼버렸는지 너무 몰아세우진 않았는지 반성해보자. 항상 자신이 했던 말을 되돌아보자. 바가지를 긁는 경우 대체적으로 바로 보이는 눈앞의 단점만 지적한다.

아내들은 자신의 남편이 약간의 부족한 점만 채워지면 완벽한 사람이 될 것이라고 믿는다. 아내들은 단점을 지적해서 고쳐주고 싶다. 그래도 참고 돌려 말하는 연습을 해야 한다. 남편의 장점을 찾아보자. 장점을 찾아 먼저 칭찬해주자. 남편은 남편이기 전에 남자라는 사실을 잊지 말자. 남자들은 거울을 보며 자신감을 느끼며 사는 근거 없는 자신감 있는 사람이다. 남자들은 인정을 좋아한다. 우리는 아내이기 전에 여자, 남편이기 전에 남자라서 다른 점을 이해하기만 해도 화목한 가정을 만들 수 있다.

부부싸움의 원인이 자신에게 있다면 빨리 인정하고 사과하자

부부싸움을 할 때 싸움의 원인이 없는 경우도 있지만 싸움의 원인이 분명할 때도 있다. 싸움의 원인이 분명한 부부싸움에서는 자신의 잘못을 빨리 인정해야 한다. 그리고 배우자에게 정중하게 사과해야 한다. 이유 없이 늦게 들어와서 "늦을 수도 있지. 뭐 그런 것으로 걱정하고 그래."라고 말하면 아내의 분노는 더욱 커진다. 아내는 '무슨 일이 있지는 않을까' 걱정했다. 그런데 '그런 걱정이 아무것도 아니다.'라고 말하면 아내는 무시당한 느낌이 든다. 이럴 때 남편은 "당신이 걱정했는데 미안해. 나도 모르게 잠이 들어버렸네. 다음부터는 미리 연락하도록 노력할게."라고 하면 아내가 이해할 것이다. 똑같은 사건이 있어도 어떻게 대처하느냐에 따라 부부 사이가 좋아질 수도 있고 악화될 수도 있다. 상대방이 진심으로 사과를 하면 배우자도 진심으로 받아줘야 한다.

부부싸움을 한 후 말을 안 하는 경우도 있다. 이럴 때는 부부 중 한 명은 먼저 용기를 내야 한다. 적절한 타이밍을 봐서 침묵을 깨야 한다. 분명한 부부싸움의 원인이 있는데 사과를 하지 않고 넘어가면 부부 사이의 신뢰에 금이 간다. 자신이 잘못을 했다면 부부싸움을 한 후에 사과하자. 침묵이 장기간이 되면 부부 사이를 회복하기가 어려워진다.

배우자의 사생활을 존중하는 일은 중요하다. 일일이 배우자의 사생활을 감시하는 사람이 있다. 관심의 표현이기는 하지만 너무 심하면 힘들다. 배우자는 나의 소유물이라는 생각으로 핸드폰 검사도 하는 경우가 있다. 이런 행동은 하지 말자. 배우자를 믿자. 배우자에게도 여유를 주자. 부부 사이에서도 각자의 사생활과 예의는 지키려고 노력해야 한다. 배우자는 나의 소유물이 아니다. 때로는 배우자가 하는 행동이 마음에 들지 않더라도 넘어가 주는 센스가 필요하다. 사람은 누구에게나 감추고 싶은 비밀이 있다. 남에게 드러내기 싫은 흑역사 같은 일들이 있다. 지인들과 이야기를 할 때 배우자가 싫어하는 내용으로 놀리는 태도를 취해서는 안 된다. 지인들이 이런 태도를 취한다면 방어를 해주지는 못해도 같이 놀리는 태도를 보이면 안 된다. 당시에는 재미있을지 몰라도 집에 가면 상처가 된다. 연예인 부부들이 방송을 하고 집에 가서 싸우는 것과 비슷하다.

배우자의 말을 잘 들어 주는 적극적 경청은 아무리 강조해도 지나치지 않다. 적극적 경청을 해야 소통이 되고 상대의 진심을 들을 수 있다. 상대가 이야기를 하면 휴대폰을 본다거나 귀찮다는 식의 태도를 취하면 안 된다. 상대가 대화를 시작한다면 모든 것을 뒤로 하고 적극적으로 들어주도록 노력하자. 배우자가 말을 하고 있는데 끊고 자신의 말을 하려고 하면 안 된다. 말을 끊지 말고 끝까지 들어주도록 노력하자. 배우자가 하는 말을 잘 들어주고 그것을 요약해서 공감해주자. 배우자가 잘 들어주고 공감해줬을 때 속으로 내 편이 있다는 든든한 느낌이 든다. 힘이 나고 사회생활도 열심히 할 수 있다.

서로를 존중하는 것은 서로의 자존심을 살려주는 것이다. 아무리 화가 나도 밑바닥까지 인신공격을 해서는 안 된다. '이 말은 하면 안 될 것 같은데'라고 생각되면 하지 않는 것이 좋다. 자존심이 상처를 입으면 다시 회복하기까지 상당한 시간이 걸린다. 싸울 때 예전의 일을 되새기는 것도 피해야 한다. 더 큰 싸움이 될 수도 있다. 부부의 싸움에서 가족의 흉을 보지 않도록 하자. 가족에 대한 비난은 돌이킬 수 없는 싸움으로 번질 수 있다. 상대 가족에 대한 무시는 인격의 무시나 마찬가지다. 부부싸움을 할 때는 항상 그 문제 자체만 보려고 노력하자.

어릴 적 동생이 가끔 "야!"라고 하면 버럭 소리를 질렀던 기억이 난다. "누나!"라고 말하면 다시 마음이 누그러졌다. 존중이란 서로를 높게 생각하는 것으로 "야!"라는 말 한마디로도 욱할 수가 있다. 남매 사이에도 이런데 부부 사이에서는 어떨까? 부부는 남남이 만났으므로 더 조심해야 한다. 가족이 되어 편할 수도 있지만 항상 조금 불편한 거리를 두어야 한다. 그것은 서로에 대한 존중이 아닐까 싶다. 배우자를 존중하는 느낌이 들게 하자. 배우자를 존중해야 자신도 존중을 받을 수 있다. 배우자를 존중해야 아이도 존중하고 존중받는 이상적 부모를 닮아간다. 항상 상대가 있음을 감사하자. 배우자를 있는 그대로 인정해주려고 노력하자. 우리는 그토록 아름다운 사랑을 하지 않았던가? 결혼식을 생각하며 성혼 선언을 했던 초심을 잃지 말도록 노력하자. 사랑을 받는 것을 기대하기보다는 사랑을 주는 기쁨을 깨닫자. 존중하는 마음은 배우자를 사랑하는 마음이자 나를 사랑하는 마음이라는 것을 잊지 말자.

부부가 서로 해주는 행복의 한마디

남편이 이유 없이 늦게 들어왔다.

아내 : "연락을 해도 계속 연락이 안돼서 걱정했어."(○)

"왜 이렇게 연락도 없이 늦게 들어와? 당신은 꼭 그러더라."(×)

남편 : "늦을 수도 있지. 뭐 그런 것으로 걱정하고 그래."(×)

"당신이 걱정했는데 미안해. 나도 모르게 잠이 들어버렸네. 다음부터는 미리 연락하도록 노력할게."(○)

싸움의 원인이 분명한 부부싸움에서는 잘못을 빨리 인정하자. 배우자에게 정중하게 사과하자. 똑같은 사건이 있어도 어떻게 대처하느냐에 따라 부부 사이는 달라진다. 좋아질 수도 있고 악화될 수도 있다. 잘못이 있으면 진심으로 사과를 하자. 사과를 하면 진심으로 받아 주자.

5
감정은 표현을 통해서 전달된다

> 결혼은 나를 믿고 하는 것이다.
> 부모님도 나를 맡기 어려운데 배우자가 어떻게 자신을 맡아줄 상상을 하는가?
> – 김미경

우리는 하루에도 여러 번 감정의 변화를 느끼며 산다. 인간은 감정의 변화 없이 살 수 없다. 인간은 감정을 느끼면 표현하고 싶다. 감정을 표현하지 않으면 살 수 없다. 감정을 억제하며 사는 중년의 남성들도 술을 마시며 마음을 달랜다. 친구와 카페에서 커피를 마시며 수다를 떠는 것도 감정의 표현이다.

부부 사이에서는 감정 표현은 사랑이다. 감정 표현은 관계를 형성하는 데 꼭 필요하다. 드라마를 보거나 영화를 보며 눈물을 흘린 경험은 누구나 한 번쯤 있을 것이다. 눈물을 흘리고 나면 우리는 무언가 개운해진 느낌이 든다. 눈물은 슬픈 감정의 표현이다. 눈물은 자신의 슬픔을 끌어내는 공감의 눈물이다. 그렇다면 감정 표현은 왜 하는 것일까? 감정 표현을 하면 상대가 위로와 치유를 해주기 때문일 것이다. 감정을 표현했는데 반응이 없으면 오히려 서먹한 관계가 된다. 반대로 감정 표현을 하지 않으면 오해가 깊어진다. 감정 표현도 상황에 맞게 잘하는 것이 중요하다. 감정 표현을 잘하기 위해서는 어떤 것을 알아야 할까? 감정 표현을 잘하기 위해 필요한 것을 알아보도록 하자.

남자들의 문자를 본 적이 있는가? 놀랄만하게 문장과 대답이 짧다. "어디야? 집. 뭐해? 밥 먹어. 나올래?" 대답은 "응."이다. 감정 표현은 최대한 하지 않으려고 노력한다. 어릴 적부터 감정 표현을 억제하며 습관화됐다. 그들만의 언어이므로 뭐라고 할 생각은 없다. 하지만 여자들 사이에서는 상상할 수 없는 일이다. 여자들은 공감을 원하므로 이모티콘을 고민한다. 마지막 문자를 끝마칠 때 보내야 하는지도 고민한다. 단답형으로 문자를 보내면 여자들 사이에서는 친해지기 힘들다. 연애 초기에는 애인과 감정을 나누는 긴 문장의 대화를 한다. 그러다 시간이 지나면 남자들은 자신이 친구에게 사용했던 단답형의 문자를 한다. 공감능력이 중요한 여자들은 사무적인 단답형의 문자에 감정이 떠나기도 한다. 글과 문자는 감정의 표현이다. 단답형의 문자는 감정이 없다. 남자들 사이에서는 그렇다 쳐도 여자들과의 대화에서는 단답형의 문자는 보내지 말자. 특히 연인 사이에서는 감정 없이 문자하는 것은 피해야 한다.

감정 표현을 함으로써 감정이 조절된다

스스로 결정을 못하는 사람들이 있다. 특히 결혼이라는 큰일을 자신이 결정하지 못하고 누가 결정해준다면 위험하다. 결혼에서도 부모님이 추천해준 사람과 결혼해서 불행하면 탓을 한다. 하지만 부모님이 추천했을 뿐이지 결정을 하지 않았다. 의견은 참고만 할 뿐 결국 자신이 결정했다. 선택은 자신이 한 것이고 자신이 결혼해서 사는 것이다. 부모님이 추천해서 결혼해서 불행하다고 말하지 마라. 결정이 잘되면 내 탓, 잘 안되면 가족 탓이다. 자신이 쉽게 결정을 하지 못하는 이유는 문제가 발생하면 책임을 지기 싫어서다.

물건을 구매할 때도 결정을 못하는 사람이 있다. 물건을 구매할 때도 자신의 생각을 타인에 의존한 채 살고 있다. "남편한테 물어보고 올게요."라고 한다. 재정을 같이 운영하기 때문에 남편에게 물어봐야 한다. 하지만 남편에게 물어봐서 하지 말라고 하면 정말 하지 않을까? 결정은 자신이 하는 것이다. 이것은 자아정체감의 문제이다. 부모님 때문에 결혼했고 남편 때문에 불행한가? '때문에'라고 말을 하고 있다면 자신을 돌아봐라. 그리고 당장 자신의 감정을 표현하는 연습을 시작해라.

감정을 표현하면 마음이 개운하다. 감정 표현은 마음의 표현이다. 과학적으로 보면 감정 표현은 뇌의 활성화이다. 감정 표현에 따라 뇌의 반응도 활성화된다. 뇌 속에는 대뇌 변연계 안에 아주 작은 편도체가 있다. 편도체에서 감정을 느낀다. 전전두피질에서는 감정을 억제하며 조절한다. 인간은 전전두피질이 있기 때문에 동물과 구별되는 것이다. 최근 캘리포니아대 심리학과 매투 리버먼Lieberman 교수팀에 따르면 감정을 표현하면 편도체의 활동이 줄어들고 전정두피질이 활성화돼서 격한 감정이 누그러진다고 한다. 표현을 함으로써 감정조절이 되는 것이다. 감정 표현은 처음에는 어렵지만 하면 할수록 정서적 안정감을 느낄 수 있다. 감정을 잘 표현할수록 긍정적 관계를 만들어 갈 수 있다.

결혼 생활에서도 자아정체성을 찾고 진정한 자신을 표현하자

현대인들은 "귀차니즘이 있다.", "조용히 살고 싶다."라고 말한다. 직장에서 감정노동을 많이 하고 스트레스를 받는다. 평소에 일하느라 너무 힘들었다. 그러므로 아무것도 하기 싫다. 아무것도 하기 싫을 때 찾아오는 것이 있다. 바로 '지름신'이다. 충동구매를 하고 나면 행복감과 만족감이 온다. 여기서 주목할 점은 지름신이 와서 산 물건이 진짜 '나의 의지로 산 물건일까?'라는 것이다. 나 역시 '지름신'이 자주 찾아왔다. 홈쇼핑에 중독되기도 했다. 나는 필요 없는 물건을 많이 샀다. 결혼 초기에 이런 점이 심했다. 광고를 하는 물건들이 예뻐 보이고 생각 없이 샀다. 물건을 가지고 싶을 때는 '저 물건만 있으면 행복해질 거야!'라고 생각했다. 하지만 그 물건을 사고 나면 또 다른 물건이 사고 싶어졌다. 심지어 구매를 하고 안 뜯고 그대로 둔 경우도 있었다. 반품도 귀찮다. 시간이 지나면서 물건들이 쌓여갔다. 쓸모없는 물건이 많아졌다. 남들이 샀다고 하니까 눈앞에 보이는 것을 샀다. 이것은 유행을 만든다. 어느 순간 깨닫게 됐다. 충동구매는 나의 욕심이라는 것을 말이다. 충동구매는 내가 필요해서 산 것이 아니라 '타인의 권유'에 의해 산 것이었다. 충동구매는 타인의 마케팅에 의해 설득된 것이었다.

최근 검색의 트렌드가 영상 쪽으로 변화했다. 현대인들은 '생각하기'를 싫어한다. 영상은 '직접 생각하기'를 대신한다. 영상을 보고 재해석을 하면 자신의 것이 된다. 하지만 그대로 받아들인다면 보는 것을 믿게 된다. 검색 트렌드가 바뀐 이유도 정확한 영상을 생각하지 않고 보기 위해서라고 생각한다. 잠재의식이 깨어 있는 것은 중요하다. 잠재의식이 깨어 있으면 나를 객관적으로 볼 수 있다. 자신이 필요한 것과 필요 없는 것을 쉽게 구분한다.

의식이 깨어 있는 것과 아무 생각 없이 '조용히 지내는 것'은 다르다. 조용히 지내는 것과 생각 없이 지내는 것이 편하다고 생각할 수 있다. 하지만 조용히 지내는 것은 감정대로 사는 것이다. 타인의 의지로 사는 것이다. '내 안의 진정한 나'를 깨우기는 힘들다. 감정대로 살고 조용히 사는 것이 나중에 더 불행하다. 타인의 의지로 살았기 때문에 진정한 자신을 찾기 힘들어진 것이다.

잠재의식을 강조한 이유가 있다. 잠재의식이 깨어 있어야 진정한 감정 표현을 할 수 있기 때문이다. 결혼 생활에서도 부부 사이가 서로를 감정적으로만 대하지는 않았는지 생각해보자. 진정한 내가 깨어나는 것은 자아정체성을 찾는 것이다. 자아정체성을 찾으면 자신을 객관적으로 볼 수 있게 된다. 탓을 하기보다는 자신을 돌아보게 된다. 정확한 감정 표현과 행복한 결혼 생활을 위해서는 자신을 바라봐야 하는 것이다. 김미경 강사는 김미경TV에서 "결혼은 나를 믿고 하는 것이다. 부모님도 나를 맡기 어려운데 배우자가 어떻게 자신을 맡아줄 상상을 하는가?"라고 했다. 그렇다. 결혼을 할 때 우리는 좋은 배우자가 우리를 맡아줄 상상을 한다. 하지만 결혼 생활에서는 내가 능동적으로 배우자를 맡을 생각을 해야 행복하다. 내가 맡겨지는 것은 왠지 싫지 않은가?

결혼 7년차가 된 지금 나는 많은 물건이 행복을 대신해주지 않는다는 것을 안다. 필요 없는 것은 안 사려고 노력한다. 또한 필요 없는 물건을 버리는 연습을 하고 있다. 쉽지는 않다. 하지만 앞으로도 쓸모없는 물건 버리기는 계속할 것이다. 상품 구매할 때도 "요즘 어떤 거 많이 사나요?"라고 물어보고 사는 습관을 버릴 것이다. 내가 진정으로 원하는 것을 사고 싶다. 똑같은 상품을 사더라도 자신에 맞게 재해석하는 것이 필요하다. 어떤 상품도 완벽한 것은 없다. 자신에게 딱 필요한 것을 사는 것이 완벽한 것이다. 자신에게 딱 맞는 물건을 산다는 것은 자신의 정체성을 찾는 것이다. 사소한 것을 결정하는 일도 자아정체성을 찾는 연습이다. 어떤 일을 할 때 쉽게 결정하지 못한다면 바로 결정하는 연습을 해라. 이 것은 진정한 나를 만나는 자아정체성을 찾는 과정이다. 진정한 표현하기의 기초가 된다. 감정은 표현을 통해서 전달된다. 감정을 억제하고 조용히 살면 감정대로 살게 된다. 감정 표현을 연습하자. 감정 표현을 할 때 진정성 있고 자유롭게 말하자. 자아정체성을 찾으면 진정성 있는 감정 표현이 가능하다. 그동안 표현하지 않고 감정을 억제하고 살았는가? 감정 표현을 통해 진정한 나를 찾고, 진정성 있는 소통을 하자.

부부가 서로 해주는 행복의 한마디

"만사가 귀찮다.", "조용히 살고 싶다."(×)
"나를 드러내자. 나를 표현하며 살자!"(○)

감정은 표현을 통해서 전달된다. 감정을 억제하고 조용히 살면 감정대로 살게 된다. 잠재의식을 깨워서 진짜 나를 찾자. 감정 표현을 연습하자. 감정 표현을 하면 진정성 있고 자유롭게 말할 수 있다. 감정 표현을 통해 진정한 나를 찾고, 진정성 있는 소통을 하자.

6
상대의 진심을 알아주는 대화를 하라

> 남자든 여자든 욕구수준이 높아졌다.
> 정서적 지지를 받으며 진짜 자기를 마음껏 표현하고 싶어 한다.
> 기존의 결혼이 남성과 여성의 성역할을 강조했다면
> 현대의 결혼은 마음을 나누는 단계로 발전했다.
> – 존 그레이의 『화성남자와 금성여자를 넘어서』 중에서

국민가수라고 불리는 가수들의 공통점을 아는가? 바로 진심을 잘 표현하고 공감을 잘 유도한다는 것이다. 국민가수는 전 연령층에서 사랑을 받는다. 그들의 노래를 자세히 듣고 있으면 가슴에 울림이 퍼진다. 〈나는 가수다〉라는 프로그램에서는 이미 정상에 올라와 있는 국민가수들이 혼신의 힘을 다하여 노래를 불렀다. 그들은 이미 프로가수들이다. 정상급 가수들이다. 하지만 다시 한 번 자신에게 도전장을 내민다.

그들은 자신의 이름을 내걸고 장인정신을 발휘한다. 온몸으로 자신을 표현한다. 하나하나 세부적인 사항을 체크하고 도전하는 모습에서 우리는 진정성을 느꼈다. 노래가 끝날 때쯤 관중들은 자신도 모르게 감동의 눈물을 흘리고 있었다. 이 '감동의 눈물'의 의미는 무엇일까? 이 눈물의

의미는 진정성 있게 자신을 드러내는 가수들을 보며 느끼는 눈물이다. 관객은 자신도 모르게 '나는 누구인가?'라고 생각하는 정체성의 눈물을 흘렸다. 진심은 감동을 주며 마음을 움직인다. 진심은 돌처럼 굳어 있는 마음속의 내면을 깨뜨릴 수 있다.

상대의 진심을 알아주는 진정성이 가장 중요하다

나는 진정성이 가장 중요하다고 생각한다. 진정성은 진실이며 진리이다. 내가 결혼을 할 때 가장 중요하게 생각했던 것도 남편의 진정성이었다. '얼마나 배우자와 소통이 잘되고 마음을 잘 알아주는가?'를 가장 중요하게 생각했다. 연애를 할 때는 전화를 몇 시간을 해도 시간이 짧게 느껴진다. 시간이 짧게 느껴지고 자꾸 만나고 싶어지는 이유는 애인이 자신을 잘 이해하고 있다는 느낌 때문이다. 그런데 결혼을 하면 얼마나 진심을 다하여 진정성을 표현하고 있는가? 나도 돌이켜보면 당장 내 앞에 펼쳐진 독박 육아 때문에 힘든 마음을 남편에게 많이 표현했던 것 같다.

속마음은 그게 아닌데 자꾸 다른 방향으로 말이 나온다. 속마음은 '힘든 내 마음을 알아주었으면'이었다. 하지만 밖으로 나오는 말들은 "힘들다."는 부정적인 말들이었던 것 같다. 혼자 육아를 해야 하는 현실 속에서 긍정적인 마음을 갖는 것은 쉽지 않다. 부부갈등이 지속되면 진심과 진정성을 표현하는 것조차 어색할 수도 있다. 말이 어렵다면 메신저 메시지나 편지 같은 것들로 진심을 표현하고자 노력해보자. 백지에 편지를 쓰다 보면 상대를 비난하고 있는 자신을 만날 수도 있다. 이때 배우자를 향한 비난적인 말을 긍정적으로 고쳐서 배우자에게 전달해보자. 배우자가 진심을 느꼈다면 자신도 노력해볼 것이라고 답을 줄 것이다.

대한민국 정부와 현대 여성들과의 진심이 통하지 않는 부분에서 발생하는 문제가 있다. 바로 출산율의 문제다. 그동안 출산율 대책을 계속 세웠음에도 불구하고 출산율이 계속 하락했다. 이것은 현대 여성들과의 소통의 부재이며 진심의 부재라고 할 수 있다. 올해 출산율은 0.95명이 된다고 한다. OECD 35개 국 중 꼴찌다. 도대체 왜 아이를 낳지 않는 것일까? 이번 대책으로 출산장려금 250만원과 아동수당을 만 9세까지 준다고 한다. 과연 출산장려금을 주는 것과 아동수당을 늘리는 것으로 출산율을 늘릴 수 있는 것일까? 물론 이쪽에 예산을 많이 늘리고 있는 것은 관심 있게 생각한다는 것으로 긍정적이다. 그러나 그동안의 대책에도 불구하고 출산율이 점점 하락하는 것에는 근본적인 문제가 있다.

여자를 아이를 낳는 수단으로 봐서는 안 된다는 것이다. 아이 낳기 좋은 세상의 기본은 전통적 유교적 결혼관의 인식을 개선하는 것으로부터 시작할 수 있다. 에코 세대는 이제 더 이상 유교적 전통적 결혼관을 따르지 않는다. 할 말은 하고 사는 세대이다. 무조건 참지 않는다. 우리나라의 고려시대 전통은 여성우위 시대였다. 이제 조선의 짧았던 유교적 전통은 버려야 할 시대가 왔다. 우리는 무조건 유교적 전통을 따르지 않는다. 1990년생의 세대는 우리와는 더 다르다. 더 자신만의 것을 중요시하는 세대이다. 출산에 대한 인식 개선 없이 계속 전통적 유교적 결혼관을 따르라고 강요한다면 대한민국의 출산율은 늘지 않을 것이다.

아이를 낳으면 힘들지만 아이가 주는 기쁨이 크다. 첫째를 낳아서 혼자 놀고 있는 모습을 보면 둘째를 낳고 싶은 마음이 생긴다. 하지만 현실을 생각하면 그렇게 할 수가 없다. 아이를 낳게 되면 당장 맞벌이를 그만둬야 한다. 어린이집도 시간이 정해져 있다. 6시까지나 7까지 딱 맞춰서 어린이집을 가야 한다. 만약 아이가 아파서 입원을 하면 큰일이 난다. 입원을 하면 간병을 해야 하는데 회사에 출근해야 하기 때문이다. 맞벌이 엄마는 극심한 스트레스에 시달린다. 한 명은 혼자 어떻게 키울 수도 있다. 첫째만 있을 때와 둘째까지 있을 때 의 육아 노동은 심각한 수준으로 늘어난다. 아이가 둘이면 맞벌이는 못 한다고 보면 된다.

맞벌이를 하는 집을 보면 대부분 조부모님들이 도와주고 있다. 실제로 둘째를 고민하는 친구에게 나는 둘째를 낳으라고 추천하지 못한다. 둘째가 주는 기쁨이 크지만 감당해야 할 엄마의 몫이 늘어나기 때문이다. 도와주는 사람이 없으면 현실적으로 대한민국에서 둘째를 낳기는 힘들다.

출산장려금을 주는 것도 좋다. 하지만 아이를 낳은 후가 더 중요하다. 아이를 낳은 후에 제도가 잘 정비되었으면 좋겠다. 예산이 많이 들겠지만 하나씩 시도해봐야 한다. 정부와 육아 현실 사이에서 진정성이 통한다면 저조한 출산율도 극복할 수 있을 것이다.

부부 사이에서 진정성을 전달하는 4가지 방법

부부 사이에서 진심은 어떻게 느껴지는 것일까? 첫째, 긍정적 태도를 가지자. 위에서 말했듯이 진심은 최선을 다했을 때 느낄 수 있다. 자신의 열과 성을 다할 때 표현될 수 있다. 자신의 감정을 솔직히 표현하자. 다만, 비난과 방어적 말투를 섞으면 안 된다. "당신이"라고 비난하기 전에 "나의 감정은 이렇다"는 '나 대화법'을 적극 활용하면 좋다. 배우자에게 말을 표현하기 전에 한 번 더 생각하고 표현하도록 하자.

부정적 감정을 빼자. 최대한 있는 사실에 근거해서 표현하도록 하자. 상대방을 바라보는 긍정적 태도에서 진심은 통한다고 할 수 있다. 긍정적인 생각을 가지자. 이렇게 말하면 "에이, 또 뻔한 이야기한다."라고 이야기할지도 모른다. 물론 긍정적인 생각을 가져도 육아 현실은 바뀌지 않는다. 하지만 항상 부정적인 말버릇과 부정적인 시선으로 세상을 바라보면 고통이 더 심해진다. 배우자에게 진심을 전하려면 긍정적 태도를 가지도록 노력하자.

둘째, 배우자의 입장이 되어 경청하자. 블로그를 하다 보면 쓴 글은 읽지도 않고 무조건적인 공감을 하는 사람들이 있다. 이런 태도는 블로그 지수를 높이기 위한 것이다. 하지만 실제로 블로그 지수에는 좋지 않은 영향을 끼친다. 글을 읽지도 않는 공감이 진정성이 있겠는가? 진정한 공감은 마음으로 들어주는 것이다. 누구나 사람은 위로받기를 원한다. 배우자에게 진심을 전달하려면 배우자의 입장이 되어봐야 한다. 배우자의 마음은 어떨지 상상해보는 연습을 하자. 입장을 바꿔놓고 생각해보는 연습을 하자. 어떻게 위로를 해줘야 진정으로 위로를 할 수 있을지 상상해보자. 진심은 노력이고 적극적 경청이다. 배우자의 입장이 되어 마음으로 경청하자.

셋째, 자신이 먼저 행복하자. 자신이 행복해질수록 함께할 때 더 행복하다는 사실을 잊지 말자. 무조건 현실을 탓하고 배우자의 탓을 하기보다는 자신을 돌아보는 일을 많이 하자. 자신이 평소에 느끼고 말하는 것들을 영상 촬영을 해보거나 일기로 적어보는 것도 좋다. '나는 누구인가?'라는 질문은 평생 해야 한다. 진정한 나를 만나는 연습을 해야 진정한 타인을 바라볼 수 있다.

넷째, 상처를 공감하자. 서로에게 진심을 느끼기 위해서는 배우자의 상처를 어루만져줘야 한다. 누구나 어린 시절에 상처를 입었던 내면 아이가 존재한다. 우리의 몸은 이미 성인이 되었다. 하지만 어릴 적 마음의 상처가 그대로 멈춰 있는 지점이 있다. 어릴 적 힘들었던 기억을 어루만져주면 진정성을 느낄 수 있을 것이다. 과거의 일을 어떻게 극복할 수 있을지 함께 생각해본다면 서로를 더욱 잘 이해하게 되고 진정성을 느낄 수 있다.

존 그레이의 『화성남자와 금성여자를 넘어서』에서는 마음을 나누는 단계에 대해 말하고 있다. "남자든 여자든 욕구수준이 높아졌다. 정서적 지지를 받으며 진짜 자기를 마음껏 표현하고 싶어 한다."고 말한다. 기존의 결혼이 남성과 여성의 성역할을 강조했다면 현대의 결혼은 마음을 나누는 단계로 발전했다는 것이다. 우리가 직면한 현실 때문에 부부관계가 멀어질 수도 있다. 하지만 우리는 대화로 소통해야 한다. 대화 속에는 진정성이 있다. 진정성이 통해야 진정한 소통이 된다. 부부 사이에서 진정성 있는 소통을 하려고 노력하자. 진정성 있는 소통은 현실이다. 진정성은 현실세계로부터 스트레스를 줄이고 부부 사이를 끌어당기는 관계가 되도록 해줄 것이다. 상대의 진심을 알아주는 대화가 시작된다면 우리는 더욱 더 행복한 결혼 생활을 할 수 있을 것이다.

부부가 서로 해주는 행복의 한마디

서로 원수가 되는 대화

남편: "오늘 밤 축구 경기 진짜 재미있을 거야!"

아내: "으휴, 지겨워. 맨날 축구 타령! 축구 볼 시간 있으면 청소나 좀 해요!"

상대의 말을 비웃거나 무조건 반박하는 것은 서로 원수가 되는 대화이다.

다가가는 대화

아내: "오늘 종묘 쪽을 지나다 보니까 벚꽃이 한창이더라."

남편: "나도 오늘 뉴스 보니까 벚꽃이 절정이라던데."

경청, 공감, 호응, 관심 이런 것들은 점점 둘을 가깝게 하고, 연결시키고, 즐겁게 만든다.

– 최성애, 『행복수업』중에서

7
부부 사이에 이심전심은 통하지 않는다

> 모든 사람은 다른 사람을 통해 자신을 볼 수 있다.
> – 오쇼 라즈니쉬

가족이나 지인과 전화를 할 때 동시에 전화를 해서 통화 중일 때가 있다. 우리는 이럴 때 텔레파시가 통했다거나 "마음이 통했다."라고 말한다. 무수히 많은 시간 중에 동시에 통화버튼을 누르기란 쉬운 일이 아니기 때문이다. 이런 일을 겪고 나면 놀랍고 당황스럽다. 하지만 '역시 마음이 통한다.'는 마음이 들어 기쁘기도 하다. 친하기 때문에 가족이기 때문에 말을 하지 않고 마음만으로 해결되는 것을 기대하는지도 모른다.

결론적으로 말을 하지 않고 마음이 통하는 것을 확인하면 감동이 있다. 하지만 현실에서 이런 경우를 많이 기대하는 것은 위험하다. 사람은 개개인의 특성이 다르고 생각과 입장이 다르기 때문이다. 흔히 부부는

'이심전심', '일심동체'라는 말을 하는데 이 말은 잘못되었다. 부부가 한마음일 수는 없다. 한마음이 되도록 노력하는 것이 결혼 생활을 잘하는 것이다. 행복한 결혼 생활을 위해서는 정확한 표현을 하는 것이 좋다. 정확한 표현을 하는 것은 진정한 마음을 전하는 것이라는 것을 잊지 말자.

마음만으로 의도를 파악하기는 어렵다

예능의 레전드 〈무한도전〉에서는 텔레파시만을 이용해 7명 전원이 한곳에 모여야 퇴근을 할 수 있는 특집을 한 적이 있다. 멤버들은 처음에는 당황스러워했다. 하지만 곧 텔레파시를 시도한다. 멤버들은 각자가 추억하는 장소로 간다. 예상치 못한 곳에서 서로를 만나 반가움과 그리움을 느낀다. 결국 밤 11시가 되어 한 장소에 모일 수 있었다. 자신이 느끼는 마음만으로 텔레파시를 했다. 밤이 되어서야 서로 만날 수 있었다. 마음만으로 멤버들이 만나는 것은 감동이 있다.

하지만 서로의 마음만으로 한 가지 일을 하는 것이 얼마나 어렵고 시간이 많이 걸리는지를 볼 수 있었다. 만약 메시지를 보낸다거나 전화를 했다면 빠른 시간에 만났을 것이다. 이 프로그램을 보면서 어떤 것을 정확하게 표현하는 것과 정확한 목표를 가지는 것이 얼마나 서로의 관계에서 중요한 것인지 단적으로 볼 수 있었다.

아내들은 공감을 해주는 것을 좋아한다. 그래서 남편들보다 '이심전심'을 바라는 경우가 더 많은 것 같다. 한마디 하면 '척!'하고 두세 가지를 하기를 바란다. 하지만 현실은 다르다. 남편은 냉장고를 열어서 바로 앞에 있는 것도 못 찾는다. 속이 터진다. 그래서 아내들은 남편을 시키는 것에 지친다. 남편을 시키는 것을 포기한다. 시키는 것이 더 힘들다. 그리고 아내는 마음의 문을 닫는다. 감정적 침묵의 상태가 시작된다. 자신이 모든 것을 다한다. 포기하고 아내 혼자서 모든 것을 다하면 겉으로는 문제없어 보인다. 하지만 아내 마음의 벽은 높아진다. 나중에는 관계가 더 힘들어진다.

그렇다면 무엇을 어떻게 하란 말인가? 아내도 남편에게 정확하게 말해야 한다. 자신의 마음을 남편이 알아주기를 바라는 기대를 해서는 안 된다. '이심전심'을 바라면 기대가 커진다. 상대가 기대에 못 미치면 실망도 커진다. 실망이 커지면 서운함이 커진다. 갈등이 시작된다. "이것 좀 버려줘."보다는 "7시까지 쓰레기 분리수거 좀 해줘."라고 정확하게 말하는 것이 더 효율적이다.

가정에서 모든 일은 함께하는 것이다. 그래서 '부탁을 한다.'는 말 자체에도 거부감을 느끼는 여자들도 많을 것이다. 가장 좋은 것은 알아서 해주는 것이다. 하지만 현실이 그렇지 않으니 정확한 표현을 하자. 시키는 것이 더 힘들어 포기하는 일은 하지 말자. 남편이 조금은 서툴러도 이해하자. 완벽할 거라는 기대는 버리자. 힘들더라도 함께 하도록 노력하자. 꼭 집안일 측면에서 뿐만 아니라 함께 한다는 것은 가족 전체의 관계에 긍정적인 영향을 끼친다. 우리나라는 아직도 인식 개선이 많이 되지 않아서 성역할을 강조하는 측면이 많다. 그러나 누구도 집안일을 하려고 결혼하지는 않았다. 우리는 결혼을 함으로써 이해를 받고 공감을 받기 위해 결혼을 했다. 성장하기 위해 결혼을 했다. 결혼을 해서 서로가 빛나는 동반자적 관계로 서로를 인식하자. 서로를 동반자적 관계로 인식하면 서로 자기 일이라고 생각할 것이다. 자발적으로 하게 될 것이다.

내가 진짜 원하는 것이 무엇인지 파악하고 정확하게 말하자

배우자에게 이심전심을 기대하는 마음을 피하기 위해서는 어떤 연습을 해야 할까? 먼저 자신의 감정을 자신이 알아야 한다. 상대의 마음이 나의 마음과 같기를 바랐다면 진짜 내가 원하는 것이 무엇인지 파악해보자. 상대에게 기대를 하기 전에 자신의 마음을 적어보자. 생각을 하는 것과 직접 적어보는 것은 다르다. 백지에 적어보면 객관적으로 자신이 원하는 바가 드러날 것이다.

상대에게 말하기 전에 자신이 원하는 바가 무엇인지 알고 정확하게 말해야 자신의 의도를 전달할 수 있다. 자신의 마음을 몰라준다고 무조건 상대를 비난해서는 안 된다. 자신의 감정을 알지 못한 채 보이는 대로 상황을 말하는 것은 상대에게 상처를 줄 수 있다. 배우자를 향한 무조건적 비난은 피하자. 우리는 평소에 자신을 정확하게 표현하는 연습을 해야 한다. 그리고 객관적으로 자신을 보는 연습을 해야 한다. 자신의 의도를 배우자에게 정확하게 전달함으로써 불필요한 오해를 줄일 수 있다. 자신의 의도가 잘 전달되면 배우자가 자신의 마음을 알아준다. 선순환이 반복된다.

모든 상황에서 객관적으로 상황을 바라보는 것은 힘들다. 자신이 가진 부정적인 감정들을 인식하는 것은 힘들다. 인식을 깨부수는 일은 매우 힘들다. 하지만 우리는 우리를 둘러쌓고 있는 마음의 방어벽들을 깨자. 진정한 나를 만나는 일을 해야 한다. 내가 누구이고 어떤 사람인지 자신이 인식해야 한다. 그래야 객관적으로 세상을 바라볼 수 있다. 상대방의 처지가 되어보는 공감능력이 향상될 수 있다. 내가 이기적이고 방어적이었더라면 천천히 하나씩 바꿔가는 노력을 하면 된다. 자신의 부족한 부분을 인정하고 개선하려는 의지가 있을 때 우리는 배려도 할 수 있다. 공감도 할 수 있다.

매사에 의식이 부정적이고 비꼬거나 비난하는 말버릇을 가진 사람들은 상대방에게 상처를 준다. 자신도 행복하지 못하다. 게다가 그들은 남들의 단점만 본다. 단점을 개선하려고 한다. 그러므로 우리는 자신을 객관적으로 인식하고 긍정적인 의식을 가지도록 노력해야 한다. 상대의 장점을 찾아서 보도록 노력해야 한다. 소리를 크게 지르는 말버릇도 고쳐야 한다. 상대를 비난하거나 비꼬는 말버릇을 버리자. 상대를 배려하는 부드럽고 따뜻한 말버릇으로 개선하도록 하자.

이러한 노력이 하나씩 더해져 우리는 진정성 있는 자신을 만들어 갈 수 있다. 배우자에게 이심전심을 바라지 말자. 자신의 의도를 배우자가 들어주면 마음이 공감과 배려와 인정을 받았다는 느낌을 받게 된다. 행복한 마음을 느낄 수 있다. 항상 자신에게 처해진 여러 가지 일들을 긍정적으로 바라보도록 노력하자. 상대의 존재, 가족의 존재에 대해 감사하는 마음을 가지자. 세상을 긍정적으로 바라보자. 마음이 풍요로울 때 우리는 진정 행복을 느낄 수 있다. 한 사람의 행복은 가족의 행복을 만든다. 가족의 행복은 사회 전체를 행복하게 할 수 도 있다. 그러므로 우리는 항상 긍정, 배려, 감사하도록 노력하자.

이심전심이란 마음과 마음이 통한다는 것이다. 마음과 마음이 통하는 것은 생각만큼 쉽지 않다. 직접적이고 정확하게 표현하지 않으면 문제의 핵심을 피해서 돌아가게 된다. 부부가 소통할 때는 '정확하게 요구하는 것이 무엇인지' 생각하며 말하자. 배우자는 독심술이 없다. 배우자가 자신의 마음을 알아줄 거라는 생각은 버리자. 배우자에게 자신의 감정을 정확하게 표현하는 연습을 하자. 아무리 가까운 사이라고 해도 정확하게 말하지 않으면 오해가 생긴다. 말을 하지 않고 마음이 통하는 느낌을 서로에게 기대하면 오해가 생긴다. 아내의 마음은 남편의 마음과 같을 수 없다. 부부는 성별부터 다른 사람들이었다. 애초부터 이런 기대를 하는 것이 오류다. 배우자가 나의 마음을 저절로 알아줄 것이라는 착각은 버리자.

"떡 줄 사람은 생각도 하지 않는데 김칫국부터 마신다."라는 말이 있다. 부부가 자신의 마음과 같을 거라는 기대를 한다. 결국 김칫국을 마실 수도 있다. 부부 사이에서 이심전심을 기대하지 말자. 부부 사이에서는 진정한 소통을 많이 해야 마음이 통할 수 있다. 진정한 소통이란 이심전심을 기대하는 마음이 아니다. 자신의 의도와 마음을 잘 표현하는 것이야말로 진정한 소통의 핵심이다. 우리는 항상 '부부 사이에 이심전심은 통하지 않는다.'는 사실을 명심하자.

부부가 서로 해주는 행복의 한마디

"당신은 또 쓰레기를 안 버렸더라. 이것 좀 버려줘."(×)

"7시까지 쓰레기 분리수거 좀 해줘."(○)

상대에게 말하기 전에 자신이 원하는 바를 파악하자. 자신의 마음을 몰라준다고 무조건 상대를 비난하지 말자. 배우자는 저절로 당신의 마음을 알아줄 수 없다. 부부 사이에 이심전심은 통하지 않는다. 평소에 자신을 정확하게 표현하는 연습을 하자. 객관적으로 자신을 보는 연습을 해야 한다. 자신의 의도가 잘 전달되면 배우자가 자신의 마음을 알아준다.

4장

상처뿐인 관계를 회복하는 소통 원칙

1
결혼 자존감을 높여라

> 다른 사람과 관계를 맺는 데 있어 무엇보다 먼저 알아야 할 것은
> 상대의 독특한 행복 추구 방식을 그대로 인정해주어야 한다는 점이다.
> – 데일 카네기

인간은 누구나 자신의 모습을 객관적으로 보지 못한다. 내 눈으로 세상을 보기 때문이다. '내가 생각하는 이상적인 나'와 '다른 사람이 보는 나'는 다르다. 내가 싫어하는 나의 모습을 마주한다는 것은 무척이나 어렵다. 소개팅을 할 때 어김없이 '내가 제일 싫어하는 타입'이 내 옆에 앉아 있는 것은 왜일까? 이유 없이 짜증이 나거나 싫은 사람이 있다. 그 사람은 내가 마주하기 싫은 또 다른 나의 모습일지도 모른다.

우리는 얼마나 자신을 사랑하고 있는가? 우리는 자신을 드러내며 살고 있는가? 자존감을 높이는 것은 결혼을 해서도 필요하다. 결혼을 하면 자존감이 높았던 사람도 주춤해진다. 결혼 생활에서 자존감을 지키기가 어

렵기 때문이다. 하지만 자존감을 지키도록 노력해야 한다. 부부의 자존감이 행복한 결혼 생활을 유지하기 위한 열쇠이기 때문이다. 결혼 자존감을 높일 수 있도록 노력해보자.

마주하기 싫은 나를 객관적으로 바라보기는 어렵다

20대 때는 SNS로 나를 드러냈다. 사진도 올리고 나의 생각과 노래로 나만의 홈페이지를 꾸미는 일이 재밌었다. 많은 사람들과 소통하기보다는 진정성 있는 사람들과 소통하는 것이 좋았다. 나의 SNS가 단절되기 시작한 것은 결혼을 하고서인 것 같다. 점점 나를 드러내는 일이 싫었다. 사람들이 나에게 관심을 갖는 일이 부담스러웠다. 그렇다고 육아 일기처럼 아이를 올리는 것도 내키지 않았다. 행복한 척 하는 일도 하기 싫었다. 나는 점점 SNS를 멀리했다. 하지만 내 안에 글을 쓰고 싶은 욕구는 항상 있었다. 나는 비공개로 나만 볼 수 있게 가끔씩 일기를 썼다. 지금 그 일기를 보면 그때의 느낌이 어땠는지 알 수 있다.

최근 나는 영상 찍는 법을 배웠다. 영상으로 내가 나를 본다는 것은 힘든 일이었다. 영상을 찍으면서 느낀 점은 '나는 나를 잘 드러내지 못한다.'는 점이다. 나는 '나'를 모니터로 보는 것이 부담스러웠다. 눈치를 보며 어디론가 숨어버릴 것 같은 내 모습이 보기 싫었다. 나는 왜 나를 보는 것이 고통스러울까? 영상은 자신의 모습을 객관적으로 보여준다. 나의 모습을 객관적으로 보여주면서 '마주하기 싫은 나'를 만나는 것이다. 그것은 '내가 되고 싶고 하고 싶은 나'와 '현재의 나'가 다르기 때문이다. 이것은 '자존감과 자아정체성의 문제'라고 할 수 있다.

나를 드러내는 자존감은 무엇일까? 자존감이란 자아존중감의 줄임말이다. 1890년 미국인 의사이자 철학자인 윌리엄 제임스가 처음 사용했다. 로젠버그는 "자기 자신의 가치에 대한 긍정적인 평가 또는 태도"라고 풀이했다. 자신이 사랑받을 가치가 있는 소중한 존재이며 유능한 사람이라고 스스로 믿는 마음을 자존감이라고 했다. 자존감은 스스로 자기를 믿는 마음이며 타인이 바라보는 점은 아니다. 자존감은 자아정체성을 형성하는 기본 뼈대라고 할 수 있다. 따라서 자존감이 높은지 낮은지에 따라 자신의 자아정체성이 결정되기도 한다. 자존감은 선택이나 결정에 영향을 끼친다. 특히 엄마의 자존감은 아이들에게도 많은 영향을 끼치므로 자존감이 낮다면 높이도록 노력해야 한다. 그렇다면 자존감이 낮은 사람들의 특징은 무엇일까? 자존감이 낮은 사람들은 남의 시선을 많이 의식한다.

항상 남이 자신을 어떻게 생각할까? 이상하게 생각하지 않을까에 초점이 맞춰져 있다. 무시당하면 화가 난다. 남의 평가에 예민하게 반응하고 거짓말로 자신을 포장한다. SNS를 하면서 가상의 행복한 모습을 드러내기도 한다. 그때 긍정적 반응에만 만족감을 느끼고 평가가 좋지 않으면 흔들린다. 반면 자존감이 높은 사람들은 성공할 것이라는 끊임없는 믿음이 있기 때문에 평가에 연연하지 않고 자기 할 일을 한다. 자존감이 높으면 실패를 하더라도 다시 성공할 수 있다는 믿음을 갖는다. 변화를 두려워하지 않는다. 비교하지 않고 자기 자신의 성장에 초점을 맞춘다. 자존감이 높은 사람은 똑같은 일을 해도 긍정적 방향으로 나아갈 수 있다.

자아정체감을 높이는 것이 행복한 결혼 생활을 하는 지름길이다

자존감이 뼈대라면 자아정체감은 자존감에 독립심이 더해진 것이라고 볼 수 있다. 자아정체감이란 '나는 누구인가'라고 생각하면 된다. '부모의 말이 정답이고 진리이다.'라는 단계에서 벗어나 '부모가 꼭 옳은 것은 아니다.'라는 의문을 품는다. 진정한 나를 찾는 과정이다. 이런 과정은 청소년기의 반항으로 나타나기도 한다. 부모와 나의 상황을 동일시하던 관점에서 부모가 강요해도 내가 하고 싶은 것은 하는 관점으로 변하는 것이다. 자존감과 자아정체감이 잘 형성되면 행복을 느끼게 된다. 다른 사람을 도와주고 다른 사람의 입장이 보이게 된다.

자존감을 높이고 자아정체성을 확립하는 문제는 '나 혼자만의 행복'뿐만 아니라 사회 전체의 행복을 위해서도 절대적으로 필요하다. 자아정체성을 확립하면 '인생을 어떻게 살아야 하는가?'에 대한 목표와 노력도 주도적으로 한다.

나보다 7살 많은 지인 언니가 있었다. 언니와 함께 쇼핑을 갔다. 언니와 함께 쇼핑을 하고 나서 나는 깜짝 놀랐다. 옷을 하나 선택할 때 갑자기 밖으로 나가서 전화를 하는 것이다. 희미하게 전화 통화 목소리가 들렸다. "큰언니, 이 옷 사도 될까?" '자신의 옷 사는 것 하나도 큰언니에게 물어보고 사는 사람이 있다니.' 신선한 충격이었다. 물어보니 자신은 모든 결정을 큰언니가 해준다고 했다. 결국 큰언니한테 물어보고 사야 한다면서 쇼핑은 하나도 못했다. 언니는 대학원 과정을 하고 있었다. 그럼 그동안 그 언니는 인생을 어떻게 살았단 말인가? 대학원도 큰언니가 오라고 해서 온 걸까? 무슨 결정을 할 때 결정을 자신이 못 하는 사람이 있다. 자신의 삶을 주도적으로 살지 못하고 이렇게 모든 결정을 못 하는 사람은 자아정체성이 잘 성립되지 않은 것이다. 자존감을 높이려면 내가 원하는 옷을 선택하는 사소한 것부터 시작해야 한다. 이것을 작은 성취라고 한다.

자기계발을 하는 것도 자존감을 높이기 위한 하나의 방법이다. 그렇다면 자존감을 높이기 위해서는 어떻게 해야 할까? 일기를 쓰는 것이 가장 좋다. 하지만 그럴 여유가 없다면 카카오톡 메시지의 '나에게 채팅하기'를 켜보자. 오늘 자신이 잘한 일들 중 '잘한 일을 잘했다.'라고 스스로를 칭찬해보자. 부정적인 말버릇이나 생각들은 없애자. 감사의 마음을 적어보자. '오늘 출근할 수 있음에 감사해.'라고 적어보자. 내가 실수하고 잘

못한 일은 다시 생각해보고 '괜찮다.'고 적어보자. 이런 연습을 자꾸 하다 보면 자존감이 상승할 것이다.

자존감은 모든 인간관계에 적용된다. 그렇다면 자존감은 결혼 생활에서 어떻게 작용할까? 한국심리학회의 2005년 19권 1호에 실린 '박영화, 고재홍'의 「부부의 자존감, 의사소통방식, 및 갈등대처행동과 결혼만족도 간의 관계」에서 120쌍을 대상으로 실험을 했다. 실험 결과 부부 자존감은 자신과 상대방의 결혼만족도에 모두 영향을 줬다. 자존감이 높을수록 결혼만족도는 높았다. 부부 갈등 시에도 의사소통 방식과 갈등 대처 행동은 자신과 상대의 결혼만족도에 영향을 줬다. 결국 개인의 자존감이 높으면 부부갈등 문제가 발생하더라도 긍정적으로 해결할 확률이 높았다. 높은 자존감이 결혼만족도를 높이는 것이다. 결혼만족도가 높을수록 행복한 결혼 생활을 할 가능성이 컸다.

그동안 우리는 얼마나 '자신의 정체성'에 대해 많이 생각하면서 살았는가? 나는 결혼 전에 계속 자기계발을 했던 것 같다. 자기계발을 하면서 하나씩 이루어낸 작은 성취는 자아정체성을 높이는 데 도움이 됐다. 가장 중요한 것은 '자기 자신을 진정으로 아는 것'이다. 때로는 자신을 만나는 것이 두렵기도 하고 싫기도 하다. 진정한 자기를 만나면 보기 싫거나 부끄럽거나 숨어버리고 싶을 수도 있다. 하지만 진정한 자신을 만나려면 용기를 가져야 한다. 나와 세상 사이에 쌓여 있는 벽들을 하나씩 무너뜨려야 한다. 일기를 쓰거나 영상을 찍으면 객관적인 내가 보일 것이다. 자신을 보기가 힘들지라도 자꾸 진정한 자기 자신을 만나도록 노력해보자.

결혼 생활에서 부부갈등이 일어날 때 제일 먼저 결혼 자존감을 높이자. 물론 자존감을 높이는 일은 갑자기 단기간에 이룰 수 없다. 자존감을 높이는 것이 행복한 결혼 생활을 하는 기본이 된다. 나는 내가 자존감이 높은 사람이라고 생각했다. 하지만 객관적으로 바라보니 아니었다. 내가 가진 잘못된 습관들을 발견할 수 있었다. 습관처럼 많은 쉼표와 이모티콘의 우는 표시, 부정적인 생각들이 있었다. 객관적으로 나를 마주한 후에는 의식적으로 그런 습관들을 하지 않으려 하고 실천하고 있다. 긍정적인 생각만 하고 큰 꿈을 꾼다. 나에게 다시 도전한다. 나는 내가 생각하면 무엇이든 될 수 있다고 생각한다.

가장 잘하고 싶으면 낮은 곳에서 시작해야 한다. 사소한 것에서 시작해야 큰일을 할 수 있다. 가까이에 있는 '작은 성취'들을 하나씩 이루어나가며 자존감을 높이자. 일을 하다 보면 자신의 한계를 만나게 된다. 한계를 만나는 순간 두려움이 함께 온다. 두려움이 온다면 마음을 진정시키고 심호흡을 한 번 하고 다시 시작하자. 두려움이 익숙해질 때까지 노력해야 한다. 두려움을 이겨내고 못 하는 것을 잘하게 될 때 우리는 더 큰

일을 할 수 있다. 개인의 자존감을 높이는 일은 부부갈등 상황에서도 긍정적 결과를 이룰 확률이 크다. 가장 먼저 자존감을 높이고 행복한 결혼생활을 위한 첫 걸음을 떼어보자.

부부가 서로 해주는 행복의 한마디

사과가 좋아, 딸기가 좋아? 딸기(○), 아무거나 좋아.(×)
우유가 좋아, 커피가 좋아? 커피(○), 아무거나 괜찮아.(×)

작은 것부터 확실히 선택해야 한다. 확실한 선택은 자아정체성을 확립하는 기본이다. 우유부단한 선택을 하지 말자. 자신의 선택을 남에게 대신하게 하지 말자. 자신이 선택하지 않으면 남을 탓하게 된다. 작은 결정부터 확실히 하자. 확실히 선택해서 자아정체성을 제대로 형성하자.

2
감정은 내세우지 말고 싸워라

> 작은 일을 참지 못하는 사람은 큰일에 낭패를 보고 만다.
> – 공자

인간과 로봇의 세기의 대결을 기억하는가? 2016년 3월 9일부터 15일까지 이세돌과 알파고의 세기의 바둑 대결이 화제가 되었다. 경기는 한국어, 중국어, 일본어, 영어로 생중계 됐다. 첫 경기 중국어 방송에서는 6천만 뷰를 기록했다. 유튜브로 방송된 영어 방송에서는 평균 8만 뷰에 끝날 무렵에는 10만 뷰를 기록하여 세계의 주목을 끌었다. 바둑에 관심이 없던 나도 조마조마 하며 봤던 기억이 난다. 이때까지만 해도 알파고는 완성되지 않은 상태인 프로토 상태였다. 많은 사람들은 '이세돌이 이기지 않을까?'라는 막연한 기대를 했다.

하지만 결과는 알파고의 4:1 승리였다. 이 경기는 인공지능이 얼마나 우리에게 가까워져 있는지 생각하게 했다. 기계가 인간을 정복할 수 있을 가능성에 대해 생각하게 했다. 이세돌은 한 번 승리했다. 이 승리는 아직 인간은 실패하지 않았다는 감동을 줬다. 그렇다면 이세돌이 알파고에게 진 이유는 무엇이었을까? 이세돌은 알파고의 감정을 읽을 수 없었다. 알파고는 감정이 없는 로봇이었기 때문이다. 알파고가 사람이었다면 표정이나 행동의 변화로 수를 읽을 수 있었을 것이다. 감정의 미세한 변화는 승패를 결정하는 데 영향을 끼쳤을 것이다. 로봇이라서 감정이 없을 거라고 생각할 수도 있지만 인공지능로봇은 이미 우리생활에 가까이 와있다.

감정을 조절해주는 인공지능 로봇도 이미 우리 곁에 가까이 다가왔다

인공지능 자동 주행차에 아이가 탄다. 아이는 화가 나 있고 분노를 표출한다. 아이는 "화가 나. 그 사람이 왜 나에게만 화를 내는 걸까?"라고 말한다. 자동 주행차는 아이의 감정을 분석하고 그에 맞게 "그 사람이 왜 그랬을까? 화가 났겠구나."라고 이해한다. 인공지능 자동차는 아이의 뇌를 분석하고 뇌의 상태가 긍정적 그래프로 가는 것을 보고 안심하며 달린다. 먼 미래의 일은 아니다. 이미 2017년 미국 라스베이거스에서 열린 CES에서 10여 대의 인공지능 완성차가 출시됐다.

전기차 뿐 아니라 다양한 자율주행, 감성 인식 기술을 발표했다. 도요

타가 선보인 자율주행 콘셉트카 '愛i유이'는 자율주행차에 AI를 탑재해 탑승자의 상태를 파악하고 소통하며 주행할 수 있다. 유이는 운전자의 표정이나 동작, 피로도 등을 데이터화한다. SNS 발신이나 행동, 대화 이력에 따라 운전자를 분석한다. 인공지능으로 감정을 읽어주는 로봇처럼 부부들도 뇌에 서로의 감정을 읽어주는 센서가 있어서 바로 원하는 말을 해주면 얼마나 좋을까? 아쉽게도 현실은 그렇지 못하다. 우리는 수시로 욱하고 후회를 한다.

로봇 같이 감정이 없는 상태인 포커페이스를 유지하는 것은 부부싸움에서도 유리하다. 결국은 포커페이스를 잘 하는 사람이 이기기 때문이다. 신랑은 공무원이다. 신랑은 민원인을 많이 상대한다. 화가 잔뜩 나서 오는 사람을 설득하고 이해시킨다. 그 중에는 민원인과 싸워버리는 공무원도 있다고 한다. 신랑은 커피를 한잔 마시며 민원인의 마음을 다독인다. 그리고 민원인이 자신의 이야기를 잘 들어주는 신랑만 찾기도 한다. 민원인과 상담을 많이 해서인지 신랑은 항상 나와의 싸움에서도 이기는 것 같다.

나는 감성형 인간이다. 감정을 절제하고 부부싸움을 하려고 해도 욱하는 마음이 올라온다. 욱하기 시작하면 울음이 터져나온다. 울음이 시작되면 잘 멈추지 않고 진정되기까지 시간이 걸린다. 신랑은 울지 말고 천천히 이야기하라고 하지만 감정선을 유지하는 것이 쉬운 일이 아니다.

아이가 울면서 말할 때는 "울지 않고 말해요."라고 가르쳐주면서 정작 나 자신은 그렇게 하지 못하는 것이다.

분노도 감정이다, 분노하는 감정을 공감해야 상대의 마음이 풀린다

감정 내세우지 않고 부부싸움을 하는 방법은 어떤 것이 있을까? 신랑과 외식을 하러 간 적이 있다. 신랑은 밥을 먹는 시간에도 수시로 스마트폰을 봤다. 각종 스포츠 경기 결과의 알람이 수시로 울렸다. 총싸움 게임도 있다. 밥을 둘이 먹는 것인지 혼자 먹는 것인지 모르겠다. 전에도 몇 번 경고를 했었다. 점점 분노가 차오른다. "제발 밥 먹을 때만이라도 나에게 집중하라고!" 그동안 쌓이고 쌓여서였을까? 참고 참다가 폭발했다. 나도 내가 그렇게 폭발할 줄은 몰랐다. 나도 나에게 놀랐다.

도다 구미는 그의 저서 『아들러식 대화법』에서 이렇게 말한다. 분노도 중요한 감정이라고 했다. 분노도 자연스러운 감정이다. 분노나 슬픔, 후회를 억누르면 마음에 응어리가 생긴다. 그것이 한계에 이르면 크게 폭발한다. 인간관계에서 스트레스를 받지 않으려면 자신의 솔직한 감정을 무시하지 말아야 한다. 또한 도다구미는 1차 감정과 2차 감정이 있다고 했다. 1차 감정은 상대방이 화를 낼 때 그 안에 존재하는 '슬픔', '곤혹', '불안', '초조', '외로움', '걱정' 등이다. 1차 감정이 충족되지 않으면 분노라는 2차 감정이 끓어오르는 것이다.

상대방에게 사과하기 위해 해결책을 제시하기 전에 1차 감정을 공감해야 분노가 풀린다. "힘들었겠구나." 한마디면 1차 감정이 풀린다." '나를 이해해 주는 사람이야!'라고 여기며 나에 대해 신뢰감을 가지는 것이다. 아내는 감정의 동물이다. 이런 상황이라면 남편들은 해결책을 제시하지 말고 공감을 하자.

그렇다면 남편이 부부싸움에서 가장 원하는 바는 무엇일까? 바로 인정이다. 남편들은 사소한 것이라도 인정을 받으면 힘이 난다. 가끔 남자들이 거울을 보고 윗옷을 벗고 자신감 있어 하는 모습을 사진에 올린다. 그 모습을 보고 여자들은 깜짝 놀란다. 여자들이 보기엔 너무 지적할 점이 많기 때문이다. 실제로 남자들은 거울을 보며 자기 잘난 맛에 사는 사람이 많다. "나 정말 괜찮은 사람이다!"라고 말하며 자신감이 넘친다. 여자들은 거울을 보면 고쳐야 할 점이 먼저 보인다. 이런 둘이 결혼을 하면 연애 때 참았던 단점들을 말하기 시작한다. 아내이기 때문에 남편의 단점을 조금만 바꾸면 완벽할 것 같다는 생각이 드는 것이다. 하지만 아내들은 단점을 지적하는 습관을 버려야 한다. 남편의 장점을 찾아서 노트에 적어보자. 단점은 잠시 접어두고 장점을 말해보자. "회사 다니기 힘들 텐데 항상 열심히 일해서 고마워." "옷이 참 잘 어울리네." 등등 하다 보면 늘어날 것이다. 사람은 습관이 무섭다. 단점을 말하고 싶어서 입이 간질거려도 장점을 말하다 보면 부부 사이는 좋아진다.

4장_상처뿐인 관계를 회복하는 소통 원칙 • 211

감정 내세우지 않고 부부싸움 하기는 어렵다. 평소에 부부만의 부부싸움 규칙을 만들어보자. 감정 조절을 마음대로 할 수 있다면 좋겠지만 실제로는 그렇게 하지 못한다. 감정이 격해져 있다면 분노의 말을 쏟아낼 가능성이 크므로 잠시 멈춰보자. 싸운 후 침묵의 시간은 최대한 자신을 바라보자. 영상을 검색해서 시청하는 것도 좋다. 백지에 자신의 감정을 써보자. '기분 나쁘다. 화난다.'를 마음이 풀릴 때까지 반복적으로 써보자. 이 말을 쓰다 보면 어느 순간 '내가 왜 기분이 나빴을까?' 생각하게 된다. '난 너무 바라는 게 많았던 것 같아.'라는 생각이 든다. 관련 영상을 찾아보고 비슷한 고민을 들어보자. 한결 마음이 가벼워진 것을 느낄 수 있을 것이다. 마음이 누그러지고 분노 감정이 진정되면 괜히 아까 했던 행동이 부끄럽고 창피하다. 상대에게 사과의 말을 하고 싶지만 용기가 나지 않아 넘어가기도 한다. 하지만 이때 꼭 사과의 말을 짧게라도 해야 한다. 머뭇거리는 순간 시간은 지나가고 마음속에 마음만 간직하기 때문이다. 거듭 말하지만 마음속에만 있는 것은 사랑이 아니다.

부부싸움을 하면서 노력이 없으면 항상 같은 지점에서 부딪힌다. 같은 지점에서 부딪히면 같은 실수가 반복되기도 한다. 우리는 어쩌면 습관적으로 싸우고 있는 줄도 모른다. 부부싸움을 하면서 감정끼리 충돌한다. 부부싸움은 필요하다. 부부싸움을 하는 부부가 무관심한 부부보다 낫기 때문이다. 그래도 너무 격하게는 하지 말자. 부부싸움을 하면서도 꼭 지켜야할 에티켓은 있다. 첫째, 부부싸움을 할 때 상대에게 상처를 주거나 수치심을 느끼게 하는 말은 하지 말자. '이혼한다. 헤어진다.'는 말도 쉽게 하지 말자. 부정적인 말과 습관은 진짜 마음속에 없던 이혼을 할 수도 있다. 둘째, 부정적인 말은 하지 말자. 평소에 말버릇을 관찰하고 부정적인 말은 긍정적으로 바꿀 수 있도록 노력하자. 긍정적으로 말하면 긍정적으로 된다는 사실을 믿자. 셋째, 다름을 인정하자. 태어날 때부터 달랐다. 남성은 테스토스테론의 호르몬 영향을 받았다. 여성은 에스트로겐 호르몬을 영향을 많이 받았다. 태어날 때부터 다름을 인정하자.

이세돌은 알파고가 특별한 수들을 두는 것을 보고 연구하고 변화해야 한다고 했다. 행복한 결혼 생활을 위해서도 끊임없이 연구하고 변화하는 노력이 필요하다. 앞으로는 인공지능 로봇이 나와서 마음을 치유해줄지도 모르겠다. 로봇이 치유해주는 시대를 생각하니 씁쓸하다. 로봇이 치유해주면 이혼은 줄어들지도 모르겠다. 그래도 가끔은 욱하고 싸워야 인간미가 있다. 부부싸움을 하면서 서로를 맞춰가는 것이 진정한 부부라고 생각한다. 완벽하지 못해도 인간의 문제는 인간이 풀도록 두었으면 좋겠다.

부부가 서로 해주는 행복의 한마디

"힘들었겠구나."
"나를 이해해주는 사람이야!"

　공감 한마디면 1차 감정이 풀린다. 1차 감정은 상대방이 화를 낼 때 그 안에 존재하는 슬픔, 곤혹, 불안, 초조, 외로움, 걱정 등이다. 분노나 슬픔, 후회를 억누르면 마음에 응어리가 생긴다. 그것이 한계에 이르면 크게 폭발한다. 1차 감정이 충족되지 않으면 분노라는 2차 감정이 끓어오른다. 1차 감정을 공감해야 2차 감정인 분노가 풀린다. 아내는 감정의 동물이다. 이런 상황이라면 남편들은 해결책을 제시하지 말고 공감을 하자.
　- 도다 구미, 『아들러식 대화법』 중에서

3
말하지 않아도 될 거라는 착각을 버려라

> 사랑하는 사람들이 자신을 함부로 대하는 데도 가만히 있다면
> 당신은 결국 그것 때문에 그들을 미워하게 될 것이다.
> – 앤드류 매튜스

"말하지 않아도 알아요. 눈빛만 보아도 알아요. 그냥 바라보면 마음속에 있다는 걸."이라는 유명한 광고 문구가 있다. 마음과 정을 중요하게 생각하던 과자 광고다. 이 광고도 시간이 지나면서 "말하지 않으면 모릅니다!"라는 광고 문구로 바뀌었다. 시대가 바뀔수록 표현의 중요성이 커지고 있다. 표현이 중요하다는 것은 알지만 감정이라는 느낌을 표현을 하는 것은 쉽지 않다. 표현을 잘하고 싶지만 표현을 하는 것이 왜 어려울까? 이야기를 하면서 자신도 자신이 의도하는 바를 잘 모른다.

상대에게 표현을 잘하려면 자신의 감정을 자신에게 잘 표현할 수 있어야 한다. 표현을 하면서도 의도하는 바를 생각하지 않고 말하면 이상한

말이 된다. 원래 의도하지 않았던 부정적인 방향으로 대화를 한다. 좋은 관계를 바라고 표현을 했다. 그런데 상대를 비난하는 잘못된 표현으로 관계를 망쳤다. 상대에게 의도하지 않았던 상처를 줄 수도 있다. 그러므로 우리는 자신의 감정을 의도를 생각하며 표현하는 연습을 해야 한다. 말하는 대로 표현하지 말자. 항상 의도를 생각하며 표현하도록 하자.

말하지 않으면 모른다

흔히 부부 사이에 사랑의 표현은 당연하고, 말 안 해도 알 것이라고 생각할 수도 있다. 가까운 사람일수록 그렇게 생각한다. 하지만 가까울수록 당연하다고 생각하는 태도를 가져서는 안 된다.

나는 아이를 키우며 일상에 지쳐서 분노가 쌓인 적이 있었다. 신랑에게 힘들다고 말했다. 신랑은 "다 알지. 힘든 거 다 알지. 꼭 말로 해야 아나?"라고 했다. 나는 이 말을 듣고 무척 서운했다. 어떻게 말을 안 하는데 알 수 있단 말인가? 이 말을 듣고 처음에는 화가 났다. 하지만 다음에는 마음을 진정시키고 "하루에 한 번씩 표현하는 연습을 하자."라고 의도하는 바를 말했다. 신랑은 알았다고 했고 서로 노력 중이다.

만약 배우자가 기대한 말을 하지 않더라도 정확하게 의도하는 바를 말하자. 배우자의 비난하는 말은 상처를 준다. 문제는 자신의 말이 비난이나 방어인지 모른다는 것이다. 그러므로 우리는 우리가 평소에 하는 말투를 분석해볼 필요가 있다. 가부장적인 가정에서는 이런 말이 더 심해진다. 아직도 우리나라는 결혼에서는 유교적 가부장적 모습을 많이 보이고 있다. 가부장적 인식은 하루 빨리 개선돼야 할 것이다. 비난하는 말을 들었을 때 방어로 받아 치면 관계는 더욱 악화된다. 부부 중 한 명은 악순환을 끊어야 한다.

부부 사이에서는 감정 없이 살지 않는 것도 중요하지만 정확하게 표현하는 것도 중요하다. 지인이 "나는 남편이 내 머리카락을 만지는 것이 너무 싫어. 근데 남편은 그걸 애정 표현이라고 생각해. 말해야 할까?"라고 고민을 털어놓은 적이 있다. 지인은 '솔직히 말하면 남편이 싫어할까?' 걱정이 돼서 말을 안 하는 경우였다. 이런 경우엔 남편에게 솔직하고 정확하게 말해야 한다. 배우자는 자신의 행동을 싫어한다는 사실조차 모를 것이다. 배우자는 날마다 함께하는 사이이다. 한 번 두 번은 참고 넘어가지만 계속 참는다면 자신도 모르게 짜증이 날 것이다.

짜증이 나면 마음속에 쌓여 있다가 자신도 모르게 싸우는 순간 폭발해버릴지도 모른다. 정확한 감정 표현은 중요하다. 기분이 나쁘지 않게 잘 이야기 하자. 이런 점이 오래되면 더욱 말하기가 힘들어진다. 얼마 되지 않았을 때 정확하게 이야기하자. 특히 부부간의 정확한 표현은 서로간의 소통에 큰 영향을 끼친다. 정확한 표현은 진정성과 연결되기 때문이다. '혹시 배우자가 싫어하지 않을까?' 고민하지 말자. 자신이 느끼는 감정을

"싫으면 싫다! 좋으면 좋다!"라고 정확하게 표현하자.

　사람들은 똑같은 사물을 보고도 해석을 다르게 한다. 똑같은 영화를 보고도 호불호가 갈린다. 배우자가 자신과 다르다는 것을 인식하자. 자신이 싫어하는 행동을 한다면 거짓으로 좋은 척 하지 말고 솔직하게 말하도록 하자. 감정 표현이 서툰 한국인이다. 서로에게 감정 표현을 못하고 마음에 묻어둔다. 그러면 결국 마음에 분노가 쌓여 폭발을 한다. 욱하는 감정도 평소에 감정을 표현하지 않았기 때문이다. 그러므로 우리는 감정 표현을 하는 연습을 해야 한다.

　감정을 더 구체적으로 정확하게 표현하면 공감이 잘된다. 감정의 종류는 많다. 그러나 우리는 얼마나 감정의 종류만큼 표현하면서 사는가? 감정 표현을 할 때 신체감각을 이용한 표현을 하면 상대방에게 느낌을 크게 전달할 수 있다. "추천하는 책"보다는 "무릎을 탁 친 책"이 기억에 남는다. 그냥 "좋습니다."라고 말하는 것보다는 "감동입니다."라고 말하는 것이 더 기억에 남는다. "맛있어 보이네요."는 "군침이 꼴깍꼴깍 넘어가네요."로 표현하면 생동감이 느껴진다. 감정을 생생하게 표현할수록 공감을 잘해줄 것이다. 감정 표현을 구체적으로 할수록 자신의 의도를 잘 표현할 수 있다. 원하는 바를 분명히 말할 수 있는 것이다.

진정성 있게 표현해야 마음이 통한다

유시민 작가는 『표현의 기술』에서 이렇게 말한다.

"강요하지 말고, 바꾸려 하지 말고, 이기려고 하지 말고, 무시하지도 말고, 그 사람의 견해는 그것대로 존중하면서 그와는 다른 견해를 말과 글로 이야기하면 됩니다. 남이 내 말을 듣고 곧바로 생각을 바꿀 리는 없습니다. 하지만 그중 단 한 조각이라도 그 사람의 뇌리에 남아서, 지금 가진 생각에 대해 지극히 사소한 의심이라도 품을 수 있게 한다면 그 대화는 성공한 겁니다. 이런 일은 실제로 일어납니다. 자신을 바꿀 생각이 전혀 없는 사람도 있지만, 바꿀 의지와 능력을 가지고 살아가는 사람도 많기 때문이죠. 늘 잘되는 건 아닙니다만, 저는 먼저 이견을 가진 상대방을 이해하려고 노력합니다. 할 수 있는 만큼 공감을 표현한 다음 제 생각을 말합니다. '나는 이런 사실이 중요하고, 이런 해석과 판단이 옳다고 생각한다.' 그렇게 말하는 것이지요. 누구든 상대방이 자기를 인정하고 존중한다고 느끼면 그 사람의 말을 더 진지하게 경청합니다."

유시민 작가는 저자와 독자의 관계에서 표현에 대해 이야기했다. 표현하고 소통과 공감을 중요하게 생각한다. 책을 쓰는 것은 표현의 한 방법이다. 그림으로 표현하는 것은 화가이고 노래로 표현하는 것은 가수다. 영상으로 표현하는 것은 유튜버다. 인기 있는 사람은 상대방의 말을 들어주고 존중한다. 학생들을 가르치는 것도 학생들의 수준에서 가르쳐야 한다. 혼자서 어려운 내용을 많이 가르쳐주면 학생들은 공감하지 않고 잔다. 간혹 자신의 자존감에 빠져서 타인의 의견을 듣지 않으려는 사람들이 있다. 혹시 자신은 그렇지 않은가? 되돌아보자. 자신을 돌아보는 것은 너무도 중요하다. 나도 책을 집필하면서 나를 많이 돌아봤다. 화가 나고 힘들 때 백지에 '왜? 힘들까?'를 계속 질문해봤다. 자기 자신에 대해 '왜'라는 질문을 끝없이 하고 백지에 써보자. '왜'를 계속 생각하다 보면 '어떻게' 해야 할 것인지 스스로 답을 찾을 수 있을 것이다.

최근 마음이 힘들고 어디론가 숨고 싶을 때 블로그에 글을 쓴 적이 있다. 힘들 때 진정성 있게 글을 썼다. 표현을 하니 이웃들이 댓글을 달았다. 힘들 때 위로와 댓글은 힘이 됐다. 표현을 하고 공감을 받으니 우울했던 기분이 좋아졌다. 누군가 나의 말에 공감해준다는 것은 부부 사이를 비롯한 모든 관계에서 적용된다. 표현하지 않으면 아무도 모른다. 표현하지 않고 상대가 알아주기를 원하는 착각을 하지 말자. 영상이 유행하는 시대이다. 그만큼 표현의 중요성이 커졌다. 대중들은 개성 있고 창의적인 사람을 좋아한다. 영상은 글로만 보는 것보다 생생하게 정보를 전달할 수 있다. 유튜버들은 자신의 개성을 잘 표현한다. 자신의 개성을 잘 표현할수록 인기 유튜버가 된다. 인기 유튜버는 많은 사람들의 공감을 얻는다. 인기 유튜버는 공감을 잘하고 소통을 잘한다. 부부 사이도 소통을 잘하려면 잘 표현해야 한다. 잘 표현하는 것은 중요하다. 잘 표현하면 공감을 하게 되고 긍정적 소통이 된다.

말하지 않아도 알아서 해줄 거라는 생각은 기대이다. 기대를 많이 가질수록 실망도 크다. 우리는 자신의 마음속으로 '~게 해줄 것이다.'라고 상상했는데 현실이 다를 때 불행하다. 마음속으로 '~게 해줬으면 좋겠다.' 상상하지 말고 상대에게 그 느낌을 말해보자. 비난의 감정을 빼고 "나는 ~게 해주면 기쁠 것 같아!"라고 직접 말해보자. 상대는 공감을 할 것이다. 마음속의 욕구를 표현하고 상대가 그 욕구를 들어주면 행복감을 느낀다. 불행의 시작은 표현하지 않는 데서 시작된다. 말을 해야 필요 없는 오해가 없고 서로를 비난하지 않는다. 말하지 않으면 모른다. 말하지 않아도 될 거라는 착각을 버리자.

부부가 서로 해주는 행복의 한마디

(속으로는 머리카락을 만지는 것이 싫은데 상대는 그것을 모를 때)
"나는 사실 머리카락을 만지는 걸 좋아하지 않아. 다르게 표현하면 좋을 것 같아!"

부부 사이에서 싫은 점이 있다면 솔직하고 정확하게 말해야 한다. 배우자는 자신의 행동을 싫어한다는 사실조차 모를 것이다. 배우자는 날마다 함께하는 사이이다. 한 번 두 번은 참을 수 있다. 하지만 계속 참는다면 자신도 모르게 짜증이 날 것이다. 짜증이 나면 마음속에 쌓여 있다가 자신도 모르게 싸우는 순간 폭발해버릴지도 모른다. 기분이 나쁘지 않게 잘 이야기 하자. '혹시 배우자가 싫어하지 않을까?' 고민하지 말자. 자신이 느끼는 감정을 "싫으면 싫다! 좋으면 좋다!"라고 정확하게 표현하자.

4
무관심은 상대를 벼랑으로 이끈다

> 다쳐보지 않은 사람은 남의 흉터를 보고 웃는다.
> – 윌리엄 셰익스피어

사람들은 굳이 교통의 불편을 감수하면서도 별 다방을 간다. 별 다방에는 왜 사람들이 많은 걸까? 무엇이 사람들의 발길을 별 다방으로 이끄는 걸까? 미국에서는 처음에 별 다방 커피가 나왔을 때 유행하지 않을 거라고 생각했다. 미국에서는 비싼 가격의 커피를 굳이 사먹을 이유가 없었기 때문이다. 별 다방에서는 집에서 느끼는 편안함을 느낄 수 있다. 오래 있어도 눈치를 주지 않는다.

콘센트도 자리마다 배치되어 있어서 오랫동안 일해도 된다. 집 공간의 확장이자 사무실의 확장이다. 그렇게 별 다방에서는 무관심을 판다. 적당한 무관심은 사생활을 존중받을 수 있다. 주인이 너무 친절해서 손님의 사생활에 관여한다면 카페에서 자신만의 시간을 갖기엔 조금 부담스럽다. 관심이 집중되며 업무에 집중할 수 없기 때문이다. 그러므로 적당한 무관심은 사생활을 보호한다. 하지만 완전한 단절을 하면 소통을 할 수 없다. 적당한 무관심에서 더 나아가 단절된 무관심으로 가면 서로의 마음에 상처를 주게 된다. 회복할 수 없는 사이가 된다.

출산 후 부부는 서로에 대한 무관심이 시작된다

결혼을 해서 배우자에게 점점 무관심해지는 시기는 언제일까? 바로 아이가 태어나면서이다. 아이가 태어나면 자연스레 관심은 아이에게로 집중된다. 육아 모임 '사자회'에서 메신저 프로필 사진에 대해 논쟁을 한 적이 있다. 대부분 아이를 낳으면 메신저 프로필 사진을 아이로 바꾼다. 멤버 중 한 명이 이것에 대해 이의를 제기했다. "왜 아이를 낳으면 다 아이 사진으로 바꾸는지 모르겠어." 이의를 제기한 멤버는 자신만 아이를 낳지 않은 상태였다. 결국 그 멤버도 아이를 낳고 메신저 배경 화면을 자신의 아이로 바꿨다.

메신저 배경 화면은 현재 그 사람의 심리 상태를 보여준다. 프로필 사진을 아이로 해놨다는 것은 아이가 최우선에 있다는 것이다. 아이를 위한 삶을 살고 있다는 것으로 해석할 수 있다. 아이에 집중하고 있다는 것을 보여주는 것이다. 그 만큼 아이가 태어나면 엄마의 심리 상태도 바뀐다. 남편의 심리 상태도 바뀐다. 부부 사이에도 많은 변화가 온다.

아이가 없을 때는 부부가 서로를 챙기며 산다. 연애를 했을 때와 같으므로 나는 별 차이를 느끼지 못했다. 그러다 아이가 생기고 남편에게 머무르던 관점이 아이에게 집중된다. 그도 그럴 것이 아이가 태어나므로 변화되는 것이 너무 많다. 일단 아이가 태어나면 수유를 해야 한다. 아이를 달래야 한다. 첫째 아이는 낮과 밤까지 바꿨다. 잠을 못 자는 괴로운 시간이 계속되었다. 남편은 야근을 해서 늦게 들어왔다. 아내는 아이에게 지쳐 하루를 생활하다 보면 어느새 하루가 지나고 시간이 흐른다. 부부 둘만의 시간이 줄어들게 된다. 부모가 되면서 겪어야 할 변화들은 어쩌면 서로에 무관심해지는 것이 당연한지도 모르겠다. 사실 이런 초보 부모 시절이 넘어가면 다시 관심이 부부에게 집중되는 것이 맞다. 그러나 이상하게도 우리나라의 부모들은 계속 아이들에 집중한다. 그러다 부부는 서로에게 무관심해진다. 무관심이 깊어지면 부부 사이가 멀어진다.

그렇다면 우리는 왜 무관심해지고 침묵을 하게 되는 걸까? 처음부터 침묵하고 무관심하지는 않았을 것이다. 서로에게 말을 했다. 그런데 소통이 안 됐다. 이 때 마음을 닫아버린다. 여기에서 무관심은 시작된다. 어떤 문제를 이야기했을 때 공감해주고 잘 들어줬다면 무관심으로 일관하지는 않았을 것이다. 불통은 없었을 것이다. 상대가 잘못을 했다. 그런데 그 점을 부각시켜 몰아세운다면 더 이상 소통은 없을 것이다. 또한 부정적 말버릇과 탓을 하는 말버릇은 상대를 침묵하게 한다. 지인은 임신

중에 감기에 걸렸다. 지인의 시어머니는 "몸 관리를 제대로 했어야지!"라고 말했다. 지인은 몸도 무겁고 감기에 걸린 것도 서러웠다. 이런 말까지 들으니 더 서운했다고 했다. 임신 중에는 감기약을 함부로 먹을 수도 없다. 물론 감기에 걸리지 않았더라면 더 좋았을 것이다. 하지만 이미 감기에 걸렸다. 그런데 시어머니는 감기에 걸린 현재 사실을 부정했다. 과거에 제대로 못 하고 있음을 탓했다. 시어머니가 "임신 중인데 감기 걸려서 고생한다. 몸조리 잘해라."라고 말해줬다면 얼마나 좋았을까? 한번 비난하는 말버릇을 가진 사람들은 습관화된다. 습관화된 말버릇을 가진 사람들은 자신이 상대에게 상처를 줬다는 사실을 모른다. 상대를 비난하는 말버릇은 고칠 필요가 있다. 상대를 무관심으로 이끌지 않으려면 부정적이고 비난하는 말투를 고쳐야 한다.

몇 년 전 제자와 대화를 한 적이 있다. 대화를 하다가 제자 남매의 이야기를 했다. 제자에게는 누나가 있었다. 그런데 이상한 점이 있었다. 제자는 누나에 대해 전혀 몰랐다. 어떤 학교에 다니는지 무슨 학과를 다니는지 몰랐다. 마치 남처럼 이야기를 했다. 그런 남매 사이는 처음 봤던 터라 당시에는 약간 충격이었다. 하지만 나는 '누나에게 문자보내기'라는 미션을 줬다. 제자는 몹시 쑥스러워했다. 아마 결국 그 미션은 수행하지 못했을 것이다. 제자는 그렇게 군대를 갔다. 지금 군 생활 중이다. 왜 그렇게까지 관계가 단절되었는지 자세한 이야기는 듣지 못했다. 대화의 단절에는 원인이 있었을 것이다. 서로의 마음에 상처를 주는 결정적인 계기가 있었을 것이다. 최소한 남매라면 어떻게 지내는지 정도는 알고 지냈으면 좋을 텐데 말이다. 제자가 군 생활을 곧 마칠 텐데 군 생활을 마치고 나오면 누나와 조금 더 개선된 관계가 되었으면 좋겠다. 성별이 다른 남매는 역시 소통하기가 쉽지 않은 것은 사실이다. 나도 남동생이 있지만 동생과는 어쩌다 한 번씩 이야기를 한다. 하지만 친형제라서 그런지 가장 어렵고 힘든 일이 있으면 같이 고민하기도 하고 소통을 한다. 성별이 다른 남매라 할지라도 가끔은 소통을 하고 지내도록 하자.

무관심이 더 깊어지면 관계 단절이 온다. 당신은 관계의 단절을 느낀 적이 있는가? 상대와 도저히 소통이 되지 않았을 때 이런 현상이 일어난다. 나 역시 이런 관계 단절을 느낀 적이 있다. 가장 가까운 사람으로부터 상처를 받았을 때다. 아무리 가까운 친척이라고 해도 자식 이야기는 함부로 말하면 안 된다. 잘난 자식 자랑할 때야 칭찬해주면 그만이다. 하지만 잘 나지 못한 자식에 대해 이렇다 저렇다 말하는 것은 선을 넘는 것이다. 모든 가족의 상황은 다르고 겪고 있는 감정 상태도 다르기 때문이다. 가까운 친척은 자식에 대해 가장 고민하고 힘들어하고 있는 부분을 생각해주는 척 하며 비난을 했다. 한 번은 참았지만 자꾸 이야기를 반복하니 정말 화가 났다. 부모는 자식에 대해 그렇게 비난을 하면 참을 수가 없다. 자신의 일이 아니라고 함부로 말하는 태도는 고쳐야 한다. 상대의 입장을 이해하지 못한다면 상처는 주지 말아야 한다. 나는 그분에게 "당신이 상처 주고 있다!"라고 말했다. 그러자 "자신은 그런 적 없다."라고 했다. 그 분과 계속 관계 단절이 될지는 모르겠다. 하지만 한 번 상처 받은 마음은 쉽게 치유되지는 않을 것 같다.

부부 사이에서 적당한 관심은 중요하다

부부 사이에서 무관심은 부부싸움보다 무섭다. 연애 때는 시시콜콜한 것도 함께 공유하고 공감하고 사랑했다. 항상 초심을 잃지 말도록 노력하자. 결혼해서도 무관심하지 않도록 노력하자. 서로에 대한 계속된 무관심은 방치다. 서로의 삶에 집착하는 과도한 관심도 해서는 안 되지만 과도한 관심보다 더 무서운 것은 무관심이다. 그러므로 서로에 대한 적당한 관심을 유지하는 것은 중요하다. 항상 적당한 거리를 유지하는 것은 모든 관계의 기본이다. 배우자와 말하기 싫고 배우자가 미운가? 배우자가 미워서 말도 하기 싫은가? 그럼에도 불구하고 우리는 노력해야 한다. 아주 사소한 것부터 표현하고 노력하도록 하자. 무관심은 상대를 벼랑으로 이끈다. 무관심으로 깊어진 마음의 벽이며 관계의 단절이다. 깊어진 관계 단절의 벽에서 다시 서로의 마음을 이끌어내려면 몹시 힘들다. 평소에 서로의 일상을 이야기하고 공감하는 것은 매우 중요하다.

부부 사이를 비롯한 모든 인간관계에서는 서로가 대등한 관계, 수평적 관계로 바라봐야 한다. 항상 자신이 옳다는 수직적 관계의 관점은 버려야 한다. '자신은 옳고 다른 사람은 틀리다.'는 인식으로 세상을 바라보면 자신이 최고라는 이기적 관점에서 세상을 보기 때문에 상대의 단점만 보인다. 항상 자신이 최고라는 생각을 버려라. 상대의 입장에서 생각하는 '배려와 공감'이야말로 상대를 무관심으로 몰지 않는 최선의 방법일 것이다. 또한 아이에 너무 집중하는 나머지 부부의 관계를 무관심으로 잃어버리는 상황은 만들지 말자. 부부가 바로 서고 부부의 의식이 바른 가족이 진정한 성장을 한다.

부부가 서로 해주는 행복의 한마디

임신 중인데 감기 걸린 며느리에게

"몸 관리를 제대로 했어야지!" (×) – 과거를 비난하며 탓함.

"임신 중인데 감기 걸려서 고생한다. 몸조리 잘해라."(○) – 현재 상태에 대해 걱정함.

부정적 말버릇은 바로잡아야 한다. 탓을 하는 말버릇은 상대를 침묵하게 한다. 침묵이 지속되면 무관심해진다. 무관심은 상대를 벼랑으로 이끈다. 비난하는 말버릇은 습관이다. 탓하는 말버릇을 가진 사람들은 자신이 상대에게 상처를 줬다는 사실을 모른다. 상대를 비난하고 탓하는 말버릇은 고칠 필요가 있다. 상대를 무관심으로 이끌지 않으려면 부정적이고 비난하는 말투를 고치도록 하자.

5
자신의 말버릇에 문제가 없는지 돌아보라

> 다른 사람에게 짜증이 나면 자신을 돌아보라.
> – 칼 융

운전을 할 때 운전자의 성향에 따라 공격운전과 방어운전으로 나눈다. 공격운전자는 다른 사람을 아랑곳하지 않고 빨리 가려고 한다. 차선을 자유롭게 변경하고 갑작스럽게 끼어들어서 마치 게임을 하듯 도로를 질주한다. 반대로 방어운전자는 안전거리를 확보한다. 자신의 차와 다른 차에 피해가 가지 않도록 최대한 주의하면서 운전한다. 자신이 아무리 방어운전을 하더라도 갑작스럽게 끼어들어오는 공격운전자를 만난다. 혹은 사각지대에서 예상치 못하게 튀어나오는 차를 발견하지 못해서 사고가 날 수도 있다. 그렇다면 어떤 운전을 하는 것이 바람직할까? 방어운전이라고 말할 수도 있지만 완벽한 정답은 아니다. 심하게 양보를 한다거나 머뭇거리는 과도한 방어운전은 오히려 사고를 유발할 수도 있다. 적절하게 안전거리를 유지하며 빨리 갈 때는 빨리 가고 양보할 때는 양보하는 안전운전을 하는 운전자가 바람직한 운전자이다. 상대가 항상 양보를 해줄 것이라는 기대를 해서도 안 된다. 적당한 방어를 하며 운전하는 것이 좋다.

운전에서의 이치는 인간관계에서 대화하는 방식과도 같다. 사람의 유형에도 공격적인 사람과 방어적인 사람이 있다. 평소에 자신이 어떤 말버릇을 가지고 있는지 객관적으로 바라보는 것은 중요하다. 자신의 잘못된 말버릇으로 인해 타인이 상처를 받을 수도 있다. 자신의 말버릇이 바른 말버릇인지 잘못된 말버릇인지 객관적으로 바라보는 연습을 하자.

자신의 말버릇을 바라보자

당신은 당신의 말버릇에 대해 생각해본 적이 있는가? 무의식적으로 상대의 말을 듣고 말이 나오는 대로 쏟아내지는 않았는가? 나는 말버릇에 대해 알기 전까지는 말버릇에 대해 공부할 필요성을 느끼지 못했다. 하지만 부부싸움을 하고 무엇인가 잘못된 것 같다는 느낌이 들었을 때 책을 읽었다. 갈등의 원인은 싸움의 본질이 아니라 서로를 대하는 말투와 자세라는 것을 깨달았다. 나는 운전을 할 때도 앞 차와 안전거리 간격을 많이 차이 나게 하는 방어가 강한 운전자였다. 방어를 많이 하고 양보를 많이 하면 사고가 나지 않을 것 같은데 아니었다. 방어운전을 해도 사고는 갑작스럽게 일어난다. 도로에서는 적당한 안전거리를 유지하고 적당한 양보를 하는 것이 가장 바람직한 운전자이다.

　나는 대화를 할 때 방어적인 말을 하고 있었다. 약한 점은 여러 가지 벽들과 문으로 만들어 방어해놓고 강점만 보여주려고 노력했던 것이다. 나는 방어된 문틈 사이로 나를 보여주려고 했다가 숨어버리기도 했다. 어쩔 땐 방어막을 하나 더 만들기도 하고 방어막을 부숴버리기도 하면서 나를 만들어왔다.

　사람은 이상하게도 자신을 제대로 보지 못한다. 객관적인 사실보다 자신을 지나치게 높이 평가하는 경향이 있다. 자신의 능력을 과대평가하고 자신이 세상에서 제일 잘났다며 자신의 중심으로 세상을 본다. "회사 그만두겠습니다! 갈 곳 많아요!"라고 당당히 말하고 나와서 취업을 못 하고 자신의 현실을 깨닫는다. 신기하게도 자신의 콤플렉스를 상대가 가지고 있으면 그 점을 지적하기도 한다. 은연중에 투영된 상대의 모습에서 '자신의 모습이라고는 생각도 못한 채' 지적하고 비난하는 것이다. 인간은 자신의 시선에서 세상을 본다. "내가 무조건 옳다!"라는 태도는 옳지 않다. "자신의 말이 옳고 무조건 진리며 답이다!"라고 생각하는 것이 자존감이라고 오해하지는 말라. 이것은 자존감이 아니다. 이기심이다. 이기심에서 시작된 말버릇은 상대방에게 상처를 준다. 하지만 정작 자신은 상대에게 상처를 줬다는 사실조차 깨닫지 못한다. 무슨 일이 생기면 "너 때문에 일이 이렇게 됐어."라고 상대방을 비난한다.

비난을 시작되면 상대방은 "왜 내 탓이야? 왜 나만 가지고 그래."라며 방어적 태도를 취하게 된다. 이런 사람들은 매사에 말버릇이 부정적이고 비난을 많이 하기 때문에 수시로 남에게 상처를 준다. 상대의 감정은 살피지 못하고 자신이 제일 잘났다고 생각하며 산다. 이런 사람들은 시간이 지나도 자신의 잘못된 점을 알지 못할 수도 있다. 자신을 돌아보며 '겸손함'을 가지는 태도는 중요하다. 최근 이슈가 되고 있는 대표들의 갑질 문제도 이기심에 원인이 있다. 아이의 기를 살려준다며 아이를 혼내지 않는 부모도 '진정 아이를 위하는 것이 무엇인가?'에 대해 생각해볼 필요가 있다. 진정으로 아이를 위하는 것은 아이의 자존심만 살려주는 것이 아니다. 잘못된 점에 대해서는 따끔하고 단호하게 훈육해야 한다. 그래야 자신도 존중하고 타인을 배려하는 아이로 자란다.

부부싸움에서 말버릇은 매우 중요하다

그렇다면 부부싸움을 하는 말버릇에는 어떤 것들이 있을까? 최성애 박사의 『행복수업』에서는 가트맨식 부부 갈등의 4가지의 말버릇에 대해 이야기하고 있다. 흔히 부부 갈등 상황에서는 '비난, 경멸, 방어, 도피'를 사용한다. 4가지 언어를 대화에서 반복적으로 사용하는 부부는 이혼을 할 확률이 컸다. 4가지 모두를 사용하면 94%의 이혼 확률을 보인다고 한다. 이것만 봐도 부부 사이의 말버릇이 관계를 지속하는 핵심이라고 할 수 있다. 다음은 부부 갈등을 유발하는 4가지 언어의 예시이다.

비난 :

"당신은 어떻게 된 사람이…."

"맨날 술 마시고 늦게 들어와!"

"당신이 한 번이라도 나를 생각해준 적 있어?"

"당신은 그런 것 절대 못해!"

방어 :

"당신은 뭘 잘했는데?"

"당신 탓이지 내 탓이야?"

"왜 나한테만 그래?"

경멸 :

"이 새대가리야!"

"주제 파악이나 해!" "꼴에 잘난 척은!"

담쌓기 :

"어휴 지겨워. 또 시작이군…."

"이럴 땐 피하고 보자 자꾸 밖으로 나감."

"혼자 많이 떠들어라."

혹시 찔리지는 않는가? 부부싸움을 할 때 이런 언어를 쓰고 있지는 않았는가? 부부싸움을 할 때 자신이 어떤 말투를 많이 사용하고 있는지 생각해보자. 말투를 고치는 것도 중요하지만 가장 중요한 것은 먼저 자신의 잘못된 말투를 깨닫는 것이다. 만약 자신의 말투가 잘못되었다면 개선하려고 노력하자. 말투를 고치면 부부관계도 좋아지고 자존감도 높아질 것이다. 그렇다면 이런 4가지 말투는 어떻게 개선해야 할까? 앞에서도 말했듯이 비난의 말투는 '나 대화법'을 이용해서 "나는 당신이 늦게 들어와서 서운해요."라고 말한다. 공격하는 듯 한 느낌을 빼고 자신의 감정만 표현하면 대답도 한결 부드러워진다.

가트맨 방식에서 방어의 해결책은 '방어 대신 부분만 인정하기'이다. "미안해. 내가 요즘 신경 쓰지 못했네."라고 부분만 인정하면 해결책이 나온다. 경멸은 호감과 존중의 표현으로 바꾼다. 담쌓기의 해법은 침묵을 깨고 대화를 하는 것이다. 부부싸움을 자주한다면 자신의 말투를 돌아보자. '내 탓이오.'라고 생각하는 태도를 갖자. 부부 중 한쪽만 변한다고 해서 긍정적 관계가 지속되기는 어렵다. 서로에게 원하는 것은 무엇이고 어떻게 살아가야 하는지 대화를 하면서 타협점을 찾자. 부부 둘 다 서로 노력하자. 대화를 하고 어떻게 노력해야 할지 정했다면 실천해보도록 하자.

자신의 말버릇을 돌아보는 태도는 중요하다. 자신의 말버릇을 돌아보자. 자기애를 가지는 것은 중요하다. 하지만 지나친 자기애는 이기심이 되고 이기심이 지나치면 이웃과 더불어 살 수 없다. 나르시시즘narcissism 이란 자신의 외모, 능력과 같은 어떠한 이유를 들어 지나치게 자기 자신이 뛰어나다고 믿거나 아니면 사랑하는 자기중심성 성격 또는 행동을 말한다. 자신을 완벽한 사람이라고 생각해서 자신의 말만 옳다고 믿는다. 그리스 신화에 나오는 나르키소스가 물에 비친 자신의 모습에 반해서 물에 빠져 죽었다는 것에서 유래했다. 지나친 이기심은 물속에 빠져 죽음에 이를 수도 있다.

'나의 생각만 옳다고 생각하지는 않았는가?'에 대해 생각해보자. 상대를 향해 부정적이고 비난의 말투를 사용하고 있지는 않았는지 돌아보자. 지나치게 자기중심적으로 생각하고 있었다면 말투를 바꾸는 연습을 하자. 반대로 자기애가 없는 사람들은 수동적으로 삶을 살 수 있다. 적당한 자기애는 가지는 것이 좋다. 적당한 자기애를 가지면 동기부여가 되고 성장할 수 있다. 항상 그 '적당한'이 중요한데 이 '적당함'을 어떻게 유지하느냐가 우리의 과제이다.

부족하지도 않고 과하지도 않게 중용을 유지해야 참인간으로 성장할 수 있다. 이유 없이 밉고 보기 싫은 사람이 있는가? '혹시 그것은 내가 싫어하는 나의 다른 모습은 아닐까?' 생각해보라. 모든 것에는 이중성이 있다. 만남은 이별과 이어져 있고 기쁨에는 슬픔이 이어져 있다. 가장 싫어하던 것을 가장 좋아하게 될 수도 있다. 항상 자신의 말버릇을 돌아보며 살아가도록 하자. 배려하고 감사하는 말버릇으로 바꾸면 냉랭하던 부부 관계에도 온기가 돌 것이다.

부부가 서로 해주는 행복의 한마디

비난 : "당신은 어떻게 된 사람이." "맨날 술 마시고 늦게 들어와!" "당신이 한 번이라도 나를 생각해 준 적 있어?" "당신은 그런 것 절대 못해!"

방어 : "당신은 뭘 잘했는데?" " 당신 탓이지 내 탓이야?" "왜 나한테만 그래?"

경멸 : "이 새대가리야!" "주제 파악이나 해!" "꼴에 잘난 척은!"

담쌓기 : "어휴 지겨워. 또 시작이군…." "이럴 땐 피하고 보자.자꾸 밖으로 나감." "혼자 많이 떠들어라."

가트맨식 부부 갈등의 4가지의 말버릇의 예시이다. 부부 갈등 상황에서는 '비난, 경멸, 방어, 도피'를 사용한다. 4가지 언어를 반복적으로 사용하는 부부는 이혼을 할 확률이 컸다. 4가지 모두를 사용하면 94%의 이혼 확률을 보였다. 이것만 봐도 부부 사이의 말버릇이 관계의 핵심이라는 것을 알 수 있다.

― 최성애, 『행복수업』중에서

6
배우자만 보지 말고 나를 위해 살아라

> 모든 국민은 인간으로서의 존엄과 가치를 가지며,
> 행복을 추구할 권리를 가진다.
> – 헌법 제10조

우리는 결혼 전에 자신만을 위해 산다. 가장이 되어 가족의 생계를 책임지는 경우가 아니라면 자기 자신만을 위해 산다. 하지만 이렇지 못한 사람들도 많다. 연인 사이에서도 모든 것을 상대방이 편한 대로 맞춘다.

모든 것을 남의 눈치를 보며 산다. 다른 사람의 눈에 비춰진 나를 한없이 의식하고 잘 보이기 위해 노력한다. 하지만 모든 사람에게 잘 보일 필요는 없다. 모든 사람에게 잘 보이려고 하는 순간 삶이 피곤하고 힘들다. 주체적인 삶이 아닌 수동적인 삶을 살게 된다. 수동적인 삶을 살게 되면 다른 사람의 한마디에도 흔들리게 된다. 인생은 내가 사는 것이다. 자기 인생 삶의 주인공은 나다. 나를 위해 살던 사람도 결혼을 하면 자연스럽게 관점이 배우자와 아이들에게 맞춰진다. 결혼을 하면 전통이라는 이름으로 삶의 모든 것을 배우자와 아이들에게 맞춰야 한다고 강요받는다.

우리나라의 전통적 결혼관에 대해 알아보자

우리가 알고 있는 전통적인 성역할은 어디서부터 시작된 걸까? 우리나라의 전통적 결혼관을 생각하면 유교적이고 가부장적 태도가 떠오른다. 조선시대에는 반드시 결혼을 해야 했다. 특히 정조는 "혼기를 넘긴 노총각과 노처녀를 2년마다 결혼시키라."라고 명령했다. 성종 때는 25살을 넘긴 미혼남녀에게 쌀이나 콩을 혼수로 삼아 결혼하게 했다. 결혼을 하는 것은 당연한 것이었으며 결혼을 하지 않으면 불효자였다. 남자와 여자가 내외를 했다. 남녀 칠세 부동석이라고 해서 여자와 남자는 함께 지낼 수도 없었다. 엄격하게 남자와 여자를 분리하고 여성이 억제되어 살았다. 조선시대 전통이 마치 우리나라 전체의 전통적 결혼관을 대표하는 것 같지만 그렇지 않다. 조선시대 전통적 결혼관은 우리나라 전통의 일부일 뿐이다.

고려시대의 전통은 조선시대와 많이 달랐다. 고려시대에는 평등한 남녀 지위와 전통을 가졌다. 『고려도경』에는 고려인들이 목욕할 때 구별 없이 들어가 몸을 씻었다는 기록이 있다. 또한 고려시대의 결혼식은 신부의 집에서 간소하게 했다. 요즘으로 말하면 스몰웨딩이다. 부자들은 폐백을 보내기도 했지만 서민들은 친척과 이웃을 불러 음식을 나눠먹는 것으로 대신했다. 고려시대에는 데릴사위제가 있었다. 신랑이 처가에서 생활하다가 아이들이 크면 친가로 돌아오는 것이다. 국사 시간에는 '왜 데릴사위제를 했을까?'라는 생각을 하고 잘 이해가 되지 않았다. 내가 실제로 육아를 해보니 느꼈다. 독박 육아를 하면 힘들었기 때문일 것이다. 독박 육아까지 생각한 선조의 지혜이다. 고려 말 조선 초기에 정도전이 불교를 배척하고 성리학을 받아들이면서 유교적 결혼관이 자리 잡기 시작했다.

조선시대의 시집가는 제도는 중국의 '친영親迎'에서 비롯됐다. 친영이란 '친히 맞이한다.'는 뜻이다. 신랑이 신부 집에 가서 신부를 데리고 온 후 신랑 집에 와서 혼례를 치른다. 조선시대에는 중국의 제도를 바탕으로 남성중심적인 결혼관으로 바뀐 것이다. 그래서 실제로 시집살이의 역사는 200년 정도 밖에 되지 않는다. 고려시대는 현대보다 더 진보적인 결혼관을 가졌다. 이미 평등한 결혼관이 고려시대에 있었다니 너무도 놀랍지 않은가? 가부장적 유교적 전통은 우리나라 전체 역사 중의 일부분이었던 것이다.

우리 엄마 세대인 베이비붐 세대만 해도 유교적 결혼관이 많이 자리 잡고 있었다. 결혼은 꼭 해야 했다. 25살만 넘겨도 늦다는 말을 들었다.

엄마도 27살 정도에 결혼하셨다. 그런데 그때는 늦은 편에 속했다고 한다. 이런 유교적 결혼관과 함께 우리 전 세대 엄마들과 그 윗세대 엄마들은 상실감을 많이 느끼며 살았다. 이런 결혼관은 자신을 희생하며 모든 것을 남편과 아이들에게 맞추는 것을 당연한 것으로 여기는 것이다.

우리는 양수라는 알을 깨고 세상에 태어났다. 우리 모두는 자유롭게 날 수 있는 한 마리의 새였다. 또 다른 독립적인 새를 만나 둥지를 지었다. 나와 남편을 닮은 새끼 새들이 태어났다. 새끼 새들은 서로 먹을 것을 달라고 한다. 부부 새들은 먹잇감을 가져온다. 부부 새들은 아기 새들이 독립적으로 날 수 있게 도와준다. 아기 새들을 독립적으로 키우다보니 어느덧 나이가 들었다. 아기 새들은 어른 새들이 되어 날아갔다. 아기 새들이 날아가고 빈 둥지만 남았다. 남은 것은 늙어버린 나의 몸과 빈 둥지뿐이다.

아이들을 다 키우고 하서 엄마들이 느끼는 빈 둥지 증후군의 예를 적어봤다. 엄마들은 자식들과 남편을 바라보는 것이 가장 큰 엄마 역할이고 최선이라고 생각했다. 나는 '남편과 아이들에게 다 맞추며 잃어버린 엄마의 삶은 어떻게 될 것인가?'에 대해 오래전부터 생각했다. 다행히도 우리 엄마는 '자신의 일'을 소중히 여기신다. 엄마들이 남편과 자식에게 집착을 하면 할수록 자기도 모르게 자신을 잃어간다. '황혼 이혼'과 '졸혼'

을 하고 싶어 하는 이유도 평생 남편과 아이들에게 삶을 집중하다가 '자신만의 인생'을 찾아보고 싶은 데서 시작됐을 것이다. 하지만 평생을 타인을 위해 살아오다가 갑자기 자신만의 인생을 살기는 쉽지 않다. 자신만의 인생을 살기 위해서는 용기가 필요하다.

결혼했어도 '자신이 중요하다'는 마음가짐을 가지자

'자신이 중요하다'는 마음가짐이 필요하다. 지금부터라도 '자신'을 위해 살아보자. 사소한 것이라도 좋다. 자신이 평소에 배우고 싶었던 것이 있으면 도전해보자. 먼저 자신이 하고 싶은 실현가능한 일들을 적어보자. 목표를 적고 외치다 보면 조금씩 변화하기 시작한다. 중요한 것은 의지와 마음가짐이기 때문이다. 여자 친구들끼리 계를 해서 여행을 가는데 남편의 밥이 걱정되어 남편을 데려온 사람이 있었다. 그녀의 친구들은 모두 경악했다. 세상에 남편을 친구들의 여행에 데려오다니 말이 되는가? 매일 먹는 밥을 걱정하지 않아도 남편들은 잘 산다. 남편들은 아내가 없으면 드디어 자유가 시작되니 말이다. 〈응답하라 1994〉에서도 나왔듯이 반찬을 준비해놓고 가봤자 꺼내 먹기는커녕 다 시켜 먹는다. 남편 걱정과 아이들 걱정은 잠시 미뤄두고 '자신'을 바라보도록 노력하자.

나는 에코 세대1979년~1992년이다. 베이비붐 세대1955~1963년의 자녀 세대이다. 에코 세대는 베이비부머에 비해 경제적으로 풍족한 환경에서 성장하여 교육 수준이 높고 전문직에 종사하는 비율도 높다. 이런 환경에서 자란 우리 세대는 어릴 적부터 평등 교육을 받았다. 자신의 능력을 키우기 위해 노력했고 계속 자기계발을 했다. 그런데 결혼을 하고 출산을 하니 무엇인가 이상하다. 그동안 교육받았고 당연하다고 여겼던 '평등주의'가 깨지고 갑자기 조선시대 유교적 전통이 등장한다. 남자는 '이래야 하고 여자는 저래야 하고 아이는 몇 명 낳아야지. 아들과 딸이 다 있어야 해.'까지 전통적 성역할을 강요받는다.

하지만 에코 세대인 우리는 '나'가 중요하다. 아이를 키우면서도 '나'를 잃어버리지 않기 위해 노력한다. 자신만의 일을 하려고 하고 좀 더 나은 엄마로 살기 위해 '강연'을 들으러 간다. 물론 이러다가 '아이의 책이나 교육 프로그램'에 빠져 자신을 잃기도 한다. 점점 '완벽한 엄마'가 되려는 노력을 한다. 최근엔 이런 것이 너무 과하여 아이를 높은 점수를 받게 하기 위해 시험지까지 빼돌리는 사례도 있었다. 이렇게 변해버린 모정은 너무도 안타깝다. 아이들도 중요하다. 하지만 아이들은 독립적으로 인정해주고 성장할 수 있게 도와주면 된다. 꼭 '교육 프로그램'을 많이 하지 않아도 꼭 '학원'에 목숨 걸지 않아도 된다. 꼭 완벽한 엄마가 아니어도 괜찮다.

배우자와 아이들만 보지 말고 나를 위해 살자. 결혼을 하지 않는 사람들은 "우리 엄마는 새벽에 일어나서 밥을 하고 아침을 차리고 청소를 하고 자신을 꾸미고 출근을 해요. 저는 잠도 많은데 어떻게 이런 일을 완벽히 할 수 있을까요? 엄마처럼 할 수 없어서 결혼을 못 하겠어요!"라고 말하기도 한다. 하지만 꼭 이렇게 완벽한 엄마만 생각하지 마라. 게으른 엄마도 있고 불안한 엄마도 있다. 중요한 것은 결혼 생활 안에서 누구의 엄마만이 아닌 '나'를 찾으면서 살아야 행복하다는 것이다.

아이가 먹다 남은 것을 먹지 말고 자신만의 그릇에 밥을 먹는 것부터 '나'를 찾는 것은 시작된다. 사소한 것부터 실천해보자. 그리고 결혼 생활을 하면서도 항상 '나'를 잃어버리지 않는 의지를 갖자. 또 '빈 둥지 증후군'으로 고생하시는 엄마가 있다면 버킷리스트를 엄마와 함께 작성하자. 엄마와 함께 영화 보는 것도 괜찮다. 엄마와 네일 아트샵을 함께 가보는 건 어떨까? 돈이 들어 싫은 척 하시면서도 기분 좋아진 엄마를 볼 수 있을 것이다. 무기력한 삶에 희망이 생긴다면 삶은 또 다른 전환점을 맞이하게 될 것이다. 행복을 느끼기 위해서는 매 순간을 즐기며 감사하며 살아야한다. 긍정적이고 희망적이고 진취적이게 살아야 한다. 행복한 결혼 생활을 위해 '나'를 잃어버리지 않는 노력을 하며 살자.

부부가 서로 해주는 행복의 한마디

"결혼하는 게 두려워요. 나는 우리 엄마처럼 슈퍼우먼이 될 자신이 없어요. 우리 엄마는 새벽에 일어나서 밥을 해요. 아침을 차리고 청소를 해요. 자신을 꾸미고 출근을 해요. 저는 잠이 많아요. 어떻게 이런 일을 완벽히 할 수 있을까요? 나는 엄마처럼 할 자신이 없어요. 그래서 결혼을 못 하겠어요!"

게으른 엄마도 괜찮다. 불안한 엄마도 괜찮다. 꼭 완벽한 엄마일 필요는 없다. 중요한 것은 결혼 생활 안에서 누구의 아내로만 엄마로만 사는 것은 불행하다는 것이다. 결혼 생활을 하면서도 항상 나를 잃어버리지 않는 의지를 갖자. 행복한 결혼 생활을 위해 가족만을 위해 살지 말자. 나와 가족 모두를 위해 살자. 결혼했어도 나를 생각하며 사는 것이 행복하게 사는 길이다.

7
표현하지 않는 사랑은 사랑이 아니다

일단 발을 내딛어 걸음을 옮기고, 걸어가면서 경로를 수정하라.
– 베리 딜러

 연인 사이에서 썸을 타는 관계가 있다. 썸을 타는 단계란 상대와 연인을 해도 괜찮은지 생각하는 단계이다. 썸을 타다가 진짜 애인이 되는 단계로 가기 위해서 가장 필요한 것이 있다. 바로 고백이다. 결정적인 순간에 고백이 없으면 연인이 되지 않는다. 흐지부지하는 사이가 된다. 사랑을 쟁취하려면 결정적인 순간에 고백을 하고 서로의 마음을 확인해야 한다. 거절이 두려워 고백을 하지 못할 수도 있다. 하지만 고백을 하지 않으면 연인이 될 수가 없다.

 물론 표현하지 않고 연인이 되는 경우도 있다. 이 경우에는 다른 방식으로 표현했을 것이다. 손을 잡고 '오늘부터 1일'이라고 할 수도 있다. 하지만 대부분 고백을 받고 연인 관계를 유지하기를 원한다. 여기에서 중요한 점은 사랑의 표현이라는 점이다. 애인이 되기 위해서는 무조건 사랑의 표현을 해야 한다. 그것은 말로 표현할 수도 있다. 글로 쓸 수도 있다. 행동으로 보여줄 수도 있다. 결혼을 하기 위해서는 프러포즈라는 사랑의 표현을 한다. 프러포즈라는 사랑의 표현은 가장 로맨틱한 사랑의 표현의 예이다. 이러한 모든 과정을 거쳐서 결혼에 이르게 된다.

소중한 사람이 곁에 있을 때 사랑을 표현하자

우리나라는 표현에 서툰 나라다. 한국 남자들은 어릴 적부터 "남자는 태어나서 3번 울어야 해. 힘들어도 울면 안 돼."라는 말을 듣고 자랐다. 물론 지금은 많이 변화했다. 이런 말 역시 유교적 전통의 일부이다. 어릴 적부터 참는 것이 미덕이라고 생각해온 우리는 표현하는 것에 익숙하지 않다. 외국에서는 길을 가다가 낯선 사람을 만나도 자연스럽게 인사한다. 칭찬하는 게 일상이다. tvN에서 방송된 〈윤식당〉의 외국인들을 보면 자유롭고 느린 분위기에서 행복을 찾는 모습을 볼 수 있다. 느리지만 일상에서 행복을 찾는 모습은 빨리빨리 무엇인가 성과를 내야 하는 우리나라 모습과 상반된다.

통계청의 2017년 사망 원인 통계 결과를 보면 자살 사망률은 경제협력개발기구OECD 회원국 36개 가운데 최상위 수준인 2위를 기록했다. 한국인은 우울증을 치료하러 병원에 와서도 자신의 병을 표현하지 않으려 한다. "자신은 괜찮다."며 의사에게조차 감정 표현을 못 한다. 자신의 감정을 표현하지 못하면 우울증에 걸린다. 극단적으로는 자살까지 생각한다. 그러므로 자신의 감정을 표현하는 일은 중요한 일이다.

점점 나아지고 있기는 하다. 하지만 우리는 아직도 표현에 미숙하다. 우리는 항상 지나고 나면 '많이 표현할 걸' 하는 후회를 한다. 갑작스런 사고를 당해서 극한의 공포가 올 때 우리는 가족에게 전화를 걸어 "사랑한다."라고 말한다. 왜 항상 우리는 너무 늦게 사랑한다고 말하는 것일까? 뤼후이의 에세이 『시간이 너를 증명한다』에서는 새엄마를 엄마라고 부르고 싶었다. 하지만 새엄마가 갑자기 심장마비로 돌아가셨다. 엄마의 장례를 치르고 표현하지 못해 후회하는 내용이 나온다.

"어릴 때 엄마가 돌아가셨다. 아빠는 재혼했고, 그녀에게는 새엄마가 생겼다. 하지만 나중에는 아빠마저 돌아가셔서 그녀는 새엄마와 단둘이 살게 되었다. 왠지 모를 두려움과 반발심에 그녀는 새엄마에게 '엄마'라고 부르는 것이 꺼려졌다. 부득이 말을 걸어야 할 때는 기어들어가는 목소리로 '저기 있잖아요.'라고 했다. 새엄마는 평소 말이 없었으며 묵묵히 출퇴근을 했다. 그러면서도 그녀를 세끼 배불리 먹였으며, 늘 깨끗하게 다려진 옷을 입혔다.

… 그녀는 대학을 졸업했고 결혼하게 되었다. 그런데 결혼식을 앞두고 새엄마가 갑자기 심장마비로 쓰러졌다. 그녀가 병원에 도착했을 때 새엄마는 이미 세상을 떠났다. …텅 빈 집으로 돌아온 그녀는 오랫동안 입안에서만 맴돌던 한마디를 겨우 뗐다. "엄마….". 그러나 대답해줄 엄마는 없었다. 우리는 얼마나 많은 사랑을 잊고 사는가? 얼마나 많은 사랑이 마음속에만 숨겨진 채, 전달되지 못하고 헛되이 흘러가버리는가. 아무리 완벽한 진심도 표현하지 않으면 알 수 없다."

"죽은 사람은 말이 없다."라는 말이 있다. 곁에 있을 때 잘해주지 못하면 다시는 돌이킬 수 없다. 부모님 살아계실 때 잘해주지 못하고 제사 밥을 잘 차려줘도 소용없다. 표현이 어렵더라도 노력해보자. 부모님은 자신의 이야기를 잘 들어주기만 해도 감동을 한다. 부모와의 대화에서도 경청하기와 공감하기를 적절히 사용해보자. 긍정적인 관계를 만들 수 있다. 이글을 읽는 순간 부모님이 생각났다면 당장 전화 한 통을 해보길 바란다.

부부 사이에서 사랑 표현은 매우 중요하다. 아무리 마음속에 '사랑한다.'는 생각이 있어도 표현하지 않으면 모른다. 사랑을 표현하지 않으면 나의 마음을 알아주지 못하는 상대에게 서운하다. 괜히 배우자 행동 하나하나에 꼬투리를 잡고 싶다. 배우자가 무슨 행동을 하든지 마음에 들지 않는다. 이런 상황이 지속되면 오해가 깊어진다. 감정이 격해진다. 자신이 사랑하는 마음을 상대방이 자연스럽게 알아줄 것이라는 생각은 이기적인 생각이다. 우리는 가족을 자신과 동일시하는 경향이 있다. 익숙한 가족이 당연히 내 마음을 알아줄 것이라고 생각한다. 그렇지 못하면 이유 없이 짜증과 화가 난다. 당연히 배우자가 알아서 다 했을 것이라고 생각했는데 현실이 그렇지 않으니 화가 나는 것이다.

그럴 때는 해야 할 일을 정확히 말해주는 것이다. "이따 청소하자."라고 말하는 것보다 "6시에서 7시까지 거실 청소를 하자."라고 구체적으로 말하자. 정확히 말하면 자신이 말하는 바도 잘 전달할 수 있다. 상대방도 배우자가 무엇을 원하는지 정확히 알 수 있다. 결혼 생활이 오래 되다 보면 여러 가족들을 챙겨야 한다. 이것저것 신경 쓰다 보면 정작 부부의 기념일을 잊어버릴 수도 있다. 하지만 결혼기념일과 생일은 꼭 챙겨야 한다. 기념일을 챙긴다는 것은 서로를 존중한다는 의미이다. 생활이 아무리 바쁘고 어려워도 생일과 결혼기념일은 잊어버리지 말자. 그날은 작은 선물을 준비하자. 근사한 곳에 가서 밥을 먹자. 처음의 초심을 생각하고 서로를 존중해주자.

정확하게 감정 표현을 하자

감정 표현은 중요하다. 우리는 어릴 적부터 표현하는 법을 제대로 배우지 못하며 자랐다. 화를 내며 감정을 표현할 때 울지 않으면 '착한 아이'로 인정받기도 했다. 감정을 억누르며 화를 억제하면 진짜 자신을 찾지 못한다. 기쁨과 즐거움만 감정이 아니다. 화남과 분노도 감정의 일부다. 화남과 분노도 인정해야 한다. 감정을 표현하지 않고 살게 되면 내면에 화가 쌓인다. 그러므로 그때그때 감정을 표현하는 것이 좋다. 감정을 표현하는 것은 꼭 말로 하지 않아도 된다. 자신의 감정을 글로 써보거나 그림을 그려볼 수도 있다. 노래를 부를 수도 있다. 이런 것들을 하면서 자신의 감정을 표현하고 나면 마음속이 정화되는 느낌을 받는다. 울고 나면 개운한 것과 같은 것이다. 그러므로 우리는 감정을 표현하는 연습을 하도록 하자. 모든 일에는 원인이 있다.

화가 났다면 화가 난 원인이 있을 것이다. 여자들의 화가 난 원인의 대부분은 공감하지 않는 것 때문이다. 힘들다고 하는데 "그 정도는 참고 살아야지."라고 당연한 듯 표현해버리면 마음의 문이 닫히게 된다. 연애를 할 때는 말하지 않아도 자연스럽게 감정을 표현했다. 상대가 기뻐하는 모습을 보면 애정 표현을 더 많이 한다. 사랑에도 유효기간이 있듯이 결혼 후에도 어느 정도 지나면 사랑이 무뎌진다. 사랑이 무뎌지는 단계가 오더라도 우리는 사랑을 표현하는 일을 연습하고 노력해야 한다. 말로 하기 쑥스럽다면 자신의 감정을 편지에 적어서 전달해보는 것도 좋다. 무엇보다 중요한 것은 자신의 감정을 먼저 돌아보는 것이다. 자신의 감정을 알지 못하면 공감도 할 수가 없다.

표현하지 않는 사랑은 사랑이 아니다. 첫째, 자기 자신을 관찰하자. 객관적으로 표현해보자. 자기 자신을 분석하자. 둘째, 감정을 표현하려는 연습을 하자. 말로 어렵다면 편지로 해보자. 셋째, 당연하다는 생각을 버리고 배우자에게 감사하는 습관을 들이자. 상대가 있는 것 자체만으로 감사하다고 생각하자. 넷째, 부정적인 생각을 버리자. 부정적인 말을 1로 했다면 긍정적인 말은 3배 더하자. 긍정적인 표현이 부정적인 표현을 덮을 것이다. 다섯째, 상대를 있는 그대로 인정해주자. 상대를 변화시키려고도 바꾸려고도 하지 말고 있는 그대로 인정해주려 노력하자. 배우자의 행동이 마음에 들지 않더라도 장점만을 보려고 노력하자.

이 다섯 가지만 지켜도 우리는 행복한 결혼 생활을 할 수 있을 것이다. 표현하지 않는 사랑은 사랑이 아니다. 아무리 마음속에 있어도 표현하지 않으면 모른다. 잘 되지 않더라도 계속 사랑 표현 연습을 하자. 사랑 표현은 행복의 지름길이다.

부부가 서로 해주는 행복의 한마디

"이따 청소하자."(×)
"6시에서 7시까지 거실 청소를 하자."(○)

상대에게 원하는 바를 정확히 표현하자. 구체적으로 말하자. 정확히 표현해야 자신이 원하는 의도가 잘 전달된다. 서로 오해가 없다. 말을 돌려 말하면 오해가 생길 수도 있다.

"요즘 너무 힘들어."
"그 정도는 참고 살아야지."(×)
"요즘 당신이 고생이 많네."(○)

감정을 공감하지 않으면 갈등이 일어난다. 고생하는 것을 당연한 듯 여기면 상대는 마음의 문을 닫는다. 그러므로 감정을 표현하는 연습을 하도록 하자. 감정 표현은 말이나 편지, 문자로도 할 수 있다. 자신의 감정을 돌아보고 공감하는 연습을 하자.

8
결혼 생활에도 노력이 필요하다

> 결혼이란 단순히 만들어 놓은 행복의 요리를 먹는 것이 아니라,
> 행복의 요리를 둘이 노력해서 만들어 먹는 것이다.
> – 피카이로

우리는 어떤 일을 하기 위해서 목표를 정하고 계획을 한다. 목표를 정하면 그것을 이루기 위해 노력을 한다. 목표를 이루기 위해 노력하는 이유는 현재보다 더 나은 생활을 하기 위해서다. 부자가 되기 위해서다. 자신이 하고 싶은 일을 하기 위해서다. 노력한다는 말은 쉽다. 하지만 실제로 노력을 하는 과정은 힘들다. 노력을 지속적으로 하기 힘든 이유는 하기 싫은 일을 해야 하기 때문이다. 하기 싫은 일이 몸에 익을 때까지 반복해야 하기 때문이다.

연애시절에는 서로에게 잘 보이기 위해 노력했다. 서로에게 노력하지 않으면 권태기가 온다거나 헤어졌을 것이다. 우리는 결혼하기 위해 노력한다. 그런데 결혼을 한 후의 노력을 생각해봤는가? 결혼을 한 후 그대

로 두면 행복이 지속되지 않는다. 결혼을 한 후 노력이 더 중요하다.

결혼 후 서로 노력을 해야 행복하다

　결혼과 혼인신고는 새로운 시작이다. 결혼할 때까지도 중요하지만 더 중요한 것은 결혼해서 잘 사는 것이다. 결혼을 한 후 잘 살고 싶다면 노력하도록 하자. 노력을 해서 해결되는 일이 있고 해결되지 않는 일이 있다. 무슨 일이든 잘하려면 노력이 필요하다. 자신이 독립적이지 못한다면 독립성을 기르는 노력을 해야 한다. 자존감이 낮다면 자존감을 높이는 노력을 해야 한다. 노력을 한다고 해도 빨리 변하지 않을 수도 있다. 하지만 시도를 계속해야 한다.

　계속 시도한다면 점점 나아진다. 못하는 것을 잘하고 싶다면 자신만의 틀을 없애야 한다. 자신이 정답이라고 알고 있는 절대적인 것을 버려야 한다. 그래야 새로운 것을 받아들일 수 있다. 자신이 가진 틀을 버리기는 쉬운 일이 아니다. 하지만 잘못된 습관이나 틀을 가졌다면 과감히 버려야 한다. 새로운 것에 맞게 받아들여야 한다.

　나는 학교에서 아이들에게 '치아를 만드는 것'을 가르친다. 학생들에게 조언을 해주면 받아들인다. 노력을 한다. 하지만 노력을 하지 않거나 조언을 무시하는 경우도 많다. 학생들은 자신이 열심히 한 작품을 잃어버릴까봐 애지중지한다. 이런 태도는 좋지 않다. 자신이 만든 작품을 끊임없이 다양한 각도에서 관찰해야 한다. 많이 연습하여 반복하는 노력을 해야 한다. 나는 치아 만드는 것을 배우면서 장인 정신을 배웠다. 지인 소장님께서는 전 재산을 정리하고 일본에 연수를 가셨다. 전 재산을 정리하고 일본 연수를 갔는데 석고 조각을 6개월 동안 했다고 한다. '내가 이러려고 유학을 왔을까?'라고 생각하셨다고 한다. 소장님은 일본 연수에서 돌아와서 더 큰 성공을 할 수 있었다. 치아를 다방면에서 관찰하고 깊이 보셨다고 한다. 깊이 모방하다 보면 실력이 향상된다. 실력이 향상되면 속도를 낸다. 똑같은 치아지만 자신의 능력에 따라 달라진다. 치아를 보는 눈이 성장하면서 치아가 다르게 보이게 된다.

도자기를 굽는 장인도 작품이 마음에 들지 않으면 깨버린다. 다시 시작한다. 나는 처음에 치아를 만드는 것이 너무 어려웠다. 반복해서 노력했다. 마음에 들지 않는 것은 버렸다. 시행착오를 겪었고 결국 잘하게 됐다. 지금은 '치아 조각하는 법'을 학생들에게 가르치고 있다. 어떤 일을 할 때는 자신의 틀을 깨고 배운 것을 내 방식대로 바꾸려고 노력해야 한다. 모방은 창조의 어머니이다. 모방을 하다 보면 새로운 창조가 탄생한다. 조물주가 만든 자연치를 따라한다는 것은 신의 경지를 모방하는 것이다. 이 과정은 경이롭다. 못하는 것을 잘하게 되면서 세상에 못할 게 없겠다는 자신감을 얻는다. 치과 기공소에서 여러 사람을 만났다. 혼신의 힘을 다해 자신의 작품을 만드는 분들을 여럿 보았다. 하지만 자신만의 틀에 갇혀서 빠져나오지 못하고 자신만의 틀 안에서만 사는 사람들도 많이 만났다. 이런 분들은 '자신이 최고다.'라고 생각한다. 새로운 것을 배워도 자신의 한계를 넘지 못하고 끝까지 자신만의 틀을 고집한다. 나는 과감히 잘못된 나의 틀을 없애버리기로 했다. 여기에서 틀이란 나만의 한계를 극복하지 못할 거라는 생각, 게으르고 미루는 잘못된 습관, '잘하지 못할 것이다.'라는 부정적인 생각 등을 말한다. 틀을 없앤다는 것은 결국 기본에 충실한 것이다. 초심과 기본을 잘 지키는 것이다. 초심과 기본을 잘 지키고 배운 것을 꾸준히 노력하면 되지 않을 것은 없다. 이러한 장인 정신은 결혼에도 필요하다.

결혼에서도 처음에 약속했던 초심과 기본을 잘 지켜야 한다. 그리고 이것을 유지하도록 꾸준한 노력이 필요하다. 결혼이라는 예술 작품은 둘이 함께 만들어나가는 것이다. 결혼식을 준비하는 것이 결혼의 끝이 아니다. 결혼을 하는 순간 새로운 시작이라는 것을 인지하자. 부부 사이에서 문제가 발생한다면 그것을 해결하기 위해 노력을 해야 한다. 나 역시 결혼하기 전에는 결혼식을 하는 것이 목적이기도 했다. 하지만 7년간 결혼 생활을 하면서 느낀 점이 있다. 행복한 결혼 생활은 꾸준한 노력이 뒷받침되어야 한다는 것이다. 부부관계를 잘 풀어가는 것은 어렵다. 부부관계는 그냥 두어서는 안 된다. 절대로 저절로 그냥 좋아지거나 나아지지 않는다.

행복한 결혼 생활을 위해 노력해야 할 점 3가지를 알아보자

그렇다면 행복한 결혼 생활을 위해 노력해야 하는 것들에는 어떤 것들이 있을까?

첫째, 자신의 감정을 들여다보자. 자신의 감정을 정리해보자. 때때로 우리는 이유 없이 배우자가 보이면 짜증을 내기도 한다. 주말에 신랑을 보면 갑작스런 잔소리가 튀어나온다. 잦은 야근으로 평소에 독박 육아를 하며 힘들었던 점이 나도 모르게 올라온 것이다. 일단 자신이 짜증을 냈다면 자신을 한번 바라보아야 한다. 그리고 평소에 이런 감정들을 일기처럼 적어보라. 일기에 적으면 자신이 어떤 상태인지 객관적으로 보게 된다. 부부싸움을 하다 보면 무엇 때문에 싸웠는지 잊어버리는 경우가 있다. 말투와 감정이 격해지면서 이성을 잃는다. 평소에 자신이 서운한 점이 무엇인지 배우자가 어떤 일을 해줬으면 좋겠는지 정리를 해보자. 무조건 짜증 섞인 말투와 표정으로 기대를 하면 배우자는 모를 것이다. 칼 융은 "다른 사람에게 짜증이 나면 자신을 돌아보라."라고 말했다. 감정적으로 격해지기 전에 자신의 생각을 정리하자. 생각이 정리되면 원하는 바를 정확하게 전달하자.

두 번째는 상대방을 이해하려는 노력을 하자. 결혼을 하면 스타일 하나하나 간섭을 하고 바꾸려는 사람이 있다. 하지만 이런 점은 잘못 됐다. 권유 정도는 할 수 있다. 하지만 배우자의 모든 것을 바꾸려고 하면 안 된다. 만약 내 신랑이 나의 모든 것을 바꾸려 하는 사람이었다면 나는 그와 결혼하지 않았을 것이다. 다행히 신랑은 내 스타일에 관여하지 않는다. 결혼을 했다고 해서 배우자가 자신의 소유물은 아니다. 배우자의 개성을 존중해주자. 이해하기 위해 노력하자. 지인 언니는 남편의 옷 스타일이 마음에 안 들어 바꾸고 싶었다고 한다. 처음에는 스타일을 바꾸기 위해 여러 노력을 했지만 지금은 존중해준다고 한다. 결혼을 한 지 7년쯤 되자 존중해줄 것은 존중해주고 고칠 것은 고치는 것 같다. 상대방은 자신이 아니다. 있는 그대로 존중하고 이해하려는 노력을 하자.

세 번째는 배우자를 진정으로 공감하자. 3장에서 경청에 대해 이야기를 했다. 진정한 경청과 공감을 해야 한다. 배우자가 이야기를 하면 눈을 보고 경청을 하자. 배우자의 말이 끝나면 배우자의 말을 약간 요약해서 공감을 하자. 흥미롭게 공감하면 진정한 소통이 된다. 배우자가 공감을 잘해주면 계속 이야기를 하고 싶어진다. 진정한 공감은 마음이 통한다. 이런 모든 것은 노력이 필요하다. 간혹 이혼이 정답이라고 말하는 사람이 있다. 부부 갈등 문제를 해결하지 않고 쉽게 이혼을 한다면 또 다시 같은 문제에 봉착하게 된다. 불가피할 경우 이혼을 할 수 도 있다. 하지만 일단 모든 노력을 해 보자. 행복한 결혼 생활을 위해 자신을 돌아보고, 상대방을 이해하고, 배우자의 개성과 정체성을 존중해주는 노력을 해보자.

결혼 생활에도 노력이 필요하다. 에리히 프롬은 『사랑의 기술』에서 사랑도 배워야 하는 기술이라고 말했다. 사랑은 빠지는 게 아니라 단단한 땅에 발을 딛고 서는 것과 같다. 사랑은 수동적인 것이 아니라 능동적인 것이다. 사랑은 받는 것이 아니라 주는 것이다. 사람은 때로는 하기 싫은 일도 하고 살아야 한다. 모든 일의 노력이란 하기 싫은 일도 꾸준히 하는 반복이다. 행복한 결혼 생활은 그냥 이뤄지지 않는다. 행복하자는 각오가 있어야 한다.

비온 뒤에 땅이 굳어지듯 부부싸움을 하고 해결하기 위해 노력해야한다. 시행착오를 겪고 더 나은 방법을 찾아야 한다. 배우자에게 먼저 화를 내기 전에 자신을 객관적으로 바라보자. 배우자는 모든 것을 해결하고 치유해줄 수 없다. 배우자가 나의 마음을 다 읽어줄 것이라는 기대는 버리자. 원하는 바를 확실하게 말하자. 부부는 기쁨과 슬픔을 함께 겪으며 더욱 성장할 것이다. 결혼 생활을 하다 보면 싸우기도 하고 분노가 폭발하기도 한다. 어느 부부에게나 위기는 온다. 위기가 왔을 때 어떤 식으로 대처하느냐에 따라 결혼 생활의 행방이 결정된다. 상대방의 마음을 헤아리자. 끊임없는 대화와 소통을 하자. 끊임없는 노력으로 행복한 결혼 생활을 지속하도록 하자.

부부가 서로 해주는 행복의 한마디

"세차해줘서 정말 고마워요. 차가 한층 근사해 보여요."

"쓰레기를 버려줘서 고마워요. 당신이 최고예요."

"그렇게 차려입으니 멋져요."

"당신은 참 긍정적이라서 좋아요."

이는 모두 인정하는 말들이다. 상대방의 성격이나 외모 또는 그가 당신이나 다른 사람들을 위해 한 일에 초점을 맞춘 말일 수도 있다. 인정하는 말이 당신의 사랑을 더 깊이 전해줄 것이다.

– 게리 채프먼, 『결혼 전에 꼭 알아야 할 12가지』중에서

5장

그럼에도
불구하고,
사랑하고
또 사랑하라

1
너와 나는 삶을 함께하는 동반자다

> 결혼은 하늘에서 떨어지고 땅에서 완성된다.
> – 존 릴리

현재의 배우자에게 충실하자

"결혼 인연은 따로 있다."라는 말이 있다. 오래 사귄 애인과 결혼을 하려고 한다. 그런데 결정적인 순간에 결혼이 이루어지지 않는 경우가 있다. 결혼 준비를 하는 과정에서 혹은 신혼여행을 다녀오다가 파혼을 하기도 한다. 오래 사귄 연인과 헤어지고 갑자기 선을 봐서 만난 사람과 결혼을 한다. 결혼이 성사되는 것은 하늘이 맺어주는 인연이다. 힘든 일이다. 결혼을 하는 것은 힘들다. 하지만 중요한 것은 결혼해서 잘 사는 것이다.

결혼은 하늘에서 정해주는 운명 같은 씨앗이라고 하자. 하늘에서 결혼이라는 씨앗을 땅에 뿌린다. 가꿔야 하는 것은 부부의 몫이다. 씨앗이 나무가 되고 열매가 맺는 큰 나무로 성장하기까지는 여러 가지 풍파를 겪는다. 부부가 함께 비바람을 맞고 성장해야 한다. 비바람을 버티면 튼튼하고 건강한 나무가 될 수 있다. 나무는 그냥 자라지 않는다. 결혼이라는 씨앗을 가꾸자. 씨앗이 큰 나무로 성장할 수 있도록 돕자. 함께 가꾸고 노력하자.

유명인 인터뷰에서 "다시 태어나도 현재 배우자와 결혼하겠습니까?"라는 질문을 하곤 한다. 당신은 다시 태어나도 현재 배우자와 결혼하겠는가?

'예전에 사귀던 다른 사람과 결혼했으면 더 나았을 텐데.'라고 생각하는 사람들이 있다. 하지만 이런 질문을 하는 것은 어리석다. 이미 결혼해서 남편도 있고 아이들도 있다. 도대체 왜 그런 어리석은 질문을 한단 말인가? 다시 그때로 간다고 해도 당신은 지금의 배우자를 선택했을 것이다. 현재를 바꿀 수 없는 질문은 상상도 하지 말자. 현재 문제가 있는 사람이 새로운 사람이 만나면 해결될까? 다른 사람을 선택했다고 해도 지금의 현실은 크게 바뀌지 않았을 것이다. 항상 남의 떡이 커 보인다. 다른 배우자를 선택했으면 더 나은 삶을 살았을 것 같다. 하지만 그들도 또 나름의 문제가 있다.

완벽한 사람은 없다. 사람은 모두 장점과 단점을 가지고 있다. 다른 사람과 결혼했다고 해도 현실의 문제는 같을 것이다. 현재의 배우자를 소중히 여기자. 다른 생각 말고 현재의 배우자에게 잘해주자.

어릴 적 나는 할머니와 함께 살았다. 할아버지께서는 자식 10남매를 두고 일찍 세상을 떠나셨다. 아빠께서는 힘든 할머니 옆에서 도울 일을 찾으셨다. 하루는 아빠께서 "학교 그만두고 돈 벌고 싶어."라고 말씀하셨다. 할머니께서는 "네가 학교를 그만두면 나는 모든 희망을 잃는다. 꼭 끝까지 학교를 다녀라."라고 말씀하시며 금반지를 팔아 등록금을 마련하셨다. 아빠께서는 무사히 학교를 마칠 수 있으셨다. 최근 교장선생님으로 퇴임하셨다. 어릴 적부터 할머니를 도우셔서 그런지 아빠께서는 가정적이셨다. 엄마께서는 결혼을 하고 '파'를 사오는 아빠의 모습을 보고 놀라셨다고 한다. 외갓집에서는 그런 모습을 못 봤기 때문이다. 어릴 적 부모님은 맞벌이를 하셨다.

아빠께서 교사였기 때문에 빨리 퇴근하셨다. 우리와 함께했다. 아빠께서는 퇴임을 하시고 작은 사무실에서 퇴임하신 분들과 모임을 이루셨다. 여러 가지를 함께하신다. 함께 장을 봐서 요리를 해서 드신다. 서로의 재능기부로 새로운 것을 배우기도 하신다. 최근에는 광주 '김치 타운'의 김장하기 프로그램에 참여하셨다. 멤버들과 함께 김장도 하셨다. 남자 분들이 일찍부터 김장하러 오신 탓에 취재까지 했다고 한다.

분명 퇴직을 하여 밥 세끼 챙겨달라는 '삼식이'와는 다른 모습이다. 아빠께서는 생각한 것은 즉시 실행하신다. 직접 장을 보셔서 요리하는 즐거움도 느끼신다. 가족의 중요성을 항상 먼저 생각하신다. 그래서 친구분들에게도 주말에는 가족과 함께 할 것을 꼭 강조하신다. 가족에게 최선을 다하신다. 자신의 할 일도 최선을 다하시는 아빠의 모습이 너무 멋지시다. 우리가 원하는 '자발적 독립적인 남편'의 이상적인 모습이 아닌가? 이런 아빠가 있기까지는 엄마의 역할도 컸다고 생각한다. 엄마는 성질이 급하신 아빠의 이야기를 잘 들어주셨다. 부모님이 타협하여 문제를 해결하는 모습을 어릴 적부터 많이 봤다. 두 분의 모습을 보고 있으면 그 야말로 '천생연분'이 아닌가 싶다. 결혼을 해보니 잘 이해하고, 공감한다는 것, 나를 낮추는 것이 결코 쉽지 않음을 느낀다.

긍정적으로 의식을 바꾸자. 상대의 탓을 하지 말자

부부를 보면 '닮았다'라는 말을 한다. 연애를 시작할 때도 호감이 있는 사람에게는 자신도 모르게 서로의 행동을 따라한다. 왠지 모르게 서로에 대한 느낌이 닮아 있다. 같은 밥을 먹고 같은 문제를 풀다 보면 어느새 우리는 닮아 있다. 알게 모르게 닮아 있는 부부, 부부는 서로의 거울이자 또 다른 나의 모습이다. 천생연분 부부란 상대의 장점을 극대화해준다. 단점을 서서히 변화시킨다. 흔히 사람은 변하지 않는다고 생각할 수 있다. 하지만 긍정적 변화들은 실제로 상대를 변화하게 한다. 부부 사이에서 긍정적 관계를 만들어 가는 것은 배려이자 양보이다. 서로에게 행동해주기를 바라기보다는 서로에게 도움 되는 일이 무엇인지 생각해보는 실행력이다. 한 문제를 잘 풀어가기 위한 타협이기도 하다. 불행한 결혼은 자신의 책임을 인정하지 않는 데서 비롯된다. "당신 때문에 내 인생이 망가졌어!"라고 비난하지 말자. "당신 때문에"라는 말은 모든 책임이 100퍼센트 상대에게 있다고 비난하고 있는 것이다. 결혼 생활이 불행한 것은 자신의 책임을 인정하지 않는 데서 온다. "나에게 절반의 책임이 있어!"라고 부분적으로 인정하자.

부정적인 의식을 가진 자신을 한번 되돌아보자. 부정적인 의식을 가졌다면 긍정적으로 변화시키자. 비난과 방어를 하는 말버릇도 돌아보고 긍정적으로 바꾸도록 하자. 만약 부부 중 한 명이 비난을 하고 있다면 방어로 대처하지 말고 인정하고 경청하자. 진정성이 느껴지는 경청을 하면 배우자는 더 이상 당신을 비난하지 않을 것이다. 아직 행복하지 않다면 우리는 행복하려 하기보다는 불행에서 벗어나야 한다. 불행한 삶의 고리를 끊어야 행복한 삶으로 가기 위한 기본 상태가 될 수 있다. 불행한 삶의 고리를 끊기 위해서는 자신의 말과 행동을 바꿔야 한다. 자신이 바뀌지 않고는 절대 행복한 결혼 생활로 갈 수 없다. 행복은 대단한 것으로 얻어지지 않는다. 부정적인 의식을 긍정적으로 바꿈으로써 행복이 시작된다. 작은 생활 습관과 말버릇을 바꾸는 것에서 행복이 시작된다는 것을 명심하자. 지금 결혼 생활이 너무 불행해서 행복을 생각할 여지도 없는가? 그렇다면 불행에서 빠져나오기 위해 부정적 의식을 바꾸자. 최소한 마음은 편히 살아야 할 것이 아닌가? 지금 당장 불행에서 빠져 나와라!

나는 이제 결혼 7년차에 들어선다. 그렇다면 '당신의 결혼 생활은 행복한가?'라고 반문할 수도 있다. 솔직히 말하자면 그렇지 않다. 하지만 불행한 것은 아니다. 책을 쓰면서 나에 대해 많이 돌아보게 됐다. 내가 '왜 결혼 생활에 만족을 느끼지 못했는가?'라는 수많은 질문을 하며 책을 썼다. 나 또한 앞으로 그동안 했던 부정적인 말버릇과 의식을 바꾸려고 노력할 것이다. 불행하지 않기 위해 나 먼저 바꾸는 연습을 할 것이다. 아내가 행복해야 남편이 행복하다. 엄마가 행복해야 아이가 행복하다. 그러므로 내가 행복해야 가족이 행복하다.

어떤 사람은 '꼭 행복할 필요가 있는가?'라는 질문을 던지기도 한다. 꼭 행복해질 필요는 없다. 하지만 최소한 불행하지는 않아야 한다. 불행에서 나오면 자연스레 우리는 행복을 찾는다. 어차피 한 번밖에 살지 못하는 인생이다. 불행하게 산다면 인생이 너무 괴롭다. 우리는 행복하기 위해 끊임없이 노력해야 한다. 불행에서 빠져나와야 한다.

결혼은 하늘이 정해준 운명적 인연이다. "결혼은 하늘에서 떨어지고 땅에서 완성된다." 영국의 소설가 존 릴리의 말이다. 결혼은 운명처럼 느껴지지만 사랑의 완성은 부부의 노력이다. 결혼이 소중하다는 사실을 잊지 말자. 우리는 배우자와 함께하기로 했다. '항상 함께할 것'이라는 믿음을 버리지 말자. 결혼제도에 대해 비판적으로 말을 하는 사람들이 있다. 실제적 결혼제도가 싫은 것인지 유교적 전통의 결혼이 싫은 것인지 생각해보자. 자신이 불행한 것은 결혼을 해서가 아니다. 자신의 마음가짐에 달려있다. 우리는 흔히 결혼의 장점을 당연하게 여긴다.

결혼을 해서 장점도 많은데 단점을 부각시키지는 않았는지 생각해보자. 결혼에 대한의 인식은 점점 바뀌고 있다. 하지만 아직도 사회적으로는 전통적 결혼관을 가진 사람들이 많다. 30대의 엄마들은 성역할을 하려고 결혼하지 않았다. 서로가 빛나는 동반자적 결혼을 원한다. 동반자적 결혼의 형태일 때 결혼만족감이 상승한다. 결혼만족감이 높아지면 행복한 결혼 생활은 보장된다. 성역할을 강요하지 말고 동반자적 결혼에 이르도록 노력하자. 서로의 성장을 보며 우리는 더욱 결혼에 대해 만족할 것이다.

부부가 서로 해주는 행복의 한마디

"우리는 이 문제를 해결할 수 있어."

"함께 노력합시다."

"잠깐 쉬었다가 합시다."

"우리 서로를 공격하기 시작하는 것 같아. 문제를 해결하는 데 집중하기로 합시다."

"결혼 생활이 가끔 힘들 때도 있지만, 다른 누구보다 당신과 함께 사는 게 좋아."

"당신은 나에게 정말 중요한 사람이야."

결혼 생활의 문제들을 함께 해결하고자 할 때 활용하면 좋은 말들이다. 문제가 생기면 배우자와 함께 그 문제를 해결할 수 있다.

– 그레고리 팝캑, 『사랑의 완성 결혼을 다시 생각하다』 중에서

2
결혼을 통해 또 다른 나를 발견하라

> 좋은 결혼 생활은 개인의 변화와 성장,
> 사랑을 표현하는 방식에 있어서의 변화와 성장을 가능하게 해준다.
> – 펄 벅

결혼을 하면 다른 나를 발견하게 될까? 결혼하기 전에 아이 셋을 데리고 다니는 엄마들을 보면 혀를 내두르곤 했다. '어떻게 저게 가능할까? 대단하다.'라고 보기보다는 '난 저렇게 되지 않아야지.'라는 생각이 강했다. 지금은 아이 둘의 엄마가 되었다. 지금은 '셋이 있으면 행복하겠다.'라고 시선이 바뀌었다. 엄마들은 힘든데 왜 아이를 또 낳는 걸까? 행복의 힘이 그만큼 강하기 때문이다. 결혼은 그렇게 내면과 외면을 성장시켜줬다. 새로운 나를 만나게 했다.

결혼 후 달라진 점들에 대해 엄마들에게 물었다

나는 지역 온라인 카페에 가끔씩 들어가서 정보 공유를 했다. 결혼을 준비하면서부터다. 가끔씩 카페에 글을 적고 오프라인으로 참여도 했다. 결혼 전에는 이런 활동들을 거의 하지 않았다. 나는 엄마들이 추천하는 병원을 간다거나 아이 문제로 힘들 때 검색하며 도움을 받았다. 플리 마켓에 참여해보기도 했다. 온라인에서 정보를 보고 오프라인으로 구매를 했다. 이벤트에 참여하기도 했다. 이벤트 행사에 가서 모르는 사람들과 인사하고 인간관계로 발전되기도 했다. 결혼 전과 결혼 후는 정말 다른 것 같다. 나는 엄마들의 의견이 궁금했다.

내가 활동하고 있는 지역 카페 게시글에 '결혼 후 달라진 것들'에 대해 물었다. 2018년 9월 5일 총 257명 클릭에 63명의 엄마들이 대답했다. 엄마들은 다양한 의견을 줬다. 결혼 후 달라진 점은 4가지로 정리할 수 있었다. 나도 이 모든 것들을 공감한다.

1. 다이어트하고 싶다. 몸이 많이 달라졌다.
2. 자신이 사라진 것 같다. 관심이 아이 남편으로 바뀌었다.
3. 세상을 보는 시선이 달라졌다. 어른이 된 것 같은 느낌이다. 안 바뀐 것이 더 찾기 힘들다.
4. 시간이 없다. 결혼 전 혼자인 시간이 싫었다. 아이 낳으니 혼자인 시간이 좋다. 작은 것에도 행복을 느낀다.

사람들은 결혼을 해서 행복하지 않을 거라 생각할 수도 있다. 하지만 현실에서 엄마들은 결혼을 해서 행복감을 느끼고 있었다. 자신에 대해 모든 것이 집중되어 있었던 아가씨들은 아이와 남편을 생각하는 엄마가 됐다. 아가씨 때는 쇼핑을 해도 힐이나 치마, 화려한 옷들 위주였다. 하지만 결혼 후에는 자신의 옷보다 신랑 옷과 아이 옷을 사는 데 집중했다. 결혼 전에는 오롯이 24시간을 자신에게 집중할 수 있었다. 결혼 후에는 24시간 중 자신의 시간을 내는 것은 노력이 필요했다. 워킹맘을 하고 잠깐의 수다만으로도 행복을 느끼기도 했다. 아이들이 조금 더 크면 결혼 전 했던 것들을 아이들과 같이 해보려고 한다는 의견도 있었다. '과거로 가서 아이 낳을래 말래 하면 무조건 낳는다.'고 했다. '내가 이겨야 한다.'는 마음이 강했던 사람은 결혼을 해서 마음이 유연해졌다고 했다. 이렇게 결혼을 하고 아이를 키우며 또 다른 자신을 만난다. 또 다른 자신을 만나는 것이다.

결혼을 하면 새로운 나를 만난다

아이가 성장한다는 것을 지켜본다는 것은 어떤 것일까? 생명이 탄생하는 것은 경이롭다. 결혼을 하고 아이가 태어나는 감동을 맛보았다. 나와 신랑을 반 정도 닮은 아이들을 보면서 너무도 신기했다. 아이가 태어나서 젖을 먹는다. 신생아에서 100일까지 엄청난 성장을 한다. 내 몸에서 나온 모유가 아이를 성장시킨다는 것에 대해 궁금했다. 그래서 모유 성분을 분석해주는 이벤트에 참여했다. 우체국 택배로 아이스박스 상자가 하나 왔다. 4개의 실험용 Tube에 모유를 유축하고 3일간 식단 일기를 썼다. 모유는 분유보다 무려 32배나 면역 성분이 높고 락토스나 콜레스테롤이나 타우린 같은 호르몬들이 뇌세포를 활성화시켜서 지능지수나 감성지수를 높인다고 한다. 모유 분석 결과 양호한 모유로 판정받았다. 이러한 실험과 연구 결과가 얼마나 맞는지는 모르겠다. 하지만 나의 몸에서 나온 하얀 액체가 아이를 성장시킨다고 하니 너무도 경이롭다.

아이가 아프면 엄마도 아프다. 당연하다. 현실은 아이가 아프면 엄마가 더 힘들다. 아픔으로 힘든 짜증과 고통을 다 받아주어야 한다. 아이가 처음 입원했을 때 너무나 힘이 들어서 울었다. '엄마가 된다는 게 이런 것인가?'를 생각하며 힘든 시간을 보냈다. 그래서 처음 입원한 이후로 무조건 1인실만 썼다. 그리고 최근 아이가 입원하여 다인실을 한번 써보았는데 괜찮았다. 같은 방 다른 엄마가 힘들게 아이 둘을 보고 있었다. 아기 기저귀를 봤더니 많이 젖어 있어서 내가 갈아줬다. 잠깐 병실을 쓰면서도 서로 챙겨주고 도와주는 사이가 되었다. 진정한 아줌마가 된 것인가? 나는 나에게 많이 놀랐다. 내가 성장했음을 느꼈다. 어떤 아이 엄마하고도 자연스럽게 이야기할 수 있는 내가 낯설었다. 그만큼 성장했다. 그렇게 나는 자연스럽게 성장하고 외부의 세계를 완성하는 인간이 되어가고 있었다.

나는 아이를 키우며 미처 생각하지 못했던 인간의 성장을 봤다. 목을 가누고 뒤집기를 하고 혼자 앉기와 스스로 서기를 봤다. 그리고 마침내 이뤄낸 독립보행. 보행을 하기 위해 아이와 함께 연습했다. 독립적인 보행을 했을 때 느끼는 감동이란 눈물겹다. 아이를 키우며 인간이 보행을 한다는 것이 얼마나 경이로운 일인가를 알게 됐다.

아이와 함께 느리게 걸으면서 세상의 아름다움을 봤다. 아이를 낳으면 희생이고 둘만 살면 자유롭다고 말하기도 한다. 하지만 그것 역시 편견일 수 있다. 육아의 현실 속에서도 아이들이 성장하는 모습을 보면 너무도 가슴이 벅차오른다. 당연하다고 생각했던 것들이 다르게 느껴졌다. 나는 내가 근무하는 학교에서 학생들에게 유치에 대해서 가르쳤다. 유치란 처음에 나는 젖니이다. 치아형태학 책에는 유치의 발달 과정에 대한 이론이 나와 있다. 나는 아이 유치를 보면서 이론과 맞는지 적용해보기도 했다.

엄마가 됨으로써 부모님을 이해하고 할머니의 삶을 이해하게 되었다. 나는 어릴 적 할머니와 같이 살았다. 할아버지는 일찍 돌아가셨다. 할머니는 10남매를 혼자서 힘들게 키우셨다. 힘들게 10남매를 키우면서도 교육만큼은 꼭 시키려고 하셨다. 그래서 10명 중 5명은 교육 쪽에 종사하신다. 아빠도 그 중 한 명이시다. 나는 2명 키우는 것도 이렇게 힘든데 할머니는 얼마나 힘드셨을까? 공감이 됐다.

아이를 낳기 전에 좋은 부모에 대해 생각했다. 좋은 부모란 책을 읽는 모습을 직접 보여준다. 실천하는 모습을 직접 보여주면 자연스럽게 아이들이 그 모습을 보여준다. '모범을 보여주는 좋은 엄마가 되고 싶다.'라고 생각했다. 교육에 관련된 책을 읽었다. 아이를 낳으면 어떤 일이 일어날지 생각도 못한 채. 직접 아이를 낳고 키워보기 전까지는 아이를 낳고 키운다는 것에 대해 현실적으로 생각하지 못했다. 사람은 누구나 자기가 겪어보고 체험을 해보기 전까지는 대충 짐작만 할 뿐 모른다. 결혼에 대한 낭만이 있었듯 좋은 엄마가 되고 싶은 로망이 있다.

요즘 사람들이 결혼을 기피하는 이유도 여기에서 한 가지 찾을 수 있다. '너무 완벽한 엄마, 좋은 엄마'가 되고 싶은 것이다. 우리 엄마는 아침밥도 다 차리고 집안일도 다 하고 출근까지 하시는 완벽한 엄마이다. 나는 그렇게 완벽한 엄마가 될 자신이 없는 것이다. 완벽한 엄마이지 않아도 괜찮다. 우리가 걱정하는 모든 것은 현실로 일어나지 않는다. 꼭 영어유치원에 보내야 하는 것도 아니다. 꼭 프로그램을 시켜야 하는 것도 아니다. 완벽하지 않아도 괜찮다. 처음부터 완벽하게 하려고 하니까 못하는 것이다. 모든 일이 그렇지 않은가? 완벽한 엄마가 되지 않아도 괜찮다. 실제로 둘째를 키워보면 그 말이 사실이라는 것을 알게 된다. 첫째 때 벌벌 떨며 못하게 했던 것들을 둘째가 태어나면 내버려둔다.

우리는 흔히 '결혼은 무덤이다.', '결혼은 희생해야 하는 것', '결혼은 행복으로 시작해서 불행해 지는 것' 등이라는 편견을 안고 산다. 하지만 실제로 인생에서 가장 잘한 일을 적어보라고 하면 가족을 빼놓지 않는다. 결혼한 사람들은 하나같이 제일 잘한 일을 '결혼을 한 것', '자녀를 낳은 것' 등을 적었다. 나 역시 그렇게 적었다. 결혼을 해서 새로운 상황에 놓인다는 것은 힘든 일이다. 새로운 관계를 만들어나가고 새로운 일을 한다는 것은 두려운 일이다. 하지만 결혼을 하면 새로운 나를 만나게 된다.

결혼은 또 다른 나를 발견하는 과정이다. 결혼을 함으로써 또 다른 나를 만난다. 그것은 원래 가지고 있던 성향의 정반대의 나일 수도 있다. 혹은 현재의 나에서 더 발전된 형태일 수 도 있다. 미혼인 상태로 봉사활동을 하고 다른 사람들을 돌보기 위해 결혼을 안 한다는 사람들도 있다. 그들을 높이 생각한다. 그러나 자신의 아이를 키워보면 다른 사람의 아이도 얼마나 소중한지 알 수 있다.

자신의 아이를 직접 키워보고 봉사활동을 한다면 진정한 의미의 봉사에서 자신을 찾을 수 있을 것이다. 자신이 겪어보고 봉사활동을 하면 행복이 더 커진다. 그래서 이런 사람들에게는 결혼을 꼭 해보라고 추천하고 싶다. 결혼을 한다는 것은 나를 넘어 타인을 이해하는 것이다. 결혼을 한다는 것은 진정한 자신을 찾는 것이다.

부부가 서로 해주는 행복의 한마디

"몸이 많이 달라졌어요. 다이어트하고 싶어요."

"자신이 사라진 것 같아요. 관심이 아이 남편으로 바뀌었어요."

"세상을 보는 시선이 달라졌어요. 어른이 된 것 같은 느낌이에요."

"시간이 없어요. 결혼 전에는 혼자인 시간이 싫었어요. 아이 낳으니 혼자인 시간이 좋아요. 작은 것에도 행복을 느껴요."

기혼 여성이 결혼 후 달라진 점들을 말했다. 결혼하고 힘들지만, 행복하다는 의견도 많았다.

3
감정적 이혼은 절대 금물이다

> 소통은 모든 것의 만병통치약이다.
> – 톰 피터스

존 그레이는 낭만적 사랑의 대표적인 예인 로미오와 줄리엣도 빨리 죽였기 때문에 낭만적 사랑이 유지되었다고 했다. 만약 로미오와 줄리엣이 죽지 않고 일반적인 사랑을 했다면 곧 변했을 것이다. 권태기를 느꼈을 것이다. 영원할 것 같았던 둘 사이의 감정은 메말라버렸다. 우리는 부부 사이의 감정이 메마르기 전에 감정 그릇의 물이 마르지 않도록 해야 한다. 부부 사이의 감정의 그릇이 메마르지 않기 위해서는 노력이 필요하다. "호미로 막을 일을 가래로 막는다."는 말이 있다.

어떤 문제가 생겼을 때 처음에 처리했으면 쉽게 해결됐을 것이다. 일을 방치하면 일이 커져 힘들게 된다. 모든 문제는 작은 점에서 시작한다. 작은 점을 방치하게 되면 점점 커지게 된다. 더 심해지면 실제적 이혼에 이른다. 우리는 작은 점의 시작인 감정적 이혼부터 선택하지 않도록 해야 한다.

감정적 이혼이란 무엇일까? 실제로 우리는 우리도 모르게 감정적 이혼을 하고 있을지도 모른다. 감정적 이혼이란 감정적으로 이혼했다는 것이다. 같이 살고 있으면서도 감정적 이혼을 한 상태가 많다. 감정적 이혼의 한 형태로 각방 쓰는 부부가 있다. 쇼윈도 부부도 감정적 이혼 상태라고 볼 수 있다. 지역 맘 카페에서만 봐도 '남편이 너무 싫다.', '남편을 마주치지 않기 위해 계단으로 피했다.' 등의 글을 볼 수 있다. 도대체 서로 사랑했던 우리는 왜 이렇게까지 돼버린 걸까? 부부 사이의 감정이 변하기 전에는 몇 가지 징후들이 있다. 감정이 변하기 전 징후들에 대해 알아보자.

감정적 이혼을 하기 전 징후들에 대해 알아보자

첫째, 부탁을 포기하며 감정의 문을 닫는 일이다. 배우자가 부탁할 때 흔히 집안일을 할 때 배우자가 부탁하는 경우가 있다. "쓰레기 분리수거 좀 해줄래?", "응. 할 건데 5분 후에 할 게." 바로 하는 배우자도 있겠지만 미루는 배우자도 많다. 5분이 지나도 하지 않고 또 미루게 되면 기다리다가 직접 해버린다. 지인 부부들만 봐도 "부탁하려고 말하는 게 더 힘들다. 기다리다가 내가 직접 해버린다."라고 말한다. 기다리는 시간 동안 많은 것을 생각한다. '왜 내가 결혼했을까?'에 이른다. 감정의 문을 닫는 것이다. 배우자가 이런 부탁을 한다면 잠시 하던 일을 멈추고 즉시 해보자.

둘째, 서로 자신의 가족만 생각하는 일이다. 명절 후에 이혼율이 증가한다는 사실은 여러 보도를 통해 알고 있다. 명절이 되면 아내들이 일을 많이 하기 마련이다. 아내의 고생은 알아주지 않은 채 자신의 가족만을 챙긴다면 감정의 문을 닫게 된다. 감정적으로 좋지 않은 상태인데 시댁에서 부당한 대우까지 받는다면 상황이 더 심각해진다. 감정적 이혼 상태가 지속되면 쌓였던 것들이 명절을 보내면서 더 악화된다. 배우자와 단절 상태인데 배우자의 가족이 좋을 수가 없다. 명절 선물은 항상 양가에 비슷하게 하자. 명절 때 배우자가 부당한 대우를 받는다면 중재할 필요가 있다. 명절 후에는 감정적 이혼 후 진짜 이혼을 하는 경우도 많아지고 있다. 그렇기 때문에 따뜻한 관심과 배려가 필요하다.

셋째, 매사에 부정적이고 짜증이 섞인 말투로 대하는 것이다. 배우자가 하는 일과 행동이 모두 마음에 안 든다. 결혼 전에는 대수롭지 않게 그냥 넘겼던 것들이 하나하나 자세히 보인다. 분명히 결혼 전과 후에 똑같은 행동을 하고 있다. 그럼에도 불구하고 결혼 후에는 짜증이 난다. 흔히 말하는 사랑의 콩깍지가 벗겨진 것일까? 어떻게 저런 행동들을 그냥 넘겼었는지 이해가 안 된다. 콩깍지가 씌어 있는 단계에서는 상대방의 단점이 보이지 않는다. 상대에게 무엇이든 해줄 수 있다. 콩깍지 단계에서는 초콜릿 속에도 많이 들어 있는 페닐에틸아민phenylethylamine이라는 신경전달물질이 생성된다. 감정이 메마르면 이런 신경전달물질들이 없어져 버린다. 배우자의 행동에 짜증이 나더라도 직접적으로 말하면 싸움의 원인이 된다. 부정적인 마음을 어느 정도 가라앉히고 말을 해야 한다.

대화 단절 상태인 감정적 이혼을 하지 말자

우리는 지금까지 감정적 이혼의 징후들에 대해 살펴봤다. 이러한 징후들을 무시하고 계속 참고 산다면 쇼윈도 부부가 된다. 쇼윈도 부부의 상태가 심해지면 진짜 이혼을 한다. 공식적으로 알려진 정치인이나 연예인 부부를 보면 쇼윈도 부부인 경우가 꽤 있다. 쇼윈도 부부는 실제로는 행복한 결혼 생활을 하지 못한다. 주변의 시선을 의식하여 마치 잉꼬부부처럼 행동하는 부부를 말한다. 연예인이 아니더라도 실제로 많은 부부들이 이렇게 살아가고 있다.

한 부부예능 프로그램에서는 여러 연예인 부부들이 실제 결혼 생활 고충을 털어놓는 에피소드들을 이야기했다. 연예인 부부들은 '저렇게 말해도 괜찮을까?'라는 에피소드들을 이야기했다. 출연한 11쌍의 부부들이 실제로 이혼했다. '저주'라는 오명까지 얻고 있다. 이것은 쇼윈도 부부의 전형을 보여준다. 감정적 이혼의 상태란 실제로 이혼의 단계는 아니다.

감정적 이혼이 시작되면서부터 자기 외부세계의 벽 쌓기를 시작한다. 벽 쌓기가 시작되면서 이혼의 시작점이 된다.

실제로 나도 부부싸움을 할 때 감정적 이혼을 생각해본 적이 있다. 무작정 참고 말 안하는 침묵을 하기로 결심했다. 그렇게 하니 마음이 너무 답답하고 화가 났다. 나는 성격상 그런 상태는 오래 지속할 수 없었다. 남편과 곧 다시 대화를 시도하고 화해를 했다. 대화가 단절되고 침묵이 지속되면 심각한 상황이 된다. 침묵의 상태가 오래될수록 부부는 대화하기가 더 어려워진다. 부부싸움을 하더라도 감정적 이혼 상태는 최소화하는 것이 좋다.

나는 감정이 격해져서 한번 울음이 시작되면 멈추지가 않았다. 신랑은 울고 있는 나에게 울음을 멈추라고 했다. 울음을 멈추고 싶었지만 감정이 격해진 상태에서 울음을 참는 것은 힘들었다. 감정이 격해지면 잠시 시간이 필요하다. 한참 시간이 지나고 감정을 가다듬으면 비로소 그때의 상황이 보인다. 이렇게 감정이 격해져 있을 때 계속 대화를 하면 더 심각한 상황이 된다. 이럴 때는 잠시 멈추고 감정이 가라앉을 때까지 기다려야 한다.

사랑을 하면 도파민dopamine이라는 신경전달물질이 생성된다. 도파민은 사랑에 빠졌을 때 생성된다. 좋아하는 음식을 먹거나 성취를 했을 때도 생성된다. 도파민은 마약과도 같은 수준의 호르몬이다. 이런 신경물질이 뇌에서 분비되고 우리는 열정적으로 사랑을 했다. 결혼 전에는 헤어지기 아쉬워서 결혼이 하고 싶었다. 결혼 전에는 애칭과 닭살 돋는 말로 서로에게 장난을 쳤다. 어느덧 감정이 메말라버리고 웃음과 장난이 없어져버렸다. 현실과 결혼이 만날 때 우리는 중용을 유지해야 한다. 감정적으로 격한 상태의 분노를 계속 표출하게 되면 결국 불행한 결혼 생활이 된다. 분노를 심하게 표출하게 되면 서로 상처를 입는다. 내뱉어버린 말은 후회해도 상처가 계속 남아 있다.

'참고 산다.'라는 말이 있다. 세상의 많은 부부들은 너무도 많이 참고 산다. 여기서 '참고 산다.'라는 뜻은 '대화를 하지 않고 산다.'라는 의미이다. 감정적 이혼이라고도 할 수 있다. 예전에 임신육아세미나를 간 적이 있다. 그 곳의 상담교사는 자신은 이혼서류에 도장을 찍어 가방 속에 넣어서 다닌다고 했다. '얼마나 힘들었으면 이렇게까지 했을까?' 싶었다. 하지만 이런 행동은 바람직하지 않다. 실제로 서류를 가지고 다니면 그렇게 될 가능성이 더 크기 때문이다. 다행히도 그 상담교사는 후에 셋째를 낳고 잘 살고 있다.

결혼을 하면 위기는 온다. 그 어떤 부부라도 위기는 오기 마련이다. 위기가 왔을 때 잘 대처해야 단단하고 성숙한 부부로 성장할 수 있다. 그러려면 대화라는 소통을 많이 해야 한다. 대화를 하다 보면 부부싸움을 하는 경우가 많이 있다. 부부싸움은 소통의 한 형태다. 하지만 너무 많이 하거나 격해지면 위험할 수 있다. 이런 경우는 부부대화법을 배우고 실천해보는 것도 좋다. 부부싸움을 하기 전 징후들을 신경 쓰자. 위기가 오기 전에 사소한 것부터 신경 써야 한다. 사소한 것이 크게 되는 경우가 많기 때문이다.

대화 단절의 형태인 감정적 이혼을 하지 말자. 당장의 문제를 회피한다고 해서 현재의 상황이 피해지는 것은 아니다. 참고 산다는 침묵의 시간이 길어질수록 감정의 소통은 줄어든다. 침묵을 깨고 소통을 시작해야 한다. 침묵을 깨는 일은 사소한 것에서부터 시작한다. 배우자의 출근 시간과 퇴근 시간에 스마트 폰은 잠시 내려놓고 잠깐의 인사를 하는 것에서부터 시작해도 좋다. 당신이 결혼을 했다면 혹시 '쇼윈도 부부는 아닌가?', 부정적인 생각으로 상대를 트집만 잡으려고 하고 있지는 않은가? 생각해보자. 상대방의 단점을 찾기 전에 자신부터 돌아보자. 결혼 생활에서 현실의 너무 많은 일들이 우리를 힘들게 하지만 둘만의 시간을 가져 보자. 이혼의 시작의 작은 점, 감정적 이혼의 시작이 어디서부터 시작되었는지 생각해보자. 사소한 것이라도 자주 대화하다 보면 가정 문제의 실마리가 풀릴지도 모른다.

부부가 서로 해주는 행복의 한마디

부부 사이에서 힘을 주는 말

"당신 건강하기만 하면 돼."

명절날 어깨를 주물러 주며 "미안해."

"장모님, 예쁜 딸 주셔서 감사합니다."

부부 사이에서 상처를 주는 말

"옆집 여자는 복도 많지."

"하루 종일 집에 있으면서 이것도 안 해?"

"능력 없는 남자."

"이혼하자."

"아무래도 우린 결혼 잘못한 것 같아."

— 정홍기, 『부부, 그 주고받는 마음의 소리』 중에서

4
기억하라, 행복하려고 한 결혼이다

"무슨 요일이지?" "오늘이야. 내가 좋아하는 날이군."
— 영화 〈곰돌이 푸 다시 만나서 행복해〉에서

우리는 왜 결혼했을까? 행복하기 위해 결혼하지 않았을까? 행복이란 무엇일까? 우리는 무심코 행복이라는 말을 자주 쓰고 있지 않은가? 행복을 사전에서는 '생활에서 충분한 만족과 기쁨을 느끼어 흐뭇함. 또는 그러한 상태'라고 정의하고 있다. 우리는 더 나은 삶을 원하고 성장하고 행복을 느끼기 위해 결혼했다. 행복하기 위해서는 자신의 내면을 다스려야 한다. 타인의 고통도 이해해야 한다. 자신에게만 갇혀 있는 사람들은 행복하지 않다. 결혼 생활에서 행복하지 않다면 상대방의 관점에서 한번 생각해보면 어떨까?

우리는 항상 지나고 나서 행복의 소중함을 알게 된다. 정치인 김한길은 tvN의 〈따로 또 같이〉 프로그램에서 "어린 시절 너무 바빠서 애들이 걸음마하는 모습이나 커가는 모습을 함께하지 못해서 후회가 된다."라고 말했다. 후배 아빠들에게 아이들과 몸으로 많이 놀아줄 것을 추천한다. 배우 최명길도 "어릴 때 아이들이 얼마나 레슬링을 많이 하자고 하는지 지쳐서 포기했다. 지금은 애들이 커서 하지 못한다. 그 순간 최선을 다해라."라고 말했다. 실제로 아이들을 다 키운 세대에서는 현실적으로 육아하고 있는 우리에게 "그때가 가장 행복하다."라고 말한다. 지나고 보면 그렇지만 육아 현실을 현실에서 견디는 것은 어렵다.

나 역시 엄마 밥을 먹던 시절이 있었다. 독립해서 주부로 살아 보니 삶이 고단하고 힘들다. 하지만 다시 오지 않을 이 시간들을 보내고 나면 또 다른 행복이 찾아올 것이라고 믿는다. 결혼 전에는 부모님의 딸로만 살았다. 하지만 결혼 후에는 남편과 아이들이 생겼다. 아내가 되고 엄마가 되고 며느리가 됐다. 새로운 가족에서 역할을 하는 것은 부담스럽다. 행복하려고 결혼했지만 우리는 고단한 일상 속에서 행복을 잃어버린다.

가족의 소중함을 기억하자

우리는 항상 익숙한 것의 소중함을 간과하며 산다. 물과 공기는 항상 우리 곁에 있다. 물과 공기는 생명을 유지해주는 가장 소중한 것이다. 그런데 당연하게 여긴다. 고마움을 모른다. 무슨 일이 생기면 가족들은 당연히 이해해줄 것이라고 믿는다. 배우자에게도 이런 기대는 적용된다.

당연히 나를 이해해줄 것이라는 기대, 당연히 공감해줄 거라는 기대를 한다. 긍정적인 공감을 기대했는데 부정적인 대답을 들으면 마음이 안 좋다. 이때부터 갈등이 시작된다. 나도 이런 경험이 있다. 어떤 일을 했을 때 나는 즐겁게 시작했는데 남편이 부정적으로 말하면 기분이 좋지 않다. 남편이 긍정적으로 말해주길 원하는 기대가 있기 때문이다.

일반적으로 기대하는 롤 모델은 자신의 원부모이다. 자신의 아버지가 가부장적이었다면 자녀도 가부장적일 가능성이 크다. 연애할 때는 큰 문제가 되지 않는다. 하지만 실제로 성역할을 하게 되면 이런 문제가 드러난다. 독립적인 분위기의 집에서 자란 여자는 갑작스런 남자의 가부장적 태도에 화가 난다. 여자는 당연히 집안일은 함께 하는 것이라고 생각했다. 가부장적으로 자란 남자는 당연히 여자가 집안일을 할 것이라고 생각할 것이다. 여자는 아무것도 안하는 남자의 태도에 화가 날 것이다. 나름대로 남자도 최선을 다하고 있지만 감정싸움이 심해지게 된다.

감정싸움을 하게 되면 정작 자신이 무엇 때문에 싸웠는지 잊어버린다. 비난과 질책으로 감정의 골이 깊어지면 돌이킬 수 없는 상태가 된다. 부부싸움을 할 때도 꼭 해야 할 말과 하지 말아야 할 말이 있다. 자신이 무엇 때문에 싸웠는지 생각하자. 상대에 대한 무조건적인 비난과 인신공격적인 말은 피해야 한다. 싸우면서도 품위는 지키는 것이다. 상대방에게 수치심을 느끼게 하는 언어도 쓰지 않아야 한다. 수치심을 느끼게 하는 말을 하면 나중에 싸움이 끝나서 후회하더라도 그 말이 계속 남아 있다. 싸우면서 '이런 말까지 해도 될까?'라고 고민한다면 안 하는 것이 좋다.

행복한 삶은 현재를 사는 것이다

〈곰돌이 푸 다시 만나서 행복해〉라는 영화를 봤다. 이 영화는 잊고 있었던 행복에 관해 생각해보게 한다. 크리스토퍼 로빈은 현대의 우리 남편들 같다. 더 나은 성과를 위해 가족을 위해 열심히 일한다. 열심히 공부해서 좋은 회사를 갔다. 결혼을 하고 아이를 낳고 살았다. 크리스토퍼 로빈은 일을 해야 하기 때문에 항상 바쁘다. 가족과의 약속도 일 때문에 항상 지키지 못한다. 마치 현대인의 직장 생활 같다. 우리는 크리스토퍼 로빈처럼 미래의 행복을 위해 오늘을 살아가고 있는지도 모른다. 가족이 소중하다는 것은 마음속에 있다. 하지만 현실은 일을 많이 해야만 하는 직장인이다. 바쁜 크리스토퍼 로빈에게 갑자기 어릴 적 함께 놀았던 푸가 찾아왔다. 푸는 "빨간 풍선이 행복을 가져다줄지도 몰라. 빨간 풍선이 서류가방보다 중요해?"라고 말했다. 크리스토퍼 로빈은 서류가방이 빨간 풍선보다 중요하다고 말한다. 하지만 나중에는 빨간 풍선이 더 중요하다는 걸 깨닫게 된다. 푸의 친구 당나귀 우울한 이요르는 흐르는 물에서 수영하지 않는다. 물에 떠다니며 "흐름을 받아들어야지."라고 말했다. 여기에서 물은 세상을 말한다.

아무것도 하지 않는 이요르는 흐름에 따라 삶을 살아가는 현대인을 나타내는 것 같다. 걱정도 많고 겁도 많은 피글렛이 있다. 피글렛 같은 사람들도 우리 주변에서 흔히 볼 수 있다. 푸는 크리스토퍼 로빈에게 빨간 풍선이 서류가방보다 중요하다는 사실을 알려준다. 이것은 눈앞의 현실인 서류가방보다 소중한 빨간 풍선이 있다는 것을 보여준다. 이 영화에서 빨간 풍선은 어릴 적 잃어버린 행복이라고 생각한다. 이 영화는 우리가 현재 가장 소중하게 생각하고 있는 일들이 최선인지 생각해보게 한다.

가족은 소중하다. 요즘은 가족과 함께 하는 시간의 중요성을 깨닫고 있는 것 같아서 다행이다. 하지만 외국에 비해 우리나라는 일을 너무 많이 하고 있다. 아직도 가족과 함께하는 시간을 많이 가지며 생활하는 것은 힘들다. 우리나라는 급성장을 했다. 성과를 보여주는 일을 많이 했다. 하지만 행복지수는 낮다. 누구보다 열심히 일해도 삶의 만족도가 낮아지는 것이다. 하지만 이제는 가족과 함께하는 시간을 존중해주는 사회가 되었으면 좋겠다. 좀 더 느린 여유와 행복도 알아가는 사회가 되었으면 좋겠다.

〈곰돌이 푸 다시 만나서 행복해〉에서는 오늘을 사는 것이 행복임을 보여주기도 한다. 곰돌이 푸가 말했다. "무슨 요일이지?" "오늘today이야.

내가 좋아하는 날이군."이라고 한다. 곰돌이 푸는 미래를 위한 오늘이 아닌 오늘을 위한 오늘을 살라고 말한다. 현재의 오늘을 살 때 우리는 비로소 행복해질 수 있다. 우리는 얼마나 현재 주어진 오늘에 만족하며 행복하게 살고 있는가?

결혼을 하고 일상에 지쳐 행복하지 않다고 생각할 수도 있다. 그럴 때는 일상에서 잠시 벗어나 '꿈이나 자기계발'에 대해 생각해보는 것도 좋다. 당연히 살림만 해야 하는 것은 없다.

성격일 수도 있다. 하지만 언제까지 먼지에 집착하며 살아야 한단 말인가? 눈앞에 보이는 것에 집착하게 될수록 빙산의 일각이라는 말이 있다. 세상을 살아가며 눈에 보이는 것은 조금 노출된 10% 정도일 뿐이다. 세상에는 보이지 않는 것이 90%이다. 가슴속에 내재되어 있던 잠재의식 속의 '꿈'에 대해 관심을 가져보자. 인생은 능동적으로 사는 것이지 성역할을 하기 위해 결혼한 것은 아니다. 결혼했어도 못 할 것은 없다고 생각하자. 자신의 의지가 어떠냐에 따라 미래가 달라진다. 꿈을 가지거나 자기계발을 하게 되면 새롭게 빛나는 내가 보일 것이다.

행복하려고 한 결혼이다. 행복을 찾아 떠난 결혼 여행이다. 매일 야근을 하고 일찍 나가는 남편, 남편인지 하숙생인지 알 수가 없다. 집안일과 육아는 아무리 열심히 해도 티가 나지 않는다. 살림만 하다가 하루를 보내면 상실감이 많이 든다. 깨끗이 치워 놓고 아이들이 오면 한번에 다 무너진다. 점점 불평불만이 많아진다. 결혼을 왜 했는지 모르겠다는 허탈감만 든다. 불평불만이 많아지고 이것이 습관화되면 삶이 불행해진다. 매사가 부정적이 되고 삶은 더 힘들게 된다. 행복은 마음가짐이다. 부정적 마음이 습관화되면 불행한 결혼 생활이 지속된다. 불평불만이 많더라도 습관적으로 표현하지 않도록 노력해야 한다. 부정적인 사고와 생각과 의식은 불행을 가져온다. 일상이 힘들더라도 자꾸 "나는 행복하다. 행복하기 위해 결혼했다."라고 외치자. 자주 그렇게 하다 보면 정말 그렇게 된다. 마음가짐에 따라 행복이 바뀔 수 있다는 점을 인지하자. '결혼해서 행복하다.'라고 생각하자. 행복은 가까이 있고 최선의 오늘을 사는 것이 진정한 행복이기 때문이다.

부부가 서로 해주는 행복의 한마디

크리스토퍼 로빈 : "무슨 요일이지?"

곰돌이 푸 : "오늘today이야. 내가 좋아하는 날이군."

    곰돌이 푸는 미래를 위한 오늘이 아닌 오늘을 위한 오늘을 살라고 말한다. 현재의 오늘을 살 때 우리는 비로소 행복해질 수 있다. 우리는 얼마나 현재 주어진 오늘에 만족하며 행복하게 살고 있는가?
    - 영화 〈곰돌이 푸 다시 만나서 행복해〉에서

5
나는 네가 곁에 있어서 더 행복하다

> 모든 행복한 가족들은 서로 서로 닮은 데가 많다.
> 그러나 모든 불행한 가족은 그 자신의 독특한 방법으로 불행하다.
> – 레프 톨스토이

"배우자를 잃으면 인생의 절반을 잃는다."라는 말이 있다. 잘 지내던 부부가 한쪽이 돌아가시면 남은 한 명도 머지않아 돌아가시는 일을 종종 본다. 그만큼 배우자는 인생에서 큰 존재이다. 소중한 사람을 잃어본 기억이 있는가? 혹은 소중한 사람을 잃어버릴 뻔한 적이 있는가?

가까이에서 함께 숨 쉬고 감정을 나누던 사람이 갑자기 사라진다면 어떤 느낌일까? 남겨진 사람의 마음은 슬프다. 사람이 살고 죽는 것은 당연하다. 생명이 탄생하는 것이 기쁜 일이다. 우리는 생명의 탄생을 기쁨으로 맞이하듯 죽음에 관해서도 생각해볼 필요가 있다.

뇌경색으로 쓰러지신 아빠를 보며 죽음에 대해 생각했다

2007년 4월 20일이다. 아직도 잊을 수가 없다. 아빠가 장학사를 하시던 시절이다. 아빠는 교사를 하시다가 장학사를 하셨다. 스트레스를 많이 받으셨다. 야근도 너무 많았다. 그동안 아빠는 건강하셨다. 지병도 없으셨다. 혈압도 없으셨다. 운동도 열심히 하셨다. 평소 건강을 자신하시던 아빠가 갑작스럽게 쓰러지셨다. 아이러니하게도 그때 같은 동료 장학사님들도 연속으로 쓰러지셔서 지역 신문에도 보도됐다. 엄마에게 한 통의 전화가 걸려왔다. "약을 투여할 건지 말 것인지 결정하세요!" 무슨 상황인지도 모르고 엄마는 약을 투여하라고 하고 병원으로 가셨다. 나도 병원으로 갔다. 아빠는 혼수 상태셨다. "최악의 경우 마음의 준비를 하세요." 의사는 말했다. 의사는 아빠에게 물었다. "하시는 일이 무엇입니까? 가족을 알아보시겠어요?" "저는 고물을 주워서 팝니다." 왜 그랬는지 모르겠지만 아빠는 현실과 다른 말을 하셨다.

갑작스런 아빠의 뇌경색 진단에 가족 모두가 충격에 휩싸였다. '뇌경색'이라는 병명도 그때 처음 알았다. 동료 장학사님들의 말에 의하면 점심을 먹고 들어오셔서 책상에 엎드리셨다고 한다. 갑자기 코를 크게 고시더니 몸이 축 쳐졌다. 비슷한 경험이 있는 장학사분이 병원으로 옮기자고 제안하셨다. 동료 분들이 시교육청 바로 옆의 병원으로 아빠를 옮겼다. 뇌경색에 필요한 주사가 있는 곳도 있고 없는 곳도 있다고 한다.

다행히도 그 병원에는 뇌경색에 맞는 주사가 있어서 바로 투여했다. 그 주사는 '혈전용해제' 성분이 들어있는 주사였다. 뇌경색은 골든타임이 중요하다. 최대한 빨리 병원으로 옮기는 것이 중요하다. 다행히도 하늘이 아빠를 도왔다. 큰 후유증 없이 회복하셨다. 재활을 하는 데 조금 시간이 걸렸다. 쓰러진 뒤에는 평소에 하시던 골프 연습과 바둑을 두시는 것도 힘들어하셨다. 지금 아빠 뇌에는 점 하나만 찍혀있을 정도의 흔적이 남아있다. 현재는 지속적으로 정기검진을 받으신다. 건강하게 지내신다.

'만약 밤에 이런 일이 일어났고 계속 주무시는 줄 알았다면 어땠을까?'라는 생각을 하면 상상도 하기 싫다. 이때를 계기로 죽음이라는 것에 대해 깊이 생각하게 됐다. 그리고 현재 옆에 항상 있는 사람의 소중함을 생각하면서 산다. 아빠의 경우 좋은 케이스이다. 하지만 이 반대의 경우도 많다. 가수 신해철의 죽음, 배우 김주혁의 죽음 등 유명한 배우들의 갑작스런 죽음은 많은 사람들을 안타깝게 했다. 2016년 곡성 공무원이 숨진 사건이 있었다. 공무원이 되기를 희망하는 학생이 아파트에서 투신하면서 귀가하던 곡성 공무원 양모 씨를 덮쳤다. 만삭이 된 아내와 첫째가 이를 지켜봤다고 했다. 어떻게 이런 일이 일어날 수 있는가? 숨진 양모 씨의 가족은 나의 가족 형태와 닮아 있었다. 7급 행정공무원인 것도 같았다. 모범 공무원인 것도 비슷했다. 2016년쯤 나도 둘째를 출산했다. 신랑도 각종 행사와 보도자료 같은 것들을 만들기에 바쁘다. 이 사건을 보고 신랑의 소중함을 다시 느꼈다. 신랑이 없다고 생각하니 아찔했다.

　신랑이 이유 없이 들어오지 않은 적이 있다. 나는 기다리다가 잠이 들었다. 새벽쯤이면 들어왔을 줄 알았는데 없다. 새벽 6시쯤 되었다. 신랑에게 전화를 했다. 전화기가 꺼져 있다. 점점 불안한 마음이 커진다. 오전 7시 반쯤 되어 사무실에 전화를 했다. 여직원이 받았다. "심주무관님 계실까요?" "안 계시네요. 일하고 가신 흔적이 있어요. 너무 걱정하지 마세요. 오시면 전화 드리라고 할게요." 알았다고 하고 전화를 끊었지만 '혹시 무슨 일이 있지는 않을까?'라는 불안감이 지속됐다. 계속 기다려도 소식이 없다. 불안한 마음에 시어머님께 전화를 했다. "애기 아빠 차가 있는지 한번 봐주세요."

　시어머님은 군청 주변을 찾으러 다니셨지만 없다고 했다. 근무 시작 시간인 9시가 돼서도 연락이 안 되면 직접 찾아 나설 작정이었다. 8시 반 정도가 되었을까? 신랑에게 전화가 왔다. 차에서 창문을 열어놓고 잠이 들었다는 것이다. 나는 속이 부글부글 화가 났다. 그래도 다행이라고 생각했다. 신랑은 아무 일 없었다는 듯이 이야기했다. 나는 바보가 된 것 같았다. 신랑이 연락이 안 되는데 걱정을 하는 것이 당연한 게 아닌가? 시어머님은 혹시 모를 상황에 대비해 경찰에 연락할 생각도 하셨다고 했다. 시어머님은 신랑에게 "너무 뭐라고 하지 마라."라고 하셨다. 하지만 그냥 넘어갈 수 있는 문제가 아니었다. 신랑이 귀가했다. 나는 그에게

"앞으로 한 번만 더 이런 일이 있으면 당신과 못 살겠다!"라고 말했다. 이 일로 나는 신랑의 소중함을 느낄 수 있었다. 하지만 다시는 이런 일이 없었으면 한다.

내가 가장 가까이에서 느낀 죽음은 어릴 적부터 나를 키워주신 할머니의 죽음이었다. 결혼하기 전까지 어릴 때부터 할머니와 함께 살았다. 결혼을 하고 첫째를 임신 후 6개월 정도쯤에 할머니께서 돌아가셨다. 할머니는 또 한 분의 엄마셨다. 할머니는 자신의 모든 것을 나눠주고 싶어 하셨다.

1926년생이셨던 할머니는 가끔 어릴 적에 일본시대 이야기, 6.25 이야기, 10남매를 키운 이야기 등을 생생하게 해주셨다. 부잣집에서 사시다가 가난한 집으로 시집와서 고생을 많이 하셨다. '짧은 인생 어떻게 그렇게 많은 일들을 겪으며 사셨을까?' 생각됐다. 할머니는 평안이었다. 힘들거나 슬픈 일이 있을 때 그냥 할머니 옆에 누워 있으면 치유가 됐다. 그래서 지금도 가끔 힘든 일이 있을 때면 할머니가 보고 싶다. 할머니는 마음속에 항상 좋은 기억으로 남아 계신다. 할머니가 계셨다면 나의 '아이들도 많이 예뻐하셨을 것 같은데.'라는 생각이 든다. 할머니는 돌아가셨다. 나에게는 남편과 2명의 아이들이라는 새로운 가족이 생겼다. 가족은 항상 소중하다. 하지만 곁에 있을 때는 잘해주지 못한다.

2018년 10월 18일 방송된 이루마의 골든 디스크의 〈내 책상 위의 다이어리〉 사연이다.

경남 진주시의 최정하 님이다. "우리 가족은 35년간 생일날 케이크도 없이 지냈다. 미역국 하나로 생일 축하의 모든 것을 끝냈다. 그렇게 가족 사진 하나 없던 우리에게 조카가 생겼다. 조카는 생일 축하를 제일 좋아한다. 우리 가족은 생일도 아닌데 생일 축하를 날마다 하고 있다. 나는 조카 바보를 가장하며 아버지의 사진을 찍었다. 조카사진을 찍는 척하며 아버지의 사진을 찍었다. 어릴 적 아버지의 사진이 하나도 없었기 때문이다."

이 사연에서는 조카의 출생으로 35년간 축하파티를 한 적이 없던 가족이 케이크 파티를 매일 한다. 아이처럼 환하게 웃는 아버지의 모습을 조카사진을 찍는 척하며 찍는다. 조카의 탄생으로 가족관계가 좋아진다. 그 안에서 활짝 웃는 아버지의 모습을 찾았다. 사연 다음 음악으로는 루터 반드로스Luther Vandross의 〈5 Dance With My Father〉이 흘러나온다. 최정하 님은 조카로 인해 새로운 일들이 펼쳐진다는 것을 보여줬다. 잊고 있었던 아버지의 웃는 모습에 대해 생각하게 한다. 항상 부모님에게도 계실 때 잘해야 한다. 현실은 자신과 자신의 자녀들을 챙기기에 바쁘지만 말이다.

당신이 곁에 있어서 행복하다

"있을 때 잘해."라는 말이 있다. 우리는 인생을 살면서 갑작스럽게 죽음이 다가올 수 있음을 인지해야 한다. 과거와 미래를 사는 것도 중요하지만 현재가 중요하다. 현재 곁에 있는 사람에게 최선을 다해야 한다. 우리는 늘 후회를 한다. 갑작스럽게 '사고'라는 것이 찾아올 수도 있다. 갑작스러운 일이 일어나더라도 후회하지 않게 살아야 한다. 우리는 우리에게 당연하게 주어진 것들을 간과할 때가 있다. 직장에 다니느라 공부를 하느라 눈앞의 것들에 집중한다. 자신에게 집중한다. 편하고 항상 곁에 있기 때문에 언제까지나 곁에 있을 것 같다. 하지만 어느 순간 이별이 찾아 올 수 있다는 것을 생각하자. 지금 곁에 있는 사람에게 잘하자. 항상 옆에 있는 당신에게 잘하자.

난 당신이 곁에 있어서 더 행복하다 어려운 일들을 잘 해결할 수 있었다. 당신이 곁에 있어서 새로운 나를 만났다. 새로운 가족을 만났다. 당신이 곁에 있어서 외롭지 않았다. 아이들과 함께해서 행복하다. 당신은 나를 더 반짝이게 해줬다. 당신에게 감사하다. 우리는 항상 현재를 살아야 한다. 가장 최선의 행복이 무엇인지 생각하면서 살아야 한다. 때론 당신이 힘들게 한다면 배우자가 옆에 없을 때 어떻게 살아야 하는지를 상상해보자. 현재 곁에 있는 사람에게 최선을 다한다면 행복한 결혼 생활을 할 수 있을 것이다.

부부가 서로 해주는 행복의 한마디

의사 : "약을 투여할 건지 말 것인지 결정하세요!"
　　　"최악의 경우 마음의 준비를 하세요."
　　　"가족을 알아보시겠어요?"
우리 가족 : ……갑작스러운 사고에 당황스러워서 할 말을 잃었음.

"있을 때 잘해."라는 말이 있다. 갑작스럽게 사고가 찾아올 수도 있다. 과거와 미래를 사는 것도 중요하지만 현재가 중요하다. 현재 곁에 있는 사람에게 최선을 다해야 한다. 우리는 늘 후회를 한다. 갑작스러운 사고가 일어나더라도 후회하지 않게 살아야 한다.

6
결혼은 '따로 또 같이' 살아가는 것이다

> 행복한 결혼 생활에서 중요한 것은 서로 얼마나 잘 맞는가보다,
> 다른 점을 어떻게 극복해나가느냐이다.
> – 레프 톨스토이

결혼 후 어떤 삶을 사는 것이 행복할까? 항상 함께하는 것이 좋은 걸까? 어릴 적에는 결혼에 대한 낭만적 기대가 있었다. 결혼을 해보니 생각했던 것처럼 마냥 좋은 것만은 아니다. 그냥 되는 것은 아무것도 없다. 내가 행복했던 어린 시절이 있는 이유는 부모님의 시간이 녹아 있었기 때문이다.

결혼 생활도 잘하려면 배우고 노력을 해야 한다. 결혼식 준비는 힘들다. 집장만부터 혼수까지 신경 써야 할 것들이 많다. 하지만 결혼식 준비보다 더 중요한 것은 '결혼을 해서 어떻게 살 것인가?'를 고민하는 일이다. 물론 계획 없이 살 수도 있다. 하지만 결혼 후 결혼 생활을 계획해본다면 좀 더 행복한 일상으로 살 수 있을 것이다.

'따로 또 같이' 프로그램에서는 힐링 여행을 한다. 부부들의 다른 점을 보여준다

2018년 10월 tvN에서는 〈따로 또 같이〉란 프로그램을 방송했다. 부부의 힐링 여행이다. 규칙이 있다. 낮에는 남자는 남자들끼리 여행하고, 여자는 여자들끼리 여행한다. 밤에만 부부들끼리 같이 지낸다. 낮에 따로 여행하는 서로의 모습을 보면서 많은 것을 느낀다. 결혼 생활 7년차 여배우 강성연, 김가온 부부는 3살과 4살 연년생 남자아이 둘을 키우며 산다. 일어나자마자 육아 전쟁을 하는 모습이 마치 나의 모습 같다. 강성연은 남편이 소년처럼 물놀이를 하는 영상을 보고 눈물을 흘렸다. 이 장면에서는 나도 코끝이 찡했다. 육아에 지쳐버린 일상에서 잊고 있었던 행복을 찾은 느낌이었다. 소년 같은 예쁜 남편의 미소에 반해서 결혼을 했는데 한동안 둘 다 육아에 지쳐 이런 모습을 볼 수 없었다. 남자끼리의 여행에서 다시 연애 때 느꼈던 남편의 소년 같은 미소를 보자 강성연은 울컥했다. 결혼 후 일상에 지쳐 연애 때의 모습을 잃어버렸다. 여행은 부부를 서로 돌아보게 했다. 우리에게도 이런 힐링 여행이 필요하다.

심이영, 최원영 부부는 결혼 5년차 부부이다. 딸 2명을 키운다. 결혼 5년차인데도 신혼부부처럼 지낸다. 아이 어린이집에 갔을 때 최원영이 청소도 싹 해놓았다. 정리정돈도 알아서 다 해놓았다. 감탄했다. 실제로 이

런 남편들이 얼마나 있을까 싶다. 이상적인 남편의 모습이다. '남편이 저렇게 알아서 하니 결혼 5년차가 되어도 신혼부부처럼 달달하게 지낼 수 있지 않나?' 하는 생각이 들었다. 현실에서는 남편이 일찍 출근한다. 모든 일들을 엄마들이 하고 있다. 워킹맘들은 아이들 준비시키고 자신을 준비한다. 어린이집에 들려 아이를 맡기고 출근을 한다. 강성연이 등원을 시키며 차 속에서 급하게 화장을 하는 모습이 나온다. 이게 현실에 더 가깝다고 할 수 있겠다. 어린이집 등원준비는 생각처럼 쉽지 않다. 강성연 부부와 심이영 부부는 둘 다 남편과 함께 어린이집 등원을 시켰다. 나는 이 모든 일을 혼자 하고 있다. 가족마다 다르다. 하지만 대부분의 엄마들은 혼자 등원을 시킨다.

결혼 26년차 박미선 이봉원 부부는 가장 현실적인 부부다. 한 지붕 두 가족처럼 지낸다. 서로의 각각의 독립적인 모습을 존중해준다. 박미선은 이봉원씨가 무슨 일을 하던지 가만히 지켜봐준다. 박미선은 시부모님과 함께 산다. 놀라웠던 점은 아침밥을 같이 먹는데 시어머니는 아들이 같이 밥 먹지 않아도 아무 말을 하지 않는다. 보통의 시어머니들 같았으면 꼭 깨워서 같이 밥을 먹자고 했을 것이다. 나중에 이봉원은 혼자서 김치볶음밥을 해서 먹는다. 서로 간섭하지 않는다. 독립적으로 산다. 현실에서는 이렇게 살기 힘들 것이다. 암튼 각자 할 일은 하면서 독립적으로 사는 모습이 인상적이었다. 박미선씨는 라디오 프로그램에서 "사랑은 소유가 아니라 있는 그대로 인정해주는 것이다."라고 말했다. 또한 끊임없이 무엇인가를 하고 영감을 주는 남편을 존경한다고 했다. 있는 그대로 인정하는 것이 쉽지는 않을 것이다. 하지만 박미선처럼 배우자를 독립적으로 대해주려고 노력해야 할 것이다.

결혼에 대한 견해는 세대에 따라 다르다. 기존 세대는 남편과 아내의 성역할을 잘하는 것에 집중되어 있다. 〈따로 또 같이〉 프로그램 4회차에는 김한길, 최명길 부부가 출연했다. 정치인 김한길은 작년 10월에 폐암을 선고 받았다. 점점 회복됐다. 김한길의 투병 때문이었기는 해도 최명길의 온종일 시중드는 모습은 기억에 남았다. 부부가 아침 일찍 일어나 김한길은 아무것도 안하고 2시간째 신문만 본다. 최명길은 아침으로 11첩 반찬을 준비하고 혼자 치운다. 국과 생선은 하루도 빠짐없이 준비한다. 이것이 정말 이상적인 행복한 부부의 모습이란 말인가?

중년 이상에서는 '당연히 저래야 한다.'며 공감할지도 모르겠다. "최명길을 본받으라."라고 말할 수도 있다. 하지만 우리 세대에서 볼 때는 불편했다. 결혼에서 성역할을 강조하는 가부장적인 모습은 지양해야 한다. 실제 중년부부인 경우는 이런 경우가 많을 것이다. 물론 최명길도 성역할을 하는 것이 최선이라고 생각한다. 둘의 가치관이 맞으니 큰 불만이 없다. 기존에는 이렇게 많이 살았다. 현실에서 엄마들은 얼마나 성역할을 강요받을까? 또 최명길은 혼자 처음 여행을 해봤다. 여러 가지를 많이 겁내하는 엄마의 모습을 볼 수 있었다. 나의 엄마도 여행을 가실 때면 겁내하신다. 엄마의 모습도 볼 수 있었다.

부부도 연차 수와 상황에 따라 다르다. 독립적인 부부, 잉꼬 부부, 가부장적인 부부 등 부부의 역할도 엄청 많다. 〈따로 또 같이〉라는 프로그램을 통해 4가지 부부의 다른 모습을 지켜봤다. 어떤 식으로 살아야 '결혼에서의 행복함'을 느끼며 살 수 있을지 생각해봤다. 이 프로그램을 보면서 내가 내린 결론은 있다. 결혼에서 한 사람의 희생으로 결혼 생활을 유지하려면 안 된다는 것이다. 심한 잔소리도 때로는 독이 된다. 또한 힘든 현실 속에서 자신을 둘러보며 한 힐링 여행은 필요하다. 앞으로 더 행복하게 살 수 있는 원동력이 될 것이다. 이러한 소통과 독립의 대화 시간을 위해 힐링 여행을 떠나보는 것도 좋다.

어릴 적 엄마는 동생과 항상 평등한 관계를 강조하셨다. 주변을 보면 남아선호 사상으로 인해 차별받고 자란 친구들도 많았다. 나도 할머니와 같이 살았기 때문에 그런 점이 없지 않아 있었다. 하지만 엄마께서는 항상 방어막이 되어주셨다. 할머니께서 "네가 누나니까 이해해라!" 하시면 엄마께서는 "왜 잘못했는지 생각해봐!"라고 하셨다. 엄마께서도 어릴 적 외할머니께서 평등함을 강조하셨다고 한다. 독립성도 강조하셨다. "결혼을 해서도 자기 일을 가져야 한다."라고 말씀하셨다. 결혼해서도 독립성을 지키며 사는 것은 중요하다. 나를 지키며 사는 것은 중요하다.

**결혼 생활에서 중요한 것은 독립적이며
당당하게 나를 지키며 사는 것이다**

어릴 적 결혼 후 모습을 막연히 생각해본 적이 있다. 좋은 엄마와 사랑받는 아내 사랑받는 며느리가 되고 싶었다. 결혼을 하고 7년이 지난 지금 깨달은 점이 있다. 결혼에서의 최우선 순위는 사랑받는 아내가 되는 것이 아니다. 좋은 엄마가 되는 것이 아니다. 사랑받는 며느리가 되는 것도 아니다. 결혼해서도 '독립적이고 당당한 나'로 사는 것이다. 결혼해서 나를 찾고 당당한 나로 산다는 것이 쉬운 일만은 아니다.

적당히 자신을 내려놓아야 한다. 하지만 자신을 모두 내려놓아서는 안 된다. 현실이 육아로 힘들어도 자신을 찾는 연습을 해야 한다. 어느덧 일상에만 살다 보면 의식이 줄어들고 먹고 입는 것에만 집중하게 된다. 현실에만 집중하다가 보면 마음이 헛헛하다. 상실감이 커진다. 결혼하면 남편의 월급만으로 맞춰서 사는 사람들도 많다. 하지만 점점 나는 월급에 맞춰서 살 수 있는 사람이 아니었다. 결혼을 하고 진정한 세상을 알아가게 됐다.

진짜 도전을 했다. 결혼 전엔 나에 대한 소소한 행복에 만족하고 살았다. 결혼 후엔 세상을 바꿀 큰 꿈을 꾸게 됐다. 책은 항상 나의 친구였다. 어려운 문제가 있을 때도 책을 보면 해결책이 나왔다. 마음의 안정을 얻었다.

결혼은 따로 같이 살아가는 것이다. 행복한 결혼 생활을 유지하려면 무엇이 필요한가? 서로의 독립성을 유지하며 거리를 유지해야 한다. 이것은 모든 인간관계에서도 지켜야 할 기본이다. 친한 사람일수록 거리를 유지하는 것을 잊어서는 안 된다. 그리고 특히 부부 사이에서는 이 거리를 잊어서는 안 된다. 흔히 이것을 '사랑의 거리'라고 부른다. 부모와 자식 간의 관계나 고부 사이에서도 이 규칙은 적용된다. 오선지 위의 음표들이 각각 선의 위치에 있을 때 화음이 이루어질 수 있듯이 우리는 이 '사랑의 거리'를 지키며 살아야 한다. 부부 사이라는 이유로 너무 친밀해지거나 간섭하게 되면 그때부터 갈등이 심화된다.

결혼이라는 한 배를 타서 함께 노를 저어야 배가 나아갈 수 있다. 한 쪽만 열심히 노를 젓는다고 배가 빨리 나아가지 않는다. '사랑의 거리' 위에 일정한 감정선을 유지해줘야 한다. 에어컨에 온도조절장치가 있다. 감정에도 감정조절장치가 필요하다. 포유류의 혈액조성이나 체온은 항상 일정한 항상성을 유지해야 한다. 결혼에도 항상성이 유지되어야 한다. 때로는 싸우기도 하고 감정이 무너지기도 한다. 감정선이 무너졌을 때 심호흡을 하고 한 발짝 물러서야 한다. '사랑의 거리'를 지키고 '결혼의 감성 항상성'이 유지된다면 행복한 결혼을 할 수 있을 것이다.

부부가 서로 해주는 행복의 한마디

할머니: "네가 누나니까 이해해라!"
엄마: "왜 잘못했는지 생각해봐!"

어릴 적 엄마는 동생과 항상 평등한 관계를 강조하셨다. 주변을 보면 남아선호 사상으로 인해 차별받고 자란 친구들도 많았다. 나도 할머니와 같이 살았기 때문에 그런 점이 없지 않아 있었다. 하지만 엄마께서는 항상 방어막이 되어주셨다.

결혼을 하고 7년이 지난 지금 깨달은 점이 있다. 결혼에서의 최우선 순위는 사랑받는 아내가 되는 것이 아니다. 좋은 엄마가 되는 것이 아니다. 사랑받는 며느리가 되는 것도 아니다. 결혼해서도 '독립적이고 당당한 나'로 사는 것이다.

7
함께 참 인간으로 성장하라

> 자기 자신에 대한 몰입이 지나쳐 다른 방법으로
> 이를 고칠 길이 없는 불행한 사람들에게는
> 외부적인 훈련만이 행복에 이르는 유일한 길이다.
> – 버트런드 러셀

행복이란 무엇일까? 버트런드 러셀Bertrand Russell은 『행복론』에서 이렇게 말한다.

"자기 자신에 대한 몰입이 지나쳐 다른 방법으로 이를 고칠 길이 없는 불행한 사람들에게는 외부적인 훈련만이 행복에 이르는 유일한 길이다." 러셀은 자신에게서의 관심으로 벗어나 외부세계에 집중한다면 행복해질 수 있다고 말한다. 나는 결혼을 하고 외부세계에 집중하게 되었다. 결혼 전에는 긴장과 불안으로 인해 급성위염과 체함이 잦았다. 외부세계에 집중했기 때문이었을까? 결혼을 하고 아이들을 키우면서 이런 증상들이 없어졌다.

외로움을 느끼며, 작가를 꿈꾸며 중학교 시절을 보냈다. 고등학교 때 열심히 하지 않은 건 아니었다. 차라리 아예 못했다면 재밌게라도 놀 것을 그랬다. 이러지도 저러지도 못하고 책상에 앉아 있었다. 내가 다녔던 곳은 살레시오 여고라는 곳이다. 수녀님들이 선생님이셨다. 고등학교 1학년 때 수행평가 시범학교로 지정됐다. 조를 짜서 연극으로 수업도 이끌어갔다. NIE학습과 토론식 수업도 했다. 마인드맵이라는 것도 도입을 했다. 지금 생각해보면 창의적인 수업들이었다. 나중에 우리나라와는 맞지 않는다는 평가를 받았다. 결국 2학년이 되자 모두 입시 위주로 돌아갔다. 학생들은 '실험용 쥐'가 되었다며 한탄을 했다. 그래도 나는 아직도 그때의 수업들이 기억에 남는다. 진정한 참여형 수업이었던 것 같다. 나는 성적이 되지 않자 꿈을 가슴속에 묻기 시작했다.

엄마가 권하는 대로 원하지 않은 '치기공과'를 갔다. 대학교 1학년 때는 그만두고 싶은 마음이 가득했다. 나의 적성에는 맞지 않는 진로 선택이었다. 하지만 끝까지 버텼다. 그때 생각을 '그만두지 않을 거면 열심히 하자.'로 바꿨다. '남들이 1개 하면 나는 2개 하자.'로 바꿨다. 시간 날 때마다 연습을 계속했다. 결국 잘하게 됐다. 이때부터 '노력하면 세상에 못할 것이 없다.'는 것을 알게 됐다. 삶을 주도적으로 살게 되었다. 못하게 되는 것을 잘하는 것은 용기가 필요했다. 두려움이 많이 들기 때문이다. 여러 가지 일을 할 때 두려움이 드는 것은 당연하다. 이것을 극복할 때 또 다른 것을 이룰 수 있다. 내 삶은 계속된 도전과 성장이었다. 어떤 일을 할 때도 항상 잘할 수 있다고 생각했다.

결혼에 대한 두려움이 있었다

결혼도 처음에는 두려웠다. 잘 살 수 있을 거란 믿음 뒤에는 두려움이 있었다. '잘 살지 못하면 어떡하지?' 혼자에서 결혼을 했다. 남편이 생겼다. 임신을 하고 두 아이의 엄마가 됐다. 결혼 후 7년 동안 계속 성장해왔던 것 같다. 결혼 전에는 나에게만 집중하며 살았다. 무엇인가를 배운다거나 생각했다. 내가 하고 싶은 것은 자유롭게 해볼 수 있었다. 예를 들어 '요리를 배우고 싶다.'라고 생각하면 요리 학원에 다녀서 배웠다. '플루트를 배워 보고 싶다.' 생각하면 학원에 가서 배우면 됐다. 내가 생각하고, 하고 싶으면 했다. 여행도 가고 싶은 곳을 정했다. 하나하나 계획을 짜면서 마음껏 기획했다. 삶을 주도적으로 살기 시작하고는 무엇이든 내가 생각하는 것은 다 이루면서 살았다. 주도적이고 주체적인 삶은 살면 행복을 느낀다. 결혼을 하고 가장 힘들었던 부분이 있다. 내가 하고 싶은 대로 살 수 없다는 것이었다. 내 시간을 가족과 아이들을 돌보는 시간으로 투자했다.

결혼은 나에 대한 내부적 세계가 외부적 세계로 바뀌는 순간이었다. 나는 결혼을 하고 아이를 낳는 동안 행복한 성장을 했다. 결혼하기 전에는 절대로 몰랐던 것들을 체험하고 느꼈다. 때로는 남편과 싸우기도 하고, 울기도 했다. 결혼의 행복한 성장은 아직도 진행 중이다.

결혼을 하고 나에게만 집중했던 순간이 아이로 집중하는 순간으로 바뀌었다. 하지만 아이에게 모든 것을 집중하자 내가 없어지기 시작했다. 그것은 정답이 아니었다. 전통적인 결혼제도에서는 모든 것을 아이에게 집중하라고 말한다. 처음에는 그것이 정답인 줄 알고 그렇게 하려고 했다. 모든 것을 아이에게 집중하자 삶이 너무 힘들었다. 예전 엄마들은 당연히 이렇게 살았다. 지금의 엄마들도 대부분 이렇게 산다. 하지만 나는 그렇게 할 수 있는 사람이 아니었다. 어느 순간 서서히 나에게 집중하기 시작했다. 아이를 어린이집에 맡기고 나에게 도움이 되는 일을 찾기로 했다. 그런데 무엇인가를 배울 때 듣는 말이 있었다. 아이들이 있다고 하면 "아이들이 어린데 벌써 어린이집에 보내요?"라는 말을 한다. 마치 '애들은 안 보고 여기 와서 뭐하는 거냐?'라며 '나쁜 엄마' 취급을 받았다.

우리나라는 그렇게 한 가지 일을 할 때도 만들어진 모성을 강요했다. 결혼 전 자연스럽게 했던 것들이 결혼 후에는 제약이 있게 됐다. 행복할 것 같기만 했던 남편과의 관계는 아이의 출생으로 바뀌기 시작했다. 아이의 탄생으로 집안일과 육아가 버거웠다. 남편은 야근으로 매일 늦게 들어왔다. 집을 깨끗이 치우고 음식을 해도 당연한 것이 되었다. 불평과 불만이 쌓이기 시작했다. 7년이 지난 지금 여전히 남편은 늦게 온다. 그래도 주말에는 애들과 잘 놀아준다. 다정한 아빠이다. 애들도 크고 어느 정도 속도가 맞춰지면서 이제 좀 괜찮아졌다.

워킹맘의 삶은 힘들다. 아이를 맡기고 출근하는 것은 힘들다. 친정이나 시댁의 도움이 없이는 어렵다. 일을 하려면 비상시에 맡아줄 누군가가 필요하다. 아이가 입원을 하면 난리가 난다. 워킹맘인 내 친구도 밤에 아이가 열이 나면 날을 샌다. 내일 출근할 수 있을지 말지 걱정한다고 한다. 아침이 되어 상태가 괜찮아지면 겨우 아이들 데리고 어린이집을 보낸다. 대부분 경력 단절 여성들은 이런 상황을 반복한다. 버틴다. 그러다가 일을 그만둔다. 집에서 육아를 하며 아이에게 집중하면 행복해질 수 있을 것 같다. 처음엔 행복하다. 하지만 조금씩 힘들어진다. 곧 경제적 어려움이 온다. 또한, 그녀들은 자신의 삶을 포기할 수 없다. 상황이 더 심해지면 우울감이 온다. 자신의 존재가 없어진다. 삶을 사는 이유를 잃어버린다.

결혼은 행복한 성장이다

전통적인 결혼에서는 오롯이 남편과 아이에게 집중하는 것이 최선이었다. 하지만 우리 세대 여성은 자신을 위해 자기계발을 하고 평생을 살아왔다. 자기를 표현하고 싶은 의지가 높아졌다. 그런데 결혼했다는 이유만으로 전통적인 결혼관을 내세우는 것은 바람직하지 않다. 결혼이라는 외부세계에서 자신만의 방식으로 결혼 생활을 하는 것이 필요하다. 결혼에 대한 편견이 많다. 그것에 맞서 실제로 결혼을 해보니 생각보다 괜찮다. 여러 가지 현실 문제가 힘들긴 하다. 하지만 그 뒤에 느끼는 감동이 있다. 진짜 어른이 된 것 같다.

결혼을 함으로써 새로운 사람들을 알게 되었다. 임신이라는 새로운 연결고리로 새로운 인연을 알게 되었다. 새로운 인연으로 서로의 아이들과 함께 성장하는 모습을 지켜봤다. 서로의 아이를 키우면서 단계에 따라 필요한 것들이나 다른 점을 참고했다. 다른 엄마들과 이야기를 하면서 내가 생각했던 부분을 다르게 생각하는 경우도 많았다.

결혼을 한 후 내가 못했던 것을 아이가 해주기를 바라기도 했다. 아이 용품 쇼핑 중독에 걸려본 경험도 있었다. 아이의 책을 사는 중독에 걸려본 경험도 있었다. 어느 순간 아이를 어떻게 키우는 것이 정답인가 생각했다. 모든 상황은 내 마음대로 되지 않는다는 것을 깨달았다. 아이에게 오롯이 집중하며 사는 것은 행복하지 않았다. 아이를 변화시키는 것보다 내가 변화하는 것이 더 빨랐다. 아이를 변화시키기보다는 내가 변하는 삶으로 바뀌기 시작했다.

결혼은 행복한 성장이다. 아이의 출생은 사람들의 많은 관심을 받게 된다. 타인의 아이에 게도 관심을 가지게 된다. 미래의 아이들이 살아야 할 환경에 대해 걱정하게 된다. 교육에 대해서도 계속 생각해봤다. 우리나라 교육의 한계를 느꼈다. 다른 나라의 교육제도는 어떤지 공부했다. 아이에게 스페인어를 가르쳐주고 싶어서 스페인어를 공부한 적도 있다. 스페인의 문화와 교육을 생각하며 간접 경험을 해봤다. 아이 때문에 부동산을 공부하게 됐다. 창업에 대해 공부하게 됐다.

책으로만 봤던 결혼이나 출산에 관한 이야기도 할 수 있다. 전 세대에 걸쳐서 자연스럽게 이야기를 나눌 수 있다. 직접 겪어 보았기에 누구와 대화해도 공감대를 찾을 수 있는 가능성이 커졌다. 해결책을 말해주거나 공감할 수 있게 됐다.

결혼은 해도 후회, 하지 않아도 후회라는 말이 있다. 결혼은 선택이다. 하지만 결혼을 하지 않는다면 이 모든 것들을 느껴볼 수가 없다. 결혼이야말로 참 성장이다. 아이도 낳아보고 육아도 해봐야 한다. 그래야 진정한 인간으로 성장할 수 있다. 전통적인 결혼제도에 전통을 강요하더라도 인식을 바꾸는 노력을 계속해야 한다. 그 안에서 참 인간으로 성장해야 한다. 결혼은 행복한 성장이다.

부부가 서로 해주는 행복의 한마디

"애를 어떻게 봤기에 애가 다쳐."

"유난 떨지 마, 너만 애 키우냐?"

"애들은 놔두면 잘 크게 돼 있어."

"요즘 같은 세상에 애 키우는 게 뭐가 힘드냐."

'엄마를 힘들게 하는 말말말' 국민 참여 온라인 이벤트를 진행했다. 이벤트 결과 위와 같은 말들이 육아를 힘들게 했다. 아직도 전통적인 결혼관이 많이 자리 잡고 있었다. 아내가 "힘들다."라고 말했을 때 "그랬구나."라고 공감만 해줘도 아내와 소통할 수 있다.

그럼에도 불구하고, 결혼은 행복한 성장이다. 전 세대에 걸쳐서 자연스럽게 이야기를 나눌 수 있다. 직접 겪어보았기에 누구와 대화해도 공감대를 찾을 수 있다. 결혼이야말로 참 성장이다.

에필로그

행복한 부부가 행복한 가정을 만듭니다

결혼 가치관이 맞아야 행복한 부부가 된다

당신은 결혼을 준비 중인가? 결혼했는가? 결혼하기로 한 당신, 무엇부터 준비해야 할까? 가격비교를 해서 좀 더 싼 혼수를 찾는 것? 알뜰한 결혼식을 하는 것? 나 역시 결혼 준비를 할 때는 결혼식 준비를 하는 게 최선인 줄 알았다. 현실적으로 힘들면 행복한 결혼 생활을 할 수 없다. 하지만 결혼해서 살아보니 결혼에서 가장 중요한 것은 결혼 가치관이었다. 부유하고 풍족한 조건이라도 가치관이 맞지 않으면 불행하다.

결혼식은 중요하다. 하지만 결혼식이 끝나니 너무 허무했다. 당신이 결혼 초기라면 미래계획에 관해 함께 적어보기를 권한다. 버킷리스트를 만들어보기를 권한다. 신혼 초기에 결혼 생활을 함께 기획하는 것은 중요하다. 또한 긍정적 말버릇을 습관화해야 한다. 상대를 존중하는 마음과 감사를 가져야 한다.

결혼 생활의 중심은 부부다. 우리는 이 사실을 알면서도 아이들에게만 관심을 가진다. 이제부터라도 부부의 중심은 배우자라는 것을 잊지 말자. 아이도 중요하지만 당신의 배우자를 존중하자. 배우자의 단점을 고치려고 하지 말고 장점을 칭찬하도록 노력하자. 상대가 잘못하더라도 긍정적으로 바라보도록 하자. 생활이 힘들어도 배우자를 탓하지 말자. 행복한 부부는 서로를 존중하고 칭찬한다.

자신의 감정을 정확히 파악하면 행복한 결혼 생활을 할 수 있다

이미 결혼을 한 당신, 불행한가? 사실 결혼 초기엔 모두 행복하다. 점점 결혼 생활을 하다 보면 힘들고 지칠 때가 많다. 사회생활에 지치고 육아에 지친다. 이런 일상이 반복되면 현실이 불행하다고 느낀다. 결혼 생활이 불행한 이유는 비난과 방어, 경멸, 무시, 담쌓기를 계속하기 때문이다. 퉁명스러운 말투와 비난은 상대를 침묵하게 한다. 나의 감정이 힘들다고 배우자를 탓하면 안 된다. 배우자와 대화를 하기 전에 먼저 자신의 감정을 정확하게 알자.

생각하지 않고 말하지 말자. 미리 배우자에게 할 말을 다듬어서 전달하도록 하자.

'내가 정말 원하는 것은 무엇인가? 나는 왜 화가 나는 걸까?'를 생각해보자. 객관적으로 자신을 바라보는 것은 중요하다. 자신의 감정을 정확히 알아야 배우자에게 이유 없이 짜증내지 않을 수 있다.

항상 도전했다. 새로운 것을 원했다. 20대 때는 하고 싶은 것을 다했다. 그때는 오롯이 나만 챙기면 됐던 시절이었다. 20대가 가는 것을 아쉬워하며 결혼을 했다. 결혼을 하니 새로운 일상을 맞았다. 정신없는 일상의 연속이다. 그 시절을 지금과 비교한다면 날마다 전쟁이다.

그래도 남편이 고맙다. 남편과 나는 결혼 가치관이 맞다. 남편은 진정성이 있다. 문제가 있으면 대화하고 풀어간다. 되도록 서로를 이해하고 소통하려고 한다. 남편은 나의 감정이 격해지면 다독여준다. 살면서 어느 정도 서로 생활방식이 맞춰진 것 같다. 또한 남편은 내가 하는 일을 지지해준다. 서로 서운한 점도 많다. 하지만 맞춰가려고 노력한다.

어느덧 결혼 7년차다. 나는 30대 중반을 넘기고 있다. 마음도 변했다. 외모도 변했다. 그렇다면 나는 다른 사람인가? 아니다. 과거의 나는 현재가 되었다. 현재의 나는 미래가 될 것이다. 20대 때 나를 지키며 살았고, 40대가 되어도 나를 지키며 살고 싶다. 항상 남편과 함께 서로의 꿈을 응원하고 싶다. 서로를 응원하는 동반자적 사이가 되고 싶다.

　원고를 쓰며 가장 중요한, 행복한 결혼 생활의 핵심은 부부라는 것을 느꼈다. 부부 사이가 행복해야 가정이 행복하다는 것을 알았다. 행복한 아내가 행복한 가정을 만든다.
　육아를 하며 원고 작업을 했다. 아이가 어린이집을 갔을 때, 혹은 아이들이 자는 새벽에 원고를 썼다. 새벽에도 아이는 수시로 깨며 엄마를 찾았다. 그럼에도 불구하고 기어코 원고를 마쳤다. 마음속의 생각을 글로 표현하니 벅찬 감동이 온다. 10대 때부터 해보고 싶은 일이었다. 책 한 권을 쓰고 나니 세상이 다르게 보인다. 나를 돌아봤다. 내가 걸어갈 방향도 찾았다. 작가 친구들이 생겼다. 작가 친구들과 소통을 하니 좋다. 세상과 소통하니 좋다. 혼자 되는 것은 아무것도 없다. 도움 주신 모든 분들께 감사를 드린다.

　나는 책이 좋다. 세상에 대한 호기심이 생기면 책으로 해결했다. 이제 작가가 되어 세상을 보니 더 좋다. 나는 평생 나를 지키며 살 것이다. 결혼 전처럼 내가 하고 싶은 것 다 하고 살 것이다. 결혼을 했든 안했든 나는 소중하다. 이왕 사는 인생이다. 하고 싶은 것 다 하면서 최선을 다해 살자.